致谢

感谢历届上过体育应用统计课并能够公允地反馈课程内容优劣的研究生们，他们的学习体验和学习效果才是检验本教材的硬核指标。我们也相信并期盼着，在他们的师弟师妹们的推动下，未来还会有更新的修订版问世。

特别感谢美国伊利诺伊州立大学王德育教授的大力支持，本书的主体是在王德育教授主编的《政治学定量分析入门》一书的基础上，征得王教授的同意，通过我们长期从事体育科学研究理论与方法教学实践，不断更新教学内容，穿插适合体育研究生学习的案例，形成了更符合体育学研究生学习的教材。

另外，本书在编写过程中参考了其他许多专家、学者的教材和专著，得到了武汉理工大学出版社、武汉深耕细作科技有限公司的大力支持，在此向这些作者和单位一并表示衷心的感谢！书中引用的一些资料，标明出处时若有遗漏，敬请谅解。同时由于编写人员水平和工作能力有限，本书难免有不当和错漏之处，恳请同行专家和广大读者谅解并批评指正，我们将在再版时修订和补充完善。

全国体育专业学位研究生在线示范课程“体育应用统计与案例分析”配套教材

体育学定量分析原理与应用

主　编　阳艺武　刘　杨

https://www.wutp.com.cn/download/gy20240618.zip

读者可扫描二维码或通过网址登录下载书中案例数据库

武汉理工大学出版社

·武　汉·

图书在版编目(CIP)数据

体育学定量分析原理与应用/阳艺武，刘杨主编. —武汉：武汉理工大学出版社，2024.12

ISBN 978-7-5629-6940-2

Ⅰ. ①体… Ⅱ. ①阳… ②刘… Ⅲ. ①体育科学-定量分析 Ⅳ. ①G80

中国国家版本馆 CIP 数据核字(2024)第 038767 号

项目负责人：高 英　　**责任编辑**：丁 冲

责 任 校 对：张莉娟　　**排版设计**：芳华时代

出 版 发 行：武汉理工大学出版社

社　　址：武汉市洪山区珞狮路 122 号

邮　　编：430070

网　　址：http://www.wutp.com.cn

经　　销：各地新华书店

印　　刷：武汉邮科印务有限公司

开　　本：710×1000　1/16

印　　张：16

字　　数：270 千字

版　　次：2024 年 12 月第 1 版

印　　次：2024 年 12 月第 1 次印刷

定　　价：49.00 元

凡购本书，如有缺页、倒页、脱页等印装质量问题，请向出版社发行部调换。

本社购书热线电话：027-87391631　87664138　87523148

前　言

近年来，体育类研究生在教育科研、医疗卫生、体育竞赛、休闲体育、大众健身与保健等越来越多领域发挥其独特的专业价值，社会对体育高层次人才的需求量也日益增多，这对体育研究生的专业技能、创新能力及行业适应能力的要求也不断提高。体育类研究生培养的重点是如何提高其运用科学手段解决基础类或应用类问题的能力，关键在于方法的掌握并灵活运用。体育学具有专业性强，与人文社会学、医学、心理学、教育学等诸多学科交叉紧密的特点，这也意味着体育学与以上关联学科在研究方法上往往互通。数理统计方法作为现代实证科学有力的研究途径，在体育类诸多研究方向中均占举足轻重的地位，其已被广泛应用于身体活动行为测评、各类与体育相关的现状与优化策略研究、体育产业管理与发展、运动与心理健康、运动干预与体质促进、体育课程开发与评估等方面。

本书两位作者均有北美留学经历并长期在211高校从事体育类研究生应用统计方法的教研工作。在工作中通过观察、对比国内外研究生教育中数理统计与科研方法的学习效果、应用能力及其背后的教学理念，发现国内体育类研究生在数理统计方法的掌握程度与运用能力方面还有较大的提升空间，究其原因并非是由于他们数学底子或者逻辑分析能力差，而是在方法学方面欠缺足够的训练。我们国内体育学研究生不是不会使用研究方法，而是不了解研究方法的原理；此外，学生能够深入参与方法运用的实践并积累到一定经验的机会也不多。而学好统计学的关键恰恰在于扎实的统计学理论基础和丰富的实操经验，以及两者的有机结合。

因此，本书作为体育类研究生教材在内容选取与框架构建上均力求服务于研究生科研能力的培养，将重点放在如何快速有效地使非统计专业的学生打下牢固的理论基础，并在具有体育相关背景的实操练习中获取丰富的分析经验。实操案例涉及体育教学、运动训练、运动干预与健康促进中常见的定量问题，通过简明易懂的基础理论学习与一定量的实践操作演练引导学生正确的量化思路，培养其解决数据测量、收集、整理、分析和参数解读中各类问题的能力。

本书是国家级研究生在线示范课程“体育应用统计与案例分析”的配套教

材，为体育类研究生教育的高质量发展量身打造。亦可作为体育类学术型或专业型研究生学习数理统计方法和应用的参考书籍。在此，作者由衷地希望本书能够对广大体育类研究生的学习生涯及今后事业的发展带来些许帮助！

编　者

2024 年 7 月于武汉理工大学体育学院

目　　录

第一章 统计学与体育科学研究

体育类本科和研究生教育常常将统计学设为必修科目。统计方法在体育科学研究中具有至关重要的地位，是实证研究中获取、处理和分析客观世界资料的有效工具，也是探寻自然规律、验证理论模型的必要途径，对体育研究思路的引导和研究设计的选择均具有积极参考意义。本章将对统计学的概念、体育科学研究及其思维误区、研究步骤、研究设计、统计学常用术语等做介绍。

第一节 统计学定义与发展

一、统计学定义与概述

牛津词典将统计学定义为“通过来自总体的代表性样本推断总体特征为主要目的的一系列收集、整理和分析大样本数据的操作”。韦氏词典将统计学解释为数学的一个分支，集合了对大样本数值型数据的收集、分析、解释与呈现。总之，统计学是关于数据收集、整理、分析和推断的方法和技术。

统计分析主要分为描述统计和推断统计两大类。描述统计是涉及整理、描述和总结资料的统计方法，主要提供简单的统计量和图表，如平均数、总计、百分比、中位数和众数等。描述统计不包括对数据资料的推论。推断统计则是以样本资料来推断母体特征的统计方法，包括统计估计和假设检验。母体(population)指的是研究者所要探讨的全部案例，而样本(sample)则是从母体中选取的一部分案例。母体没有特定的大小，它可能是全中国 20 岁以上的成年人，或是某所大学所有的学生，也可能是组织机构或物品。样本是从母体中随机选取的一部分案例，用于代表母体特征。由于样本只是母体的一部分，对母体特征的推论是建立在一组具有一定代表性但不完整的资料上，因此推断统计允许有误差，误差的估算依据是概率论。

母体与样本是统计学中的基本概念。与母体和样本相关的统计学术语是母体参数(population parameters)与样本统计量(sample statistics)。母体参数反映了母体的特征，通常包括母体平均数、母体标准差、母体最大值或最小值等。由于母体参数往往是未知数，研究者通常由抽样样本来推断母体参数，这些由样本计算出的用来估计母体的数值即为样本统计量。

上面提到通过样本判断母体，而样本的获取则要通过抽样来实现。抽样是从母体中取得一部分个体的程序或方法，分为概率抽样和非概率抽样。概率抽样可以计算出母体中每一个案例被选中的机会，而非概率抽样则无法计算案例被选入样本的机会。常用的抽样方法包括单纯随机抽样、等距抽样、分层随机抽样等。有关抽样的更多内容后面有专门章节来介绍。

统计资料依搜集的时间顺序与资料的性质可分为若干种。按时间顺序分类，统计资料可分为横向资料和纵向资料。横向资料指的是在同一时段所搜集的资料，而纵向资料指的是在不同时段所搜集的资料。按性质区分，统计资料可分为离散型数据和连续型数据。离散型数据只能取整数，而连续型数据可以取整数也可取小数。不同类型的资料应以不同的统计方法来分析，以获得正确的结论。

以上概述中涉及的内容也是本书重点讲授的知识，同学们可以参照各章节标题查阅具体内容。

二、统计学的发展历程

在几百万年的人类进化史当中，我们对自然界中出现的各类现象不断地进行了解、反思、分析等高级思维加工，最终形成了对事物质和量的概念。早期人类通过刻画痕迹、串贝、结绳等方式计数，标志着人类量化事物的伊始。在后期历经近 400 年的快速发展至今，人类对事物量的认知从原始计数逐步过渡到系统、完整的科学统计理论与方法，并形成成熟的学科，即统计学。

统计学发展至今可大致分为以下几个重要阶段：

(1)古典计数时期，亦称萌芽阶段。从 17 世纪中叶起至随后的 100 年间，人类对统计的认识逐渐摆脱了原始、简单的计数而形成一门具有不同流派的学科，包括国势学派和政治算术学派。国势学派(或称“记述学派”)是 17 至 18 世纪以德国海尔曼·康令和阿亨华尔为代表，主要以文字形式记录国家重大事件纪要，对比各国不同领域的发展情况，为君主制定国策提供参考指导的方法体系和知识流派。政治算术学派起源于 17 世纪的英国，其主要创始人威廉·佩迪是真正从“大样本”意义上系统地观察、分析事物特征的学者。他主张以多种度量手段获取、概括大量社会经济现象，用来分析研究社会经济特征，为统计学奠定了方法论基础。萌芽期标志着统计学从简单的数量记录迈向理论化。

(2)近代多学派共存期。从18世纪末至19世纪末，统计学发展出数理统计学派和社会统计学派两大流派。数理统计学派的代表人物包括皮埃尔·西蒙·拉普拉斯和阿道夫·凯特勒，他们将概率论引入统计学领域来帮助分析社会经济现象，奠定了数理统计学的理论基础。社会统计学派则由德国卡尔·古斯塔夫·阿道夫·克尼斯开创，主要代表人物为德国的经济学家恩斯特·恩格尔和统计学家格奥尔格·冯·梅尔。该学派将统计学的主要调查对象放在国家层面的社会整体，强调以统计方法为研判手段，对社会经济指标的筛选，指数的计算，资料的采集、整理与分析等一系列科学过程的形成均具有重要贡献。

(3)现代数理统计学时期。在延续了18至19世纪两大统计学流派脉络的传承与发展后，从20世纪初至今，数理统计学派和社会统计学派在争论中并存和发展，共同构成了现代统计学的基础，并逐步融合成为现代统计学。真正意义上的现代统计学源于英国数学家哥赛特提出的小样本 t 分布理论，也标志着推断统计的出现。20世纪30年代，罗纳德·A.菲舍充实了推断统计理论，标志着现代数理统计学的确立，统计学的主流也从描述统计学正式转向推断统计学。后在瓦尔德、威尔克斯、科克松等美国统计学家的推动下，不断丰富、拓展了抽样理论和因果效应检验等统计学范畴。

这三个阶段标志着统计学从最初的简单记录数量，发展到拥有完整理论体系和丰富分析方法的现代科学。随着计算机技术的发展和大数据时代的到来，统计学也在不断地完善和发展，以适应新的数据分析需求。

第二节　统计分析的基本概念

在正式学习统计学之前，我们先来了解一下体育科研中经常涉及的各类统计学概念，包括变量、自变量、因变量、指标、控制变量、混淆变量和中介变量。

(1)变量，是指可以变化的量，在不同情况下会产生不同的数值，具有随机性，因此也称随机变量。例如，标枪比赛中，标枪投出的成绩会受到运动员运动水平、比赛现场的风速、临场发挥等因素的影响而出现不同结果，使得成绩具有一定随机性。根据研究思路中的逻辑关系，变量可分为因变量和自变量。因变量是受其他因素影响的变量，而自变量是影响其他因素的变量。自变量有时也被称为解释变量，因为它用来解释其他现象的发生或变化；因变量有时也被称为被解释变量，与解释变量呼应。

（2）指标，是指在某研究领域中，能够用来科学地反映、衡量和评价研究对象的特征和水平的标准或参数。例如想要了解下肢爆发力，我们就可以选取能够有效反映下肢爆发力的指标来体现下肢爆发力，包括立定跳远、50m 跑、纵跳（摸高）等。指标可以是定量的，也可以是定性的，用来评估、监控或比较研究对象在不同测量时间和环境中的表现。

（3）控制变量，是指与因变量相关，在研究中需要控制其对因变量影响的非兴趣变量，在某些情况下也称协（同）变量。控制变量大多并未在研究中得到有效的人为控制，而是需要准确收集，并在后期数据处理中将其控制。例如，在研究运动方案对体成分的干预效果时，由于体脂在干预前后的变化大小与干预前原有体脂水平有关（胖的人通过运动更容易减掉体脂），因此原有体脂水平可认为是此研究中的协变量。除了原体脂水平外，日常饮食中的热量摄入也可能影响体脂的变化，因此热量摄入水平也是控制变量。控制变量可以是定量的，也可以是定性的。在前面的例子中，协变量可以是干预前原有体脂水平或体脂百分比，也可以是按某体脂标准划分出来的体成分等级（高、正常、低）。

（4）混淆变量。混淆变量与控制变量相似，也是与因变量有关联，在研究实践中也会采取与协变量类似的统计处理方式。不同的是，混淆变量除了与因变量有关外，还与自变量相关。例如，在身体活动与心脏风险的关联性研究中，身体活动是解释变量，心脏风险是被解释变量，而年龄可认为是混淆变量或干扰因素。因为年龄与身体活动行为有关，年龄越大身体活动水平越低。与此同时，年龄也与心脏风险有关，随年龄的增大心脏也更容易出现各种疾病。由此来看，年龄在此研究思路中既与自变量身体活动有关，又与因变量心脏风险有关，因此，可认为年龄是混淆变量。

（5）中介变量。最后我们来看中介变量。在某些因果关系中，因并非直接作用于果，而是通过作用于其他变量来间接地改变因变量。那么这个处于因与果之间的，起到传递因果之间作用的因素称作中介变量。中介变量有多种形式，可以是一个，也可以是多个，甚至多个中介变量可以连串起来共同起到传导作用（链式中介效应）。

第三节　科学研究与体育科研

一、科学研究

科学是用系统、有效的方法来获取客观事物规律，探索未知事物属性，并形成的有组织的知识体系。科学研究是为了丰富人类知识体系以及利用这些知识去了解未知事物、发明新技术而进行的系统性探索和创造过程。科学研究工作是为探索未知领域而进行的对已有知识的整理、融汇和推导（演绎），以及对一般现象资料的搜集、整理、分析和概括（归纳）。科学研究获得的结果经不断整理和积累成为科学知识，科学知识具备以下四种特征：

（1）科学知识具有客观性。任何科学知识的产生必与客观世界现象直接联系。这意味着科学知识不是基于主观臆造或个人信仰，而是通过观察、实验和理论分析等方法，对自然界和社会现象进行描述、解释与凝练，不断地推象加工积累而来。

（2）科学知识具有普遍性。科学知识具有普遍性或通则性，即它不是针对个别现象的描述，而是旨在发现和表述普遍适用的规律和原则。这些规律和原则在不同时间、不同地点、不同条件下都能被应用和验证。例如，牛顿的万有引力定律不仅可以解释苹果向下掉落到地上这一现象，也适用于解释其他物体受引力掉落。这种通则性使得科学知识具有广泛的适用性和预测性。

（3）科学知识具有系统性。科学知识是将研究结果系统梳理而得来的自然的和社会的经验总结，具有严谨的逻辑、分明的层次、合理的结构体系。这就需要将零散的研究结果进行分类、组织和整合，按照由简到繁、由浅入深的原则形成完整的知识体系。

（4）科学知识具有发展性。科学知识在不断地完善和发展，随着新的研究结果和理论的出现，旧的知识得到修正或取代。同时，科学知识的不断否定与更新也表明其具备可证伪性。

体育科学研究（或称“体育科研”、“体育研究”）同样具备以上四种特征。

二、体育科研及其常见类别

体育科研是运用科学手段系统地描述、分析、解释体育领域中的各类现象，探索并获取其本质属性和规律的创造过程。根据视角的不同，体育科研有以下几种分类方式：

(1)从不同的研究目的来看，体育科研可分为基础研究、应用研究与中间型研究。基础研究是指那些不以直接应用为目的，而是为了获取新知识、新原理、新理论的研究活动。这类研究通常关注于理解自然界的基本规律和现象，探索科学领域的深层次、基本问题，以及发展新的研究方法和工具。基础研究是科学发展的重要基石，因为它提供了新的理论依据、概念和技术，这些成果可能会在未来被应用于实际问题的解决或某项技术的开发中。例如，研究自闭症儿童在完成一套手臂技术动作时不同脑区血氧含量的变化特征。此研究的目的是探索动作的完成与脑部功能活动区的联系，并非直接解决现实中的某个问题。应用研究是指将基础科学研究的成果应用于生产、生活中各类问题的解决或技术环节的突破，以满足实际问题的不同技术需求的研究活动。应用研究与基础研究相对，基础研究更注重探索未知领域，而应用研究则更侧重于将这些知识转化为实际可用的技术或产品。例如研究我国优势项目高水平运动员参赛风险的识别、评估与应对。此研究的目的就是为了有效降低高水平运动员的参赛风险，因此属于应用研究。基础研究和应用研究相辅相成，基础研究为应用研究提供理论基础，而应用研究则引导、推动基础研究的进一步发展。中间型研究则是基础研究和应用研究皆有涉及的研究。

(2)根据研究问题的不同层面，体育科研可分为实证研究和理论研究。实证研究的核心在于通过“现实中的物证”来支持或反驳某个研究假设或理论观点，依赖观察和实验来收集数据，再通过分析客观数据来验证理论或构建新的理论。而理论研究是指对某学科或领域内的基本概念、原理、规律和理论体系进行深入探讨和系统分析的研究活动。理论研究与实证研究既对立又统一。一方面，实证研究侧重于通过观察和收集实验数据来验证理论，理论研究则更多涉及理论本身的构建、解释和批判；另一方面，理论研究是科学发展的基础，它对实证研究的结果进行了系统梳理，使之成为理论体系，同时也为实证研究提供理论指导和框架。在体育人文社会学、体育教育训练学以及民族传统体育学中，理论研究都是不可或缺的一部分。

(3)根据研究对象性质的不同，体育研究可分为定性研究、定量研究和综合研究。定性研究是对事物的构成、内容、变化过程和本质属性等质性特点的系统探索。而定量研究则是将可量化事物的属性和特点以数值指标的形式来反映并纳入到分析过程的科研活动。定性研究虽与定量研究相区别，但并非像很多人认为的那样不涉及任何定量方法的使用，而是研究对象性质的不同而已，绝不能以是否涉及数据或运用统计学方法来区分。综合研究是定性研究与定量研究相结合的研究，也是近年来在身体活动与健康干预研究中比较流行的一类研究范式。

(4)根据研究设计的不同，体育研究常见描述性研究、流行病学研究和实验研究。描述性研究的目的是了解和解释客观事物或现象的特征、状态、行为或过程，常用于在未知领域或研究较少的领域收集有关特定主题或问题的详细信息，以便更好地理解其本质和范围，为更深层次的研究做基础铺垫。也正因为描述性研究的设计特点，描述性研究结果无法确立因果关系。流行病学研究是公共卫生和医学领域中的一个重要分支，亦是体育学科涉及大健康研究的主要研究设计与方法根源。流行病学研究的主要目的是识别和评估风险因素的暴露（如不健康的环境和行为）与疾病之间的关系及关系强弱，预防和控制措施，以及疾病在时间、地点和人群中的分布模式。流行病学研究设计包括队列研究、病例对照研究、横断面研究等。实验研究是在各种干扰因素高度控制的条件下验证因果关系的科研活动，如准实验研究和实验研究。研究者往往需要根据研究思路和内容来做出判断，选择适当的研究设计。

以上对体育研究常见类别进行了梳理。这些分类有助于同学们从不同的视角直观地理解体育科研，为在今后统计方法学习中更好地把握“量化事物”方法的运用打下基础。

第四节　体育科研的基本属性

体育是典型的交叉学科，这意味着体育科学研究也具有诸多相关学科研究的特点与通则。具体来说，体育科研具备以下几个基本属性。

(1)系统性(systematic)。科学研究是一套有计划、结构框架完整的操作过程。研究人员要充分论证研究依据，确立研究思路，准备研究方案，这个过程由研究问题、研究内容、研究的可行性、研究假设、预期结果和方法途径等一系列相互支撑、紧密联系又相对独立的环节组成。同时，达成研究目的需要综合不同环节的特定功能共同完成，无法省略或仅依赖于某个或某几个研究环节来解决研究问题。

(2)逻辑性(logical)。首先，科学研究体现了思维过程的连续性和一致性，如研究目的能否通过一定研究方法及其所得出的结果得到验证并得出相应结论。其次，科学研究体现了因素间的各种关联，如因果关系的先后性和条件的多样性、相关关系的双向性。如在体育研究设计中,我们在遇到检验某类运动的干预效果时往往采取具有因果逻辑关系的实验设计。

(3)实证性(empirical)。科学研究讨论的对象往往是客观事物,这就决定了所采集的资料属性必然是客观存在的。科学研究的目的是探索世界的本原和规律,将自然、社会、思维及其他交叉领域内的各类现象和组织形式系统化、公式化,最终形成知识。实证性反映了科学研究形成的系统知识需源自并最终作用于客观事物。科学知识的客观性要求研究者在收集和分析研究资料时保持中立,避免偏见,确保研究结果能够被其他研究者重复验证。

(4)归纳与演绎(inductive and deductive)。归纳与演绎可简单理解为人类认识并利用自然的过程,即从个别到一般,再从一般到个别。科学研究作为系统探索自然的有效手段,也遵从这一认识规律。这里所谓的"个别"就是与某类事物相关的各类零星的、杂乱无章的散落现象,也是我们认识事物需要初步接触的对象。从这些散落现象中不断搜集、整理和分析资料,获得普适的规律即是归纳的过程。自然界中抽象出来的规律需在不断地推导或解释一般个例中进行验证,从而去伪存真,这个过程即为演绎推理。

(5)可重复性(replicable)。可重复性即科研结果的可重复性,或研究结果的普适性(generalizability)。一般来说,实验条件、样本、测试指标大致相同的研究结果应具有一定相似性,因此,在干扰因素被高度控制的条件下进行的实验研究其得出的结果应具备较高的可重复性。然而,社会学研究常因研究对象所处环境与样本的变化得出不同结论。

(6)批判性(critique)。科学研究的目的之一就是推陈出新。这里的批判并非完全否定旧知识,而是继承与创新的统一。任何有理论与实践价值的研究应在理论、方法、应用、观点等某个方面有所创新,以推动学科向纵深发展。在科学研究中不断地对以往知识进行修正、批判也是人类追求真相、了解世界的基本途径。

由于篇幅原因,以上仅列出几个基本的体育科研属性,并非具有完全概括性,还有许多与科研相关的属性未纳入进来。

第五节　体育研究的步骤

本节介绍体育研究的主要步骤。首先我们要知道体育是一门综合性较强的学科,涉及教育学、医学、理学、管理学、工学和社会科学等诸多大的学科门类，因此体育研究也应具备与其他学科同样严格的研究步骤。如图 1-1 所示，体育研究包括七个关键步骤：提出研究问题、形成研究假设、规划研究设计、选择测量指标、收集指标数据、分析数据资料和得出研究结论。体育科学通过以上步骤验证经验数据来构建客观的认知体系，并致力于通过已有知识解释和预测各种现象，不断积累经验性知识。以下是对这七个步骤的详细说明。

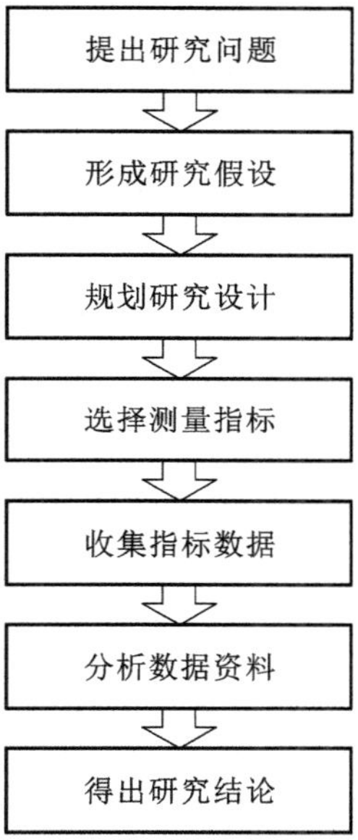

图 1-1

一、提出研究问题

研究的起点通常来自个人兴趣或对某个现象的好奇或疑问，这种好奇或疑问可转变为具体的“研究问题”。例如：

(1)新的训练方法是否有效？

(2)学生为何对体育课不感兴趣？

(3)参与课外体育活动是否会影响学业成绩？

(4)观看体育赛事是否提高了人们参与体育锻炼的积极性？

这些有价值的兴趣点或疑问转化而来的研究问题是研究思路的开端，它的提出对整个研究设计、研究对象和研究方法的选择都至关重要。一个好的研究问题应具备以下特点：

(1)经验性：能够通过经验数据得到验证和解答，这需要在构思研究问题时，必须同时考虑相应的研究计划来搜集与验证经验资料。

(2)明确性：能够清晰地指出研究方向，并描绘出研究的重点内容。可以用两个例子来做进一步说明。“学生为什么不喜欢上体育课”和“平时作息自由散漫的学生，是否更不喜欢上体育课”相比较，第二个问题表述上显然比第一个问题要更清楚。因为第一个问题中并没有指明研究的方向。相反，第二个问题则明确地指出平时的生活习惯和作风是研究问题的重心。再例如，研究问题“经常观看比赛对人们参与体育锻炼的积极性有没有影响”要比“如何调动人们参与体育锻炼的积极性”更加明晰。

(3)理论价值：能够有助于发现普遍通则或构建新的理论。理论的意义在于系统整合联系紧密的研究结果来帮助描述、解释与预测经验现象。一项研究计划在构思阶段，就应该想到研究结果能不能拓展或加深原有理论，或是能否另辟蹊径地创立一套新的理论。

(4)实际相关性：应用研究中的问题最好与现实生产、生活紧密相联，能够解决实际问题。下面看一个例子，“近年学校足球队比赛中腿部韧带拉伤增多是不是因为体能训练中身体部位锻炼不平衡所致”与“鞋码是否会影响运动员入选名人堂的概率”。显然第二个研究有点哗众取宠，虽很有趣，但实际应用价值却相当有限；而第一个研究则与运动员训练损伤与防护关系紧密，研究结果的价值也会较大。

(5)创新性：提出的问题最好是一个全新的研究领域，能够带来新的科学知识，或者能够提供对已有研究的新见解，补充现有知识。举例来说，研究世界各国在各届奥运会男子篮球比赛中的技术特点。因为奥运会每四年举办一次，每四年就会产生新的比赛结果。当赛后新的比赛录像资料产生后，相同的研究问题也可产生新的知识。再如，某地区的研究者在对运动知识与运动参与行为的关系研究中发现，对运动与健康认知越高的人会更倾向于参与更多的锻炼；而另一地区的研究者发现两者并没有显著性相关。因此，针对本研究问题，抽取更多的、来自不同地区的研究样本进行更进一步的研究是必要的。简而言之，研究问题的构思应突出研究空白，有一定的原创性。

二、形成研究假设

研究假设是对研究结果的期望，具有研究者自身的倾向性，需要通过经验数据来验证。以下是一些研究假设的例子：

(1)研究问题：“这种新的训练方法是否对提高学生的标枪成绩有效？”

研究假设:“新的训练方法比传统训练方法更能提高学生的标枪成绩。”

(2)研究问题:“学生为什么不喜欢上体育课?”

研究假设:“平时作息散漫的学生,更可能不喜欢上体育课。”

(3)研究问题:“参加课外锻炼是否会影响学生的学业成绩?”

研究假设:“平时经常参加课外锻炼的学生,学业成绩就会愈高。”

(4)研究问题:“经常观看比赛对人们参与体育锻炼的积极性有没有影响?”

研究假设:“经常观看比赛的人群,参与体育锻炼的积极性越高。”

这些假设都是对某研究问题的预判,它们尚未经过经验数据的检验。如果数据检验结果支持这些假设,它们就可能成为经验规律。否则,研究者需要放弃这些假设,寻找更合理的解释。在体育研究中,研究假设往往具有二象性。

研究假设可以根据已有的相关证据或理论的推论来建立,主要分为以下几种:

(1)虚无/备择假设:虚无假设(或称零假设、原假设)假设变量之间没有关系。例如“训练地点对运动员的铅球成绩没有影响”以及“体育课上课态度与学生平时生活习惯没有关系”都是虚无假设。与“虚无假设”相对的则称“备择假设”,往往与研究者所期望获得的结果一致。因此,我们分析数据希望能够得到备择假设,否定虚无假设。关于虚无/备择假设的运用会在后面章节再加以说明。

(2)相关假设:假设变量之间有关系,但不明确关系的方向。例如,“不同训练方法对运动员铅球成绩是有影响的”以及“学生上体育课态度与他们平时的生活习惯是有关联的”都是相关假设。然而这些假设无法确定新的训练方法就一定能提高运动员的铅球成绩,也没有假定只要平时生活自律了,学生就一定会喜欢上体育课。这说明相关假设无法确立变量间是正向的关系还是负向的关系。

(3)方向性假设:明确变量之间关系的方向,可以是正向假设或反向假设。正向假设的意思是随着某变量的增大而增大,例如,“平时自律性高的人,就愈喜欢上体育课”。反向假设是随着某变量的增大而减小,例如,“课间参与锻炼越少的学生,其校内久坐行为就会愈多”。较之相关假设,方向性假设具有更多的信息量和参考价值。例如在证明了训练方法与标枪成绩有关系后,如果能进一步确定两者间相关性的方向性,这对训练方法的选择将更有帮助。值得注意的是，有相关关系的事物间并不一定能确定其因果关系。

三、规划研究设计

在提出研究问题和形成假设之后，就要规划出一套合理的验证流程来测试这些假设，这就是研究设计。研究设计可大致分为实验性研究设计和非实验性研究设计，两者的主要区别是在研究过程中是否对各种潜在干扰因素进行有效控制。实验性研究设计通常具有以下特点：

(1)实验设计通常将参与者分为实验组和控制组，通过随机分组使两组组间的个体特征趋于均衡。

(2)实验组接受某种干预(如新的训练方法，或营养补剂)，而控制组不接受这种干预或仅接受安慰剂。

(3)在实验前后测量实验组和对照组的观测指标，这些指标往往代表了研究假设中的因变量。

(4)可控制研究环境，或避免其他因素的干扰。

例如，研究一种新运动饮料对运动后恢复的影响。运动员是参与者或称被试者，他们的恢复状况(身体机能指标)是因变量，是否服用运动饮料是自变量。通过随机分组，只有实验组服用运动饮料，控制组服用安慰剂。在干预前后测量运动员的身体机能指标。如果实验组的恢复状况明显优于控制组，可以认为运动饮料是有效的。实验性研究设计对研究过程有严格的控制，因此更能确定变量之间的因果关系。

然而，实验性研究设计在体育科学中的应用并不普遍，因为涉及的实验对象是人体或社会组织，出于伦理或实际情况的限制，无法对研究对象进行控制。例如，研究训练年限与运动成绩的关系，不可能强制实验对象(运动员)接受特定年限的训练。因此，通常采用非实验性研究设计，如流行病学研究中的追踪研究和病例对照研究。这类研究设计的主要特点是研究对象在其自然环境中进行正常的活动，通常只设定一组参与者，研究者不控制自变量，数据是在自变量的影响(如交通方式、健康行为习惯、环境风险)产生之后收集的。

尽管如此，非实验性研究设计也可以进行一定程度的控制。例如，定性研究者常用的“极似体系”设计，可以在一定程度上排除研究过程中因各种因素影响造成的差异。简单来说，极似体系就是将参与者的背景条件或特征尽量统一化，来排除某个因素变化所造成的差异。后续章节将介绍如何使用统计方法控制其他变量。由于研究设计是一个复杂的过程，此处只能简要说明。

四、选择测量指标

研究假设需要得到客观数据的验证，然而研究假设中涉及的变量多为抽象的，如“久坐行为”、“训练方法”和“运动成绩”。这需要我们在收集数据之前就将这些抽象概念与经验世界中的现象联系起来，这样我们才能明确需要收集哪些数据。因此，我们必须构建出一套体系，将研究假设中抽象的变量以经验世界中可观察的、带有单位的数据来表达，这就是测量。例如：

(1)“参与课外锻炼”：以每周参与锻炼的频次来计；

(2)“运动成绩”：以在比赛中获得的实际成绩来计；

(3)“训练年限”：以参加正规训练的年数计。

这些例子表明，变量的测量通常包含数值，因此测量的一个常用定义是研究者“根据规则为变量分配数值的过程”。这里的“规则”就是变量的定义。例如，“参与课外锻炼”的定义是每周锻炼的频率，“运动成绩”是比赛中的成绩。根据这些规则，每周锻炼 3 次以上的人可以量化为“1”，1～3 次的可以量化为“2”，没有参加课外锻炼的可以量化为“3”。这表明测量过程不是随意的，而是根据特定规则进行的。简而言之，测量是将抽象变量与经验中可观测的数据以数量系统联系起来的方法。我们选择测量指标的原则就是要能够有效地反映出因变量的特征，同时可以有较好的区分度，即因变量在各个指标上能体现出不同样本的水平，如高、中和低。此外，在研究实践中，也会遇到依赖一个指标并不能充分反映出因变量特征的情况，因而需要多个指标同时表达。这类情况常见于体育心理学研究。

五、收集指标数据、分析数据资料与得出研究结论

上述步骤可认为是科学研究的准备阶段。接下来要做的是实施研究计划，目的是获取数据、分析数据，并根据分析结果得出结论。如前所述，“经验数据”可以分为定性和定量数据，但无论是定性还是定量数据，只要能通过人的感官直接或间接感知的都是经验数据。在收集数据时，研究者必须确保所有相关数据都被系统地纳入研究，确保数据的完整性、全面性，切勿因为某些数据不利于预期结果就刻意排除它们。定性数据通常可以从实地考察记录、报纸或杂志的报道、学术期刊或学位论文、政府公开资料或访谈记录中收集。这种非数字数据应使用定性分析方法进行研究。定量数据通常是用于统计分析的数值型数据，这些数据可以从实地调查、现场测试、学术期刊论文、学位论

文或者有公信力的各类组织或机构的网站中获得。这类定量数据在分析过程中往往运用了各种统计方法。无论是定性还是定量的数据，如果对数据分析的结果与假设一致，该假设就成立，可作为科学规律的有效证据。如果结果不支持假设，研究者应放弃该假设，寻找其他合理的解释。在收集和分析数据时，研究者需要考虑数据的代表性、变异性及分布特征。这可能涉及到抽样方法和数据分析方法的合理选择。研究者应该尽可能地确保数据的质量，并对数据信息予以准确、充分的解释，以便得出公允的结论。

综上所述，我们可以了解到科学研究过程实际上包括两个既相互独立又密切相关的环节。第一个环节是以理论和研究空白为基础形成研究问题和假设。但研究问题和研究假设只是建立科学知识过程中的一个重要步骤。为了验证理论的正确性，我们还必须进行第二个环节，即获得经验数据的支持和证实。因此，研究设计、测量变量、数据收集和数据分析等步骤都在确保研究假设能够得到系统的验证。统计方法在这一过程中的作用主要有：①保障研究的整体性，为研究设计的制定和执行做铺垫。在研究中选择或制定某种研究设计是为了解决研究目的，这就要求在方法中要确保研究执行后数据能够得到有效分析，获得能够验证假设的结果。在长期实践和探索中，研究设计与统计检验方法之间往往具有较为固定的运用法则。例如我们做分组对照干预实验，很自然会想到运用方差分析去分析数据。②统计方法有利于指导研究指标的选择。我们在一项研究中需要考虑能够有效反应因变量的有效指标。一般说来，指标的选取往往有多种选择，这就需要充分参考统计方法的各项原则来定。③数据信息需要通过统计方法来呈现。毋庸置疑，研究获得的数据需要统计方法来验证研究假设是否成立。在概率论的加持下，现代统计学可以将统计结果予以概率区间，来更严谨地表达统计效验力。

本书将从第二章开始，对量化数据进行分析，逐步介绍统计分析的特点和各种统计方法。但在这些介绍之前，我们将先比较定性分析和定量分析的优缺点。

在科学研究中，定性分析和定量分析是两种主要的研究方法。定性分析侧重于对非数值数据的整合和解释，而定量分析侧重于对数值数据的测量、整理与检验。两者都有其独特的优势和局限性，研究者需要根据研究问题的性质和研究目的来选择最合适的方法。

定性分析的优势在于其灵活性和深度，它允许研究者深入探索现象背后的原因和机制。定性分析通常涉及到对文本、访谈、观察等非数值数据的收集和分析，这些数据可以提供对现象的深入理解。然而，定性分析的局限性在于其结果往往难以量化和推广，即普适性有限，同时还可能存在主观性和偏见。

定量分析的优势在于其客观性和可重复性，它允许研究者通过统计方法来测量和比较不同变量之间的关系。定量分析通常涉及对一定数量样本的数值数据的收集和分析，这些数据可以提供对现象的量化描述。然而，定量分析的局限性在于其可能忽视现象的复杂性和背景，可能无法充分解释现象背后的原因。在实际研究中，研究者可能会结合使用定性和定量方法，以获得更全面和深入的研究成果。这种混合方法研究可以充分利用两种方法的优势，同时弥补各自的局限性。

在科学研究的最后阶段，研究者需要根据数据分析的结果来得出结论。这一阶段是整个研究过程的关键，因为它决定了研究的最终成果和影响。研究者需要仔细、中肯地审视数据分析的结果，确保结论的准确性和可靠性。同时，研究者也需要考虑研究的局限性和未来研究方向，以便于进一步探索和深化研究问题。

科学研究是一个复杂而严谨的过程，需要研究者具备扎实的理论基础、广阔的科学视野和熟练的研究技能等必要的科学素养。通过系统地提出研究问题、形成研究假设、规划研究设计、测量研究变量、收集指标数据、分析数据资料和得出研究结论，研究者可以据此构建和验证科学知识，为人类社会的发展做出贡献。

第六节　科学研究的思维误区

科研思维是科学研究中所采用的思考方式和方法论，重在客观、理性、批判、创新和诚信。然而，在科研实践中，由于认知的局限性和心理倾向，科研思维可能会受到一些负面影响，这些负面影响可被视为科研思维的误区。以下着重介绍一些科研中常见的思维误区。

(1)偏颇与片面。看待问题的角度向一个方面过分倾斜，或在逻辑上以部分代替整体。固执地坚持自己的观点，不愿接受新的、不同的或完整的观点。在科研中，偏颇与片面可能导致研究者无法完整、公正地看待研究问题，影响实验设计的公允性和最终数据结果的准确性和普适性，从而阻碍学科健康发展。

(2)直觉引导。在科学研究过程中,我们往往在一定实证根据下凭借直觉对研究结果做出大致预判,这个预判就是预期研究结果,因此直觉在某些情况下有其特殊的价值。但在科研中过分依赖直觉可能会导致忽视严谨的数据分析和逻辑推理。直觉亦会受到个人经验和偏好的影响,从而诱导研究者得出偏离事实的结论。因此,在科学研究中,我们切不能依赖直觉引导研究,判断研究价值,甚至得出结论。

(3)信仰引导。对于研究者来说,信仰容易演变成先入为主的观念,可能会影响研究者对待科学研究的客观和公允态度。当研究者基于个人的信仰或价值观来设计研究、选择数据或解释结果时,难以秉持中立、中肯的心态,科学研究的客观性和公正性也就难以维护。例如,在进行宗教研究时,研究者若信仰某宗教往往会更倾向于从宗教正向的、积极的角度入手,而非处于相对公允的位置从正反两方面看待宗教。

(4)专断或权威断定。专断或权威断定是指在没有充分证据的情况下,仅凭个人权威或地位来直接影响研究结论。在科研中,专断或权威断定可能导致其他研究者的声音受到排挤,给研究结果带来偏差或错误,是对科学精神的破坏。我们在科研中应避免专断,要秉承真理至上的信念,以追求事物本原为科学探索的根本导向。

(5)证实偏差。科学研究中的证实偏差是指研究者有选择性地搜集资料以支持或证实自己的先入之见或假设。在科研中,此类思维可能导致研究者只关注支持自己观点的理论或数据资料,而忽视了对立面存在的意义。这常见于两类情况:一种是发表偏差,是指只发表有正面结果或符合预期的更容易发表的内容,而负面结果或不符合预期的研究则忽略。长此以往可能导致科学文献中存在偏差,影响后续研究的准确性。另一种是整理文献时只搜集有利于自身研究观点的研究及其结果,而忽略结果相悖的研究文献。证实偏差引导下的研究选题或综述往往会偏离实际。

(6)群体思维。群体思维是指个体在群体中因压力而放弃自己的独立判断,导致整个群体做出非理性或不道德的决策。在科研领域出现群体思维即意味着研究者为了迎合主流观点而放弃原创性甚至具备颠覆性潜力的研究,会阻碍学科的发展。

(7)过度简化。在科研中,有时为了追求简洁明了,研究者可能会过度简化复杂的现象或问题。这种简化可能会导致重要的细节和变量(如混淆变量、中介变量)被忽略,从而影响研究结果的全面性、综合性和准确性。

(8)过分解读数据。过分解读数据是指在统计数据或检验结果中刻意寻找具备支持研究假设的部分。可能分离出来的部分数据或结果会较好地支撑研究目的，但在没有适当的统计校正和缺乏数据完整性的情况下，这种“发现”往往是误导性的。在解读数据时，一定要注意不能断章取义，在解释研究问题时要从数据的整体出发。

(9)学术不端。科研中的道德问题，常见如数据造假、数据篡改和抄袭，会严重影响学科的健康发展。数据造假是“无中生有”地用编造出来的数据支持研究问题；数据篡改是修改已有的数据，使得数据更有利于研究问题的解决；而抄袭则是将他人成果据为己有，同时未能明确信息来源。学术不端直至今日在学术圈中也屡见不鲜，需引起学界重视。

总体来讲，要克服以上思维误区及其产生的各类问题，就需要科研人员树立正确的价值观，坚持道德底线。通过教育、培训和制度建设，可以提高科研人员的自我防范意识，减少这些灾区对科研思维的负面影响。

第七节 本书的章节介绍

如前文所述，中国体育科学界多以定性研究为主要分析方法。对于如何以定量方法来分析经验资料还比较陌生。在了解统计方法于科学研究过程中所扮演的角色之后，下文将逐步讨论各种统计理论与分析方法。第二章介绍一个常用的统计软件——SPSS。这是因为统计分析常使用大量的量化资料，我们必须要使用统计软件来做分析，而SPSS是国内外学界较普遍使用的统计软件。第三章讨论如何以次数分布表(frequency distribution)以及各式统计图(graphics)来分析资料。第四章介绍集中趋势统计量(measures of central tendency)与变异统计量。在此两章后，我们将讨论推断性统计(inferential statistics)。第五章说明一些与推断统计相关的基本概念和方法，包括各式概率分布(probability distribution)与中央极限定理。第六章说明与统计估计相关的“置信区间”(confidence interval)以及“假设检验”(hypothesis testing)。本书的其余各章将介绍几个常用的统计方法。第七章介绍二元回归分析(bivariate regression analysis)。第八章讨论二元相关分析(bivariate correlation analysis)。第九章说明多元回归分析(multivariate regression analysis)。第十章介绍如何以交叉列表来分析类别变量间的关系。第十一章将针对体育科学研究中常用的调查问卷、信效度检验及抽样进行介绍，第十二章将对实验研究中常见的与实验模型相对应的统计处理方法进行讲解。

本章重要名词

科学	统计学	描述统计
推断统计	母体	样本
母体参数	样本统计量	抽样
变量	自变量	因变量
指标	控制变量	中介变量
离散数据	连续变量	定性研究
定量研究	体育科研的属性	体育研究步骤
研究假设		

本章习题

习题一：请简述科学研究的过程。

习题二：请陈述常见的科研思维误区。

习题三：请列举出你试图要研究的问题，并尝试建构下列三种假设：

1. 虚无假设

2. 相关假设

3. 具方向性的相关假设

习题四：列举三个研究假设，并分别找出相关的自变量与因变量。

习题五：请陈述科学研究分类的依据有哪些。

习题简答：

略（开放型问题）。

第二章　SPSS数据整理与统计处理

第一节　SPSS基本介绍

一、关于SPSS

SPSS(Statistical Package for the Social Sciences)是一款广泛应用于社会科学领域的统计软件包。SPSS整合了数据的整理、存储、分析和结果输出功能。自1968年研发出PC版起至今，SPSS共有29个版本问世，是世界上最早被广泛使用的具有影响力的统计分析工具之一。SPSS需要在Windows操作系统中运行，并且在经济、工业、管理、医疗卫生、体育、心理学、教育等多个研究领域中被广泛采用。

二、基本窗口介绍

本书以Windows系统为例，打开SPSS有两种途径。第一种途径是双击桌面的SPSS图标，另一种途径是在“开始”菜单中打开SPSS程序标“SPSS for Windows”，两种均可启动SPSS。本书以SPSS22.0进行介绍。

当成功启动SPSS软件后，我们会看到其主界面(图2-1)。界面顶部的标题“IBM SPSS Statistics数据编辑器”显示当前打开的是SPSS的数据编辑区。这个界面遵循了标准的Windows应用程序布局，包含菜单栏、工具栏、数据视图栏以及数据编辑区。数据编辑区具有行和列的形式，其中每一行代表一个样本单位(或称作数据案例)，每一列则代表一个变量。如此看来，数据编辑区就像是一个具备两个维度的表格。通过数据编辑器窗口，我们可以运用数据和分析菜单中的选项来执行变量命名、变量定义、数据标签、数据编码，以及编辑、修改、分割和合并数据等操作。

需要注意的是，各个观察对象的数据必须各自占据独立的行位置，也就是说，每个观察对象的数据应该独自占据一行。每个测量指标或影响因素也只能占据一列，即相同指标的测量结果需要记录在同一个变量下。在SPSS软件中，可以通过点击文件菜单下的“保存”或者“另存为”选项，在弹出的对话框中设置存储路径和文件名，从而将输入到数据编辑窗口中的数据资料保存到硬盘或磁盘上。SPSS默认的数据文件扩展名是.sav。利用编辑菜单中的不同命令，可以对数据文件进行编辑处理。数据文件需要尽可能地包含原始资料的完整信息。

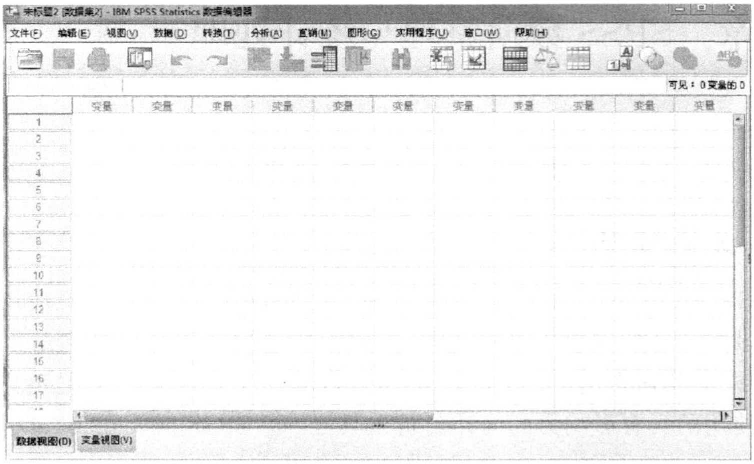

图 2-1　SPSS 数据编辑区域

数据文件包含一个或多个变量以及每个变量名下相应的数据。每个变量名及其下的观测值共同构成一个完整的变量，这种相对固定的布置数据的方式是 SPSS 常用的数据存放格式(图 2-2)。

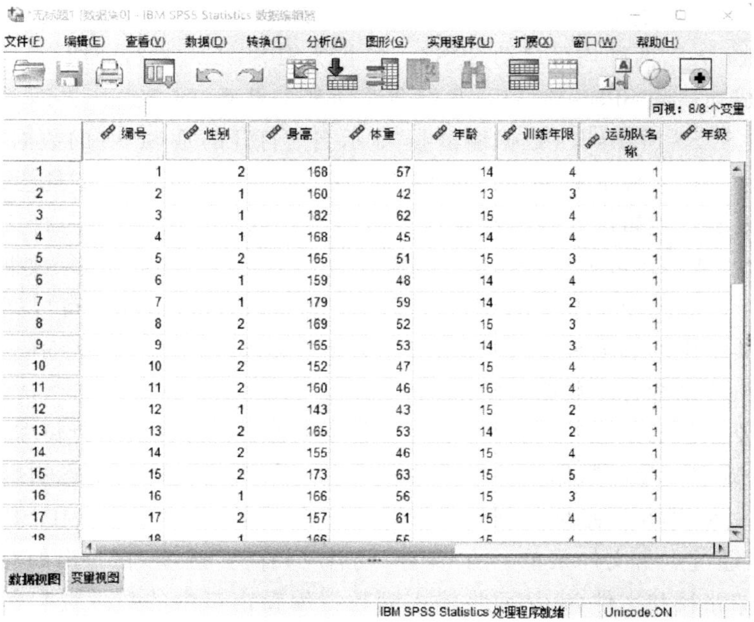

	编号	性别	身高	体重	年龄	训练年限	运动队名称	年级
1	1	2	168	57	14	4	1	
2	2	1	160	42	13	3	1	
3	3	1	182	62	15	4	1	
4	4	1	168	45	14	4	1	
5	5	2	165	51	15	3	1	
6	6	1	159	48	14	4	1	
7	7	1	179	59	14	2	1	
8	8	2	169	52	15	3	1	
9	9	2	165	53	14	3	1	
10	10	2	152	47	15	4	1	
11	11	2	160	46	16	4	1	
12	12	1	143	43	15	2	1	
13	13	2	165	53	14	2	1	
14	14	2	155	46	15	4	1	
15	15	2	173	63	15	5	1	
16	16	1	166	56	15	3	1	
17	17	2	157	61	15	4	1	
18	18	1	166	66	15	4	1	

图 2-2　建立在 SPSS 中的“问卷调查示例”数据文件

在图2-2中，编号、性别、身高、体重、年龄等各列分别对应于变量名为编号、性别、身高、体重、年龄等的变量。“编号”左边呈纵向排列的一串数字是数据文件中的行号，记录观测点或测量单位的数量。图中数据编辑区域显示的数据是调查或实验研究中收集到的具体观测值。

三、通过变量视图的编辑功能定义变量

1. 回顾“变量”的定义

前一章中我们定义了什么是变量，即其值可变的量称为变量，在SPSS的数据处理中对变量的理解亦是如此。

2. 变量属性的操作

编辑变量前需要转换一下基本操作窗口。用鼠标点击数据编辑窗口左下方的“变量视图”，使数据编辑窗置于定义变量状态，如图2-3所示。在变量观察窗口中，可以定义变量属性。此时，每行定义一个变量。

图2-3 定义变量的窗口

定义变量属性要定义变量名、变量类型、变量宽度、小数位、变量标签、值、缺失值、变量的格式、测量方式。如不做任何变动，则采用系统默认值。

定义变量属性最好是在数据录入前做。在修改变量属性时，应先修改变量类型，再修改变量值标签。其余次序的先后不会导致重复工作。

为了便于在数据处理过程中，保证对数据文件中变量的正确调用，以及对输出的计算结果的正确理解和对打印页面的宽度控制，建议对变量名、变量类型、变量标签和值标签、缺失值、变量的列格式即现实宽度等作必要的定义，其他属性可以采用“默认”。

3. 在SPSS中对变量的命名应遵循的原则

变量名可以是字符、字母、数字或汉字混合组成，但首字母必须是字母或

者汉字，其后可为字母或数字，或除“?”、“—”、“!”和“ * ”以外的字符。但不能以下划线“_”和圆点“.”作为变量名的最后一个字符。它的长度最多不能超过8个字符或4个汉字。变量名不能与SPSS保留字相同。SPSS的保留字有：ALL、AND、BY、EQ、GE、GT、LE、LT、NE、NOT、OR、TO、WITH。系统不区分变量名中的大小写字符，例如ABC和abc被认为是同一个变量。

4. 数据编辑窗口中主菜单包括的菜单项及功能

在数据编辑窗口的主菜单中主要包括如下菜单选项及功能，见表2-1。

表2-1 数据编辑窗的菜单项及其功能

菜单项	包括的命令项
文件 File	新建文件，文件的打开、保存、另存、读取数据库、显示数据文件信息等
编辑 Edit	撤销/恢复、剪切、复制、粘贴、清除、查找及定义系统参数等
视图 View	状态栏、工具栏、表格线的显示或隐藏，字体设置，值标签/变量值显示切换等
数据 Data	定义日期、输入变量、观测量、转置，对观测量定位、排序，对数据文件拆分、合并、汇总，选择观测量、对观测量加权、进行与显示正交实验设计等
转换 Transform	计算新变量、随机数种子设置，计数、重编码、变量等级化、排秩、建立时间序列，重置缺失值等
分析 Analyze	报告、描述统计、表、比较平均值、一般线性模型、相关、回归、分析、降维、度量、非参数检验、预测、生存分析、多重响应、缺失值分析、ROC曲线图等
直销 Marketing	选择方法
图形 Graphs	图标构建器、图形画板模板选择程序、比较子组、回归变量图、旧对话框等
实用程序 Utilities	变量、OMS控制面板，评分向导、合并模型XML、处理数据文件、运行脚本、定制对话框等
窗口 Window	拆分、将所有窗口最小化、重置对话框大小和位置等
帮助 Help	主题、教程、个案研究、使用、统计指导、指令语法参考、算法等

第二节　数据资料的类型

一、数据资料分类的意义和依据

在SPSS中处理数据资料时，首先必须确定数据的类型，这一方面是在SPSS中建立数据文件时定义变量类型的需要，另一方面也是不同类型的变量和不同数据的分布特征要使用不同的分析方法的需要。明确数据资料的类型有助于提高使用统计方法的准确性，防止误操作带来的错误结果对论文结论的影响。

数据资料分类的依据取决于数值取值的特征。对研究指标是按属性取值，还是按定量的方式取值，根据其结果只能是取非负整数，还是可以取实数，据此，通常可以用来区分变量的不同类型。

二、数据资料的类型及其在SPSS中对应变量的测度定义

数据资料的类型一般分为两类：计量资料和计数资料。在SPSS中对变量的测度（或称标度）定义（Measure）分三种类型：尺度测度（Scale）、名义测度（Nominal）和有序测度（Ordinal），后两种测度类型又统称为分类测度（Categorical）。数据资料的类型和SPSS中变量的尺度类型间存在着一一对应的关系。

1. 计量资料及其在SPSS中对应变量的测度定义

计量资料是指对观察单位用定量的方法测定某指标量的大小而得到的资料。一般有度量衡的单位，如身高、体重、百米跑成绩等。它的值是等间隔测度的。在SPSS中需将它定义为数值型的尺度测度变量（Scale）。

2. 计数资料及其在SPSS中对应变量的测度定义

计数资料是指将观察单位按某种属性或类别分组后所得的各组观察单位数或累计数。如体育课成绩按A、B、C、D分等级，统计某年级学生体育课各成绩等级的累计人数就是计数资料。在SPSS中需将它定义为分类变量（Categorical）。

计数资料又可分为等级资料和非等级资料。

（1）等级资料是指将观察单位按某种属性划分程度分组所得的各组观察

单位数组成的资料。如百米跑的成绩按其优劣分为国际健将、健将、一级、二级、三级标准,统计体院学生百米跑成绩的达级情况所得的资料就是等级资料。在 SPSS 中可将它定义为有序测度的分类变量(Ordinal)。

(2)非等级资料是指等级资料以外的计数资料。它分为二分变量(只有两个独立分类,如性别分为男、女)和多分类变量(具有有限个数独立分类,如民族分为汉、回、满等)。在 SPSS 中可将它定义为名义测度的分类变量(Nominal)。

3. 数据资料类型间的转换

计数资料中的等级资料一般通过加权可以转换成计量资料,计量资料也可以转化为计数资料,或按等级分组的资料。如运动员年龄是计量资料,但分成年龄段,按年龄段计数,就是计数资料(等级资料)了。再如,一批运动员的血红蛋白统计值,它是计量资料,若按血红蛋白值正常与异常分为两组,得到的各组人数的资料就是计数资料中的非等级资料;若将血红蛋白值按量(g/dl)的多少分为五级:3.1～6(重度贫血),6.1～9(中度贫血),9.1～12(轻度贫血),12～16(正常),16 以上(偏高),得到各组人数的资料就是计数资料中的等级资料。当在等级资料的频数分布下按各组的组中值作为其代表值时,利用加权平均法可以将计数资料转换成相应的计量资料。

数据资料类型间是否需要转换取决于研究的目的。它有助于对研究问题进一步细化,从不同侧面来更加全面地分析研究问题。

第三节　将数据资料整理成数据文件

所谓数据资料的整理就是对所收集到的原始数据进行审核、归纳、分组,从而正确地按照统计分析方法的要求把有效数据输入到 SPSS 中,形成数据文件,以便进行统计计算和分析。

在 SPSS 中进行数据资料整理时,首先要做的工作是进行数据录入。把原始数据资料整理成数据文件,这将有助于在 SPSS 中进行数据处理。

数据录入包括定义变量和将测试结果输入到数据文件中,而在整理调查研究和实验研究的结果时,不同的资料特点(如题型)与需建立的变量个数和变量属性的定义是高度相关的。

一、问卷调查中的题型

一般而言，在问卷调查中，根据提问方式，可将问题分为六种类型：

1. 名义单选题

即在众多不分程度的可选答案中，只能选择其中一种答案，如“你的籍贯是：A. 上海；B. 北京；C. 天津；D. 重庆；E. 其他省市”，这种题型就是名义单选题。

2. 有序单选题

即在众多有程度可分的可选答案中，只能选择其中一种答案，如“你在当运动员期间获得的体育专业知识：A. 很多；B. 较多；C. 一般；D. 不多；E. 很少”，这种题型就是有序单选题。

3. 多选题

即在众多的可选答案中，可以选择其中一个或多个答案，如“你在武术教学中发现学生对下列哪些内容感兴趣？A. 武术操；B. 搏击操；C. 散打；D. 初级刀术；E. 少年拳；F. 对练；G. 太极拳；H. 其他”，这种题型就是多选题。

4. 排序题

即在众多的可选答案中，选择时要按被试认为的重要性的高低，将其排成一个有序的答案数列，如“请在下列选项中，按你毕业时意愿的先后顺序，写出你毕业时的意向。选项：1. 被输送到专业队；2. 升学；3. 就业；4. 其他”，这种题型就是排序题。

5. 单空题

需要被测者根据实际情况自己填写，但一个问题中，只有一个空需要填写，如“你每月用于体育健身的消费支出为：________。”

6. 多空题

即在一个问题中，有多个空需要被测者根据实际情况自己填写，如“你个人的基本情况是：性别：________、出生年月：________、身高：________、体重：________、肺活量：________”等。

二、录入不同题型结果时的变量设计

在SPSS中输入上述题型的结果做数据文件时，为每个单空题和每个单选题的结果建立一个相应的变量，而为多空题、多选题和排序题要建立多个变量来分别存放选择的结果，即有多少个空或多少个可供选择的选项，就要设与之等同数量的变量。这相当于将一个多选题变成多个二项式（其可供选择的选项只有两个，即 1［是］、0［否］）或多项式（其可供选择的选项有多个，如 1［很好］、2［较好］、3［一般］、4［差］、5［很差］等）的单选题，而将多空题变成多个单空题。这个过程亦称转码。

需要指出的是：为了使数据文件和原始数据间的核对工作更加方便，在输入数据前，先给每份问卷编号，在 SPSS 中做数据文件时可为编号单设一个变量，并最好建在第一列，录入时使问卷编号和数据文件中的编号一一对应。

对变量的命名应简单明了，要能反映出原题或原题选项的意思。对应单空或多空题中，填写的结果为计量资料的变量、分类变量（如性别、年级、组别等）、排序题的变量、多选题的变量及有序单选题对应的变量。在 SPSS 中应将其变量的数据类型定义为数字（Numeric），对应其他题的变量的数据类型可定义为字符串（String），长度定义为 1～2。如果变量名为中文的，可以不再定义其标签（Label）名。在单选题对应的变量中应定义其值标签（Values）。单击所要修改或定义的单元格，可对当前单元格中的属性进行修改和定义。

三、在 SPSS 中录入实验研究结果时的变量设计

实验研究中获取的数据资料录入到 SPSS 中时，其变量个数、命名、变量属性的确定方法同问卷调查中的多空题的做法。需要指出的是，对实验研究中取得的数据，在 SPSS 中做数据文件时，应增加一个用来分类的分组变量。如用“1”来表示实验组，用“2”来表示对照组等。

第三章　次数分布与统计图

在确定研究问题、研究假设与变量，并把数量资料整理、录入数据库后，下面一个步骤就是以适当的统计方法来分析资料。由于搜集的资料往往有成百上千个案例，我们很难从庞大的统计数据中看出整个资料的形态与趋势，因此必须以统计方法将这些资料简化浓缩之后，才能变成有用信息。但是统计方法的选用依赖变量中所测得的信息。依照变量中信息的多寡，测量可以区分为不同的层次。因此，本章将先说明“测量层级”(levels of measurement)，然后再介绍几个常用的描述性统计方法，包括次数分布表(frequency distribution)，以及各种统计图(graphics)。这些统计方法可协助我们掌握资料的特点。

第一节　测量层级

我们在前面提到，为了便于经验资料的搜集，研究者需要将抽象的变量与经验世界中所观察到的资料联结起来，这个联结的过程就是测量。变量中所测的资料信息愈多，测量的精确度就愈高；反之，测量的精确度就愈低。因此，依照变量中信息的多寡，测量可以区分为不同的层级。大体来说，社会科学家将变量的测量区分为四种层级：定类(nominal)、定序(ordinal)、定距(interval)以及定比(ratio)。不过如下文所述，由于定距与定比层级在性质上近似，这两种测量层级通常合并而统称为定距层级。所以在实际运用上，测量层级通常分为定类、定序与定距三个层级。

一、测量层级的种类

1. *定类层级*

定类层级的测量是四种层级中层次最低的，所含的资料最少，测量的精确度也最低。这一层级的测量仅是把经验资料依照某个特性做区分。例如，“性别”这个变量就是运用定类层级的测量。它将每个研究对象依其性别特质区分为男、女两个类别。研究者一般以不同的数字(如 1 与 2 或 0 与 1)来分别代表两个性别。其他的例子包括“民族”(汉、满、蒙、回、藏、苗、其他民族),“地区”(南、北),或是“年级”(大学1～4个年级)。一般而言,定类层级变量的类别应该是具有“彼此互斥,子集有限”的特性。例如,“性别”这个变量中的男女两个类别是彼此互斥的,也就是说被分到男类别的研究对象,就不会被分到女的类别,反之亦然。“性别”中的类别也是有限的,因为除了男女两个类别外,一般不会有其他类别,因此所有的研究对象均可被分为男女两个类别,也就是说男女两个类别可以穷尽所有的研究对象。

值得注意的是,定类层级仅对研究对象彼此间的差异做区分(如男与女或南与北),然而研究对象间差异程度多少,则不是定类层级测量所能够解决的。虽然研究者也可以用数字分别代表相关的类别(如以0与1来分别代表南、北两区),但是这些数字并不表示类别间的距离关系。因此,定类层级的变量不能进行算术上的运算。对于班级这一变量,如果“1”表示一班,“3”表示三班。两者的平均数为2[(1+3)/2=2],但这并不表示“2”是二班。此时,虽然变量的值是实数,算术运算的结果并没有任何意义。

2. 定序层级

与定类层级的变量一样,定序变量中的类别也具有“彼此互斥,子集有限”的特性。但是不同于定类变量,定序层级的测量不仅是把研究对象依其特质做区分,还可以依照特质的多寡强弱把它们按次序排列。假如“教育水平”这个变量包含小学(含以下)、中学、大学以及研究生教育等四个类别,这个变量可以将每个研究对象依其所受教育的程度高低来区分。因为这四个类别间有高低次序的关系,所以这个变量也就将研究对象依其教育水平(所具有性质的多寡)按次序做了排列。其他的例子包括“经济水平”或“知识水平”(高等水平、中等水平、低等水平)。此外,在民意调查中测量态度的变量也多以定序层级来测量。例如:

与去年相比,您的身体素质__________。

a. 好很多

b. 好一点

c. 差不多

d. 差一点

e. 差很多

您觉得学生平时的生活习惯对上体育课的态度有影响吗?

a. 影响很大

b. 影响较大

c. 有一些影响

d. 没什么影响

与定类层级相比，定序层级不仅可以区分每个研究对象，并且可以按所规定的类别距离或程度依序排列。因此，当研究者用数字来分别代表定序层级的类别时，数字的大小就会显示性质的多寡，所以这一层级的测量可做大小比较。

3. 定距层级

定距层级的最大特质是类别间具有固定的距离(fixed interval)。以计时秒表为例，每秒就代表一个类别，而且类别间的距离是固定的。因此，12 s与13 s间的距离和8 s和9 s间的距离完全相同。基于这一特性，定距层级的测量都是以数字表示。因为类别间的距离是固定的，所以定距层级的类别不仅可以区分，按序排列，还可以计算不同类别间的距离。再以计时器的秒数刻度为例，11.5与13.5是不同的刻度(区分)，13.5 s比11.5 s的时间要长(排列)，而且是多2 s(计算距离)。这是前面两个层级所没有的特性。比较来看，定类层级的测量仅显示不同类别中的研究对象具有不同的特质(如男与女)，但是无法表示类别间距离的大小。定序层级的测量则可以显示不同类别中的特质有大小、强弱或多少的关系(例如，“非常同意”比“同意”有较高的同意度)，但是定序测量无法计算不同类别间具体有多大的距离。相较定序层级，定距层级的测量不仅可以做区分，也可以比较，更可以计算类别间有多大的差异，因此定距测量更精确，也包含更多的信息。

4. 定比层级

定比层级是测量层级中的最高一层。以这一层级测量的变量除了可以区分、排列大小以及类别间有固定的距离外，此类测量还有一个自然发生的零点(natural zero point)。这个零点代表着完全没有所要测量的特质。例如，与重量、长度、距离、财富相关的变量，都有一个自然发生的零点。因为当磅秤的刻度指为零时，重量为零；当尺上的刻度为零时，长度为零。如果一个变量的测量具有自然发生的零点，我们便可以计算比率。例如，60元是30元的两倍；90 kg是30 kg的三倍。这个自然发生的零点是其他层级的测量所没有的。值得注意的是定距层级的零点有其意义上的特殊性，如温度计上的零点并不表示没有温度，只是因为约定俗成的习惯所造成的。因此定距层级的零点乃是人为指定，而不是自然发生的。

二、测量层级的比较

表 3-1 列出各个测量层级的主要特征。该表显示，高测量层级包含了低测量层级的特征。例如定类层级仅能区分，但是定序层级不仅能区分，还能排列。而定距层级不仅可以区分与排列，并因为类别间有固定的距离，还可以做算术的运算。这也就是为什么测量层级愈高的变量，所包含的信息就愈多，测量也就愈精确。精确度高的数据信息则可以提高描述、解释与预测的能力。因此体育科学研究的一个原则是，在情况许可的情形下，我们应以层级高的测量方式来搜集资料。以表 3-2 工资的测量为例，如果我们可以搜集到实际的工资数字（如 2035 元或 3508 元）（也就是定距层级），当然要比以“高工资、低工资”（也就是定序层级）的测量方式来得好。如果日后因为研究的需要，我们可以把定距层级的资料，转化为定序层级或定类层级的资料。例如将每月高于 5000 元的工资定义为“3”（高等工资），1000 元到 4999 元的工资定义为“2”（中等工资），而每月少于 1000 元定义为“1”（低等工资）。但是如果资料的搜集在一开始就运用低层级的测量，日后则无法将低层级的资料转化为高层级的资料。表 3-2 中的第二列以虚拟的资料列出 10 位受访人每月的工资，第三列则依第二列的数据转换为“1”（低等工资）、“2”（中等工资）与“3”（高等工资）。显然，我们可以将第二列的数据转换为第三列的数据。假定我们只有第三列的数据而没有第二列的数据，我们是无法从第三列的数据去“创造”第二列的数据的。因此我们应尽可能以层级高的测量方式来搜集资料。

表 3-1　测量层级的主要特征

测量层级	主要特征			
	区分	排列	固定距离	自然零点
定类层级	√			
定序层级	√	√		
定距层级	√	√	√	
定比层次	√	√	√	√

表 3-2　高测量层级变量转化为低测量层级变量

受访人编号	工资(元)定距层级	工资水平定序层级
001	2035	2
002	908	1
003	556	1
004	5109	3
005	3508	2
006	4718	2
007	1125	2
008	6798	3
009	2754	2
010	9008	3

因为测量层级愈高的变量，所包含的信息就愈多，上述这个例子也显示，当把层级高的变量，转化为层级低的变量时，我们会损失信息，因此，研究者在做资料的转换时，必须权衡得失。

我们为什么要讨论测量层级呢？这是因为变量中所含信息的多寡会影响我们能使用的统计方法。以大家都熟悉的算术平均数来说，如果一个变量是属于定类层级的测量(如“性别”)，算术平均数就不适用。以“性别”这个变量为例，如果“1”表示女性，“2”表示男性，虽然“1.5”为两者的平均数，但是并没有任何意义。

如果一个变量是属于定距层级的测量(如“温度”)，我们就可以计算平均温度。表 3-3 根据测量层级与数学的运算特性做出对比：

表 3-3　测量层级与数学的运算特性

测量层级	数学运算特征			
	=，≠	>，<	+，-	×，÷
定类层级	√			
定序层级	√	√		
定距层级	√	√	√	
定比层级	√	√	√	√

上面的讨论虽然介绍了四种测量层级，但因为定距层级的测量与定比层级的测量在性质上非常相近，所以两者仅在学术上有区别。在实际生活中，类别间有固定距离的变量几乎都有自然发生的零点，前面所列与重量、长度、距离、得分等相关的变量，都是很好的例子。也就是说，定距层级的测量与定比层级的测量区别不大。因此，将定距层级与定比层级合并，称之为定距层级的测量。也就是前面提到的，变量的测量层级一般为定类、定序以及定距等三个层级。

第二节　次数分布表

在了解了变量的测量层级后，我们要介绍一些常用的描述性统计方法。首先要说明的是次数分布表，因为“分布”(distribution)是统计学中一个非常重要的概念。每当做统计分析时，研究者都必须注意变量的分布。一般而言，次数分布是描述统计中的一个重要议题，而各种概率分布则是推论统计中必须讨论的。本节将先介绍次数分布，在第五章中再来说明概率分布。

一、次数分布表的特性

次数分布的主要功能是分类与点算资料的相关数值。它通常以列表的方式来显示相关数值。其优点是不需要文字叙述便可以反映出资料的特性与资料间的关系。表 3-4 是根据某健身中心的会员个人资料所制成的次数分布表。左列是分类的类别，也就是数据库中学历分类。右列是相对应的人数。从人数分布来看，这个数据库搜集了 35 位会员的学历资料。其中有 15 位是本科学历(占最大比例)，其次是硕士有 12 位，4 位大专学历、2 位高中学历、高中以下及博士各有 1 位。表 3-5 是另一个次数分布表。这个表显示 35 位会员的 BMI 分布。表中共有三个类别：正常、低体重和超重或肥胖。该表显示 BMI 正常的会员占比 68％以上，BMI 不正常占比不到 32％。

表 3-4　健身中心会员教育程度分布表

教育程度	人数
博士	1
硕士	12
本科	15

续表 3-4

教育程度	人数
大专	4
高中(中专)	2
高中(中专)以下	1
总数	35

表 3-5　健身中心会员 BMI 等级分布表

BMI 分类	人数	百分比
正常	24	68.57
低体重	5	14.29
超重或肥胖	6	17.14
总数	35	100.0

表 3-6　健身中心会员健身行为分布表:次/月

每月锻炼行为等级(次)	人数	百分比	累积百分比
0～4	2	5.71	5.71
5～8	4	11.42	17.13
9～12	9	25.71	42.84
13～16	11	31.43	74.27
17～20	6	17.14	91.41
21～24	2	5.71	97.12
25 及以上	1	2.86	99.98[A]
总数	35	100.0	

注:[A] 大家应该注意到累计百分比并不等于 100,这是因为小数点四舍五入过程中出现的误差所致。

我们可以从上述三个频数分布表归纳出几个重点:

第一,在做次数分布表之前,必须先决定变量的测量层级。例如表 3-4 的类别(教育程度)是属于定类层级的测量,在性质上仅是分类,因此类别间的顺序没有特别的意义。研究者可随意安排类别顺序而不会改变其意义。表 3-5 与表 3-6 的资料分属于定序层级和定距层级的测量,类别顺序不可随意安排，必须按序排列。

第二，从变量的次数分布我们可以很清楚地看出资料的趋势。例如表3-4显示该数据库中绝大多数是本科生，只有博士和高中(中专)以下的频数是1。表3-5显示68.57％的健身中心会员BMI正常。表3-6中大部分会员(74.28％)每月锻炼次数集中在9～20这个范围，但是也有5.71％的会员每月锻炼4次以下。

第三，如果进一步分析，我们还可获知类别的种类以及次数间的距离。例如表3-4就有6个类别。如果变量是属于定序层级或定距层级的资料，次数分布表也可显示类别间的距离。表3-5有三个类别，因为资料属于定序层级，其类别间的距离是从“低体重”、“正常”到“超重或肥胖”。也因为资料是属于定序层级，我们无法准确地计算类别间的距离。但是表3-6的资料是定距层级，类别的最小值是0，最大值是25。由表可知两类别间距是1。

第四，次数分布表也可显示变量值的变异性，也就是资料是平均分布在各个类别，还是集中在某个类别。例如表3-4显示该数据库中绝大多数会员是本科及以上学历。表3-5的资料也显示68.57％的会员集中在“正常”的BMI分类。关于变量值的变异性，下一章中会做更进一步的说明。

第五，前面曾提及，在情况许可的情形下，研究者应以层级高的测量方式来搜集资料。因为日后基于研究的需要，我们总是可以把高测量层级的变量转化为低层级的变量。由表3-6可引申出来不同锻炼行为的等级(即定序层级)，如经常锻炼、偶尔锻炼、不常锻炼等。因为表3-6的资料是属于定距层级，可以转换为定序层级变量。但是如果资料的搜集在一开始就运用低层级的测量，日后就无法将低层级的变量转化为高层级的变量。

二、次数分布表的制作

次数分布表是统计表的一种，其形式因此必须依照统计表的制作规则。一般而言，统计表应具备下列要件：

(1)表号

统计表应依序标号，例如“表3-5”与“表3-6”。

(2)标题

统计表应有标题，简要标明该表的内容，例如“健身中心会员BMI等级分布表”或“健身中心会员健身行为分布表：次/月”。

（3）内容

以次数分布表为例，表中至少有两列资料，一列显示类别名称，另一列则显示相对应的人数（如表 3-4 所示）。有的时候一列百分比也会加入表列（如表 3-5 所示）。如果次数与百分比都列在同一表中，一般以第二列排次数，第三列排对应的百分比。为了便利读者的阅读，统计表的第一行应标示变量名称以及相关的统计量名称，例如表 3-5 中的第一行显示“BMI 分类”、“人数”与“百分比”。

（4）说明

在表的底部，制表人可以列入相关的信息，例如资料的来源。

第三节　百分比、比率与分位数

除了可以用次数分布表来显示资料的形态以外，研究者也常用百分比、比率与各种分位数来呈现资料的特质。

一、百分比

百分比（percentage）的计算是将相关的次数（f）除以总数（n），所得之数再乘以 100%。百分比的数学公式是：

$$百分比=\frac{f}{n}\times 100\% \quad (3.1)$$

以表 3-5 中“低体重”这个类别为例，其百分比的计算是将 5 除以 35，再乘以 100%[14.29%≈(5/35)×100%]。百分比的一项重要功能是可以将资料标准化，也就是将不同的资料放在相同的基础上，以便于比较。举例来说，如果一个样本中有 100 位男运动员以及 50 位女运动员，其中 40 位男运动员以及 20 位女运动员达标一级。我们不能因此就断定男运动员达标一级的比例是女运动员的两倍。由于调查样本中男女运动员人数不同，我们必须将男女运动员的人数标准化后才好比较。按照上述资料，男女运动员达标一级的各为 40%。因此样本资料显示男女运动员的一级达标率完全相同。

二、累计百分比

与百分比近似的另一概念是“累计百分比”（cumulative percentage）。其计算方式是将累计到某个类别的次数（c_f）除以总数，所得之数再乘以 100%：

$$累积百分比=\frac{c_f}{n}\times 100\% \tag{3.2}$$

以表3-6中第三个类别“9～12”为例，其累计百分比的计算是将该类别与该类别以上的所有次数加总（2＋4＋9＝15），所得之数再除以35，然后乘以100％[42.84％ ≈ (15/35)×100％]。累计百分比的一项重要功能是可以很简要地显示资料的分布。表3-6显示，有至少74％的健身中心会员每月至少参与13次健身，而且有至少90％的会员每月至少参与17次健身。所以累计百分比与百分比的最大不同点是，百分比是将某类别中的相关次数除以总数，所得之数再乘以100％。而累计百分比则是将某类别以上（或以下）的所有相关次数除以总数，所得之数再乘以100％。

三、比率

“比率”(ratio)是两个数值相除。其数学公式是：

$$比率=f_1/f_2 \tag{3.3}$$

例如某体育传媒公司调查观众对比赛现场活动氛围的满意度，其中有630人对比赛现场活动氛围表示满意，有210人表示不满意，也有112人表示“一般满意”。因此，“满意”与“不满意”的人之比率为3∶1。表示“满意”及“一般满意”的人与“不满意”的人之比率为(640＋112)/220。通常比率是以化约后的形态表示，例如前述“满意”与“不满意”的人之比率为3∶1。这表示相对于每3个满意的观众就有1个观众不满意。

比率可通过不同的底数来显示，有的时候为了表达上的方便，我们将底数设为1，例如前述“满意”与“不满意”的人之比率为3∶1。有的时候我们可将底数设为100，例如性别比的计算。例如，某省份某年新生人口男女比约为120∶100，这表示男性出生人口多于女性出生人口。其他如出生率常以每千名可生育女性为计算底数，死亡率则以每十万人口为计算底数。

最后，“增加率”(rate of increase)也是比率的一种，其计算方式是将实际的增加数除以增长前的数字。例如中国自2000年到2020年的人口增加率的计算，是将2000年到2020年实际的人口增加数除以2000年的人口数（单位为万人）：[(141212 － 126743)/126743]×100％ ≈ 11.42％。

如果某现象呈现负增长，则增加率可为负值。如果增长的比率很大，则增加率可能大于100％。

上述的例子显示，比率与百分比不同，因为比率有可能大于1。此外，百分比的计算是假定分子分母代表同一类别的事物，或具有同一特质。以男女运动员一级达标率为例，男性的百分比为(40/100)×100％＝40％，其分母为男性运动员的样本总数，而分子为男性运动员样本总数的一部分(达到一级的男运动员)。比率的计算则是假定分子分母代表不同类别的事物，如比赛现场氛围不满意的观众对满意的观众的比率。

四、百分位数

上述的次数分布表、百分比与比率是对资料做整体或部分的描绘。有的时候，研究者需要了解某一个数值在一组资料中所占的位置。例如某位学生的体育课成绩是85分，他在班上的排名如何？一个长跑选手以两小时跑完全程，与其他选手相比他的排名如何？为了能够回答这些问题，一个常用的统计概念是"百分位数"(percentile)。百分位数通常是以"第p百分位数是某数值"的方式表示。第p百分位数指的是某一数值，而在此数值之下有p百分比的案例。例如，全班成绩的第90百分位数是85分，这表示有90％的学生的成绩是低于85分。百分位数因此与百分比不同，百分比指的是全体资料中的某一部分，例如一个班50％的学生是表示该班一半的学生。百分位数则是指在某数值之下，有若干百分比的案例。

五、四分位数

与百分位数相近似的是"四分位数"(quartile)。四分位数有三个：第1四分位数(1st quartile)、第2四分位数(2nd quartile)以及第3四分位数(3rd quartile)。这三个四分位数都是各指某一个数值，它们将全体资料划分为四部分，因此称为四分位数。第1四分位数的数值以下有25％的案例，第2四分位数的数值以下有50％的案例，而第3四分位数的数值以下有75％的案例。我们以下列11位学生体育课成绩为例：

$$
\begin{array}{ccccccccccc}
12, & 34, & 41, & 46, & 55, & 68, & 83, & 85, & 89, & 94, & 95 \\
 & & \uparrow & & & \uparrow & & & \uparrow & & \\
 & & Q_1 & & & Q_2 & & & Q_3 & &
\end{array}
$$

所以，第1四分位数(Q_1)为41，第2四分位数(Q_2)为68，而第3四分位数(Q_3)为89。读者应可看出，这三个四分位数其实就是第25、第50与第75百分位数。由此来看，四分位数是百分位数中的特例。研究者可依个人的需要分别运用。

第四节 统 计 图

除了可以使用次数分布表来检验资料的"长相"外,我们也可运用统计图来获得资料中的信息。统计图的优点是可以将大量的数据简化为一张图。在撰写研究论文时,一张图的效果往往胜过千字的描述,更能令读者了解研究者所要表达的意思。

一般来说,统计图都绘制在两条直角相交的横轴(horizontal axis)与纵轴(vertical axis)上。横轴又称为 x 轴(x axis),而纵轴又称为 y 轴(y axis)。横轴通常表示变量中的类别,纵轴则显示各类别相对的次数或百分比。下面介绍几个常用的统计图。

一、柱形图

一个常用的统计图是"柱形图"(bar chart)。这类图形是用长柱的高度来表示类别的次数或百分比,而长柱的宽度并没有意义。柱形图通常运用于定类层级或定序层级的资料。以表 3-4 中的资料为例,其柱形图可以绘制如下:

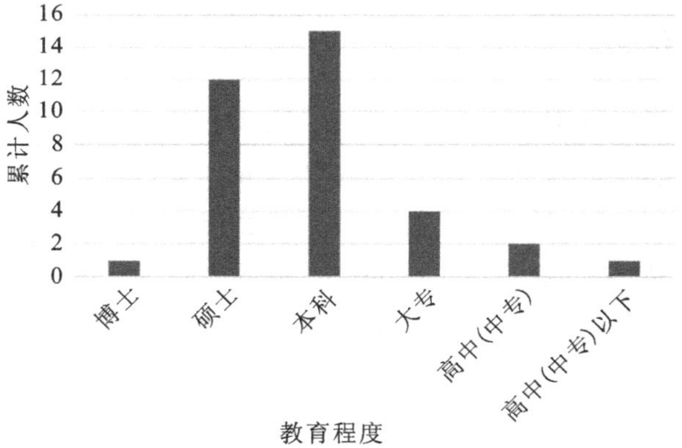

图 3-1 健身中心会员教育程度分布

图 3-1 的横轴表示教育程度,而纵轴则显示健身中心会员累计数量。由于相关的资料是属于定类层级,横轴上的类别可按任何次序表示。如果相关的资料是属于定序层级,横轴上的类别就必须按序排列。如图 3-2 所示,该柱形图根据表 3-5 中的资料绘制。

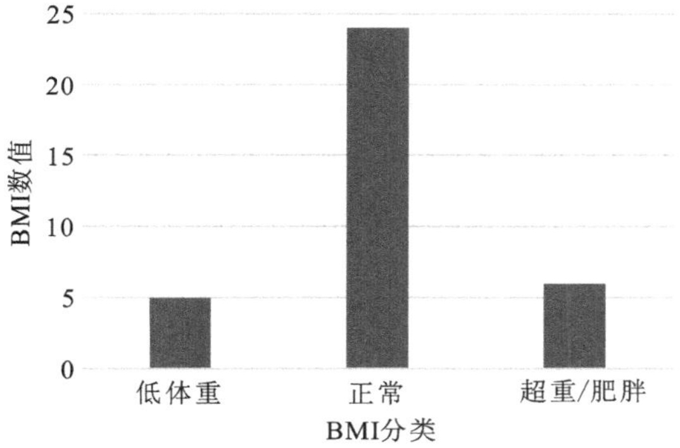

图 3-2　健身中心会员 BMI 等级分布表

二、饼图

另一个适用于定类层级或定序层级资料的统计图是"饼图"(pie chart)。这类图形将圆分成几个扇形,各扇形面积大小与各类别频次多寡成正比。其制作方法是将各类别的次数除以总数,将所得的百分比乘以 360°后,即可得各扇形的圆心角度。再以表 3-5 的资料为例,其饼图如图 3-3 所示:

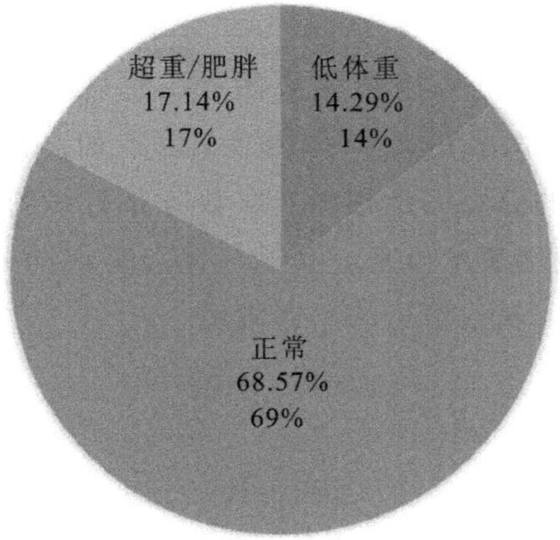

图 3-3　健身中心会员 BMI 等级分布表

三、直方图

与上述几种统计图不同的是"直方图"(histogram)。直方图与柱形图在形态上类似,但是有几个不同点:第一,直方图使用定距层级的资料,而柱形图使用定类层级或定序层级的资料。第二，因为使用的资料属于定距层级，所以直方图横轴所列的类别有一定的顺序。第三，也因为定距层级资料的关系，直方图的宽度是有意义的，柱形的面积表示相对的次数。我们可以用表 3-6 的资料画出直方图。如图 3-4 所示，根据不同类别进行等距分组，其中长方形面积与表 3-6 中各类别数据相对应，图中锻炼行为多集中在中间的 13～16 次。

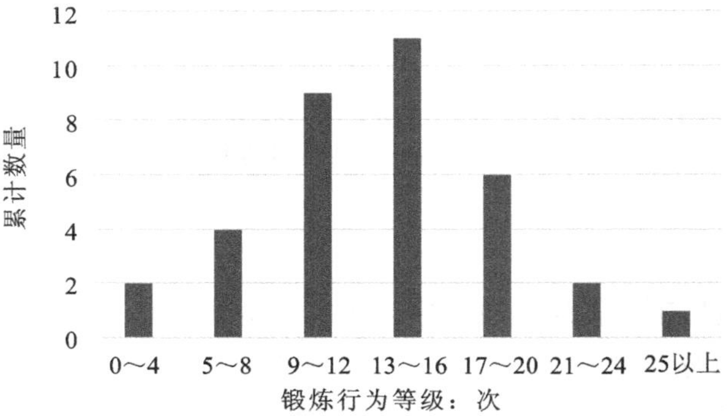

图 3-4　健身中心会员健身行为分布表(次/月)

四、次数分布折线图

图 3-4 中的直方图也可以转化成图 3-5 所显示的"次数分布折线图"(frequency polygon)。两者的差异是图 3-5 以点的高度取代了长方形的长短，但是它们所表示的信息完全相同。次数分布折线图的优点是，可以使资料分布的趋势很清楚地显示出来。其另一优点是在同一图形中我们可以同时显示数个折线，即可表达信息的不同维度。

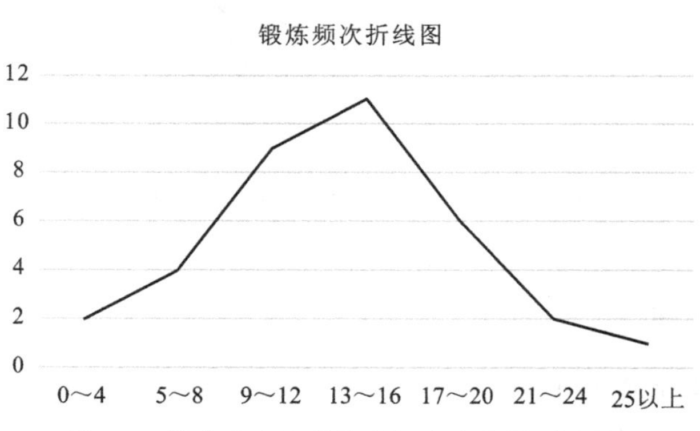

图 3-5　健身中心会员健身行为分布图(次/月)

五、分布的形态

当我们以统计图来呈现资料的“长相”时，一个很重要的特质是图形的分布是否是对称的(symmetric)，即一个对称的图形可以平均分为两个完全相等的部分。当资料的分布不对称时，统计上是以“偏态”(skewness)来描述这样的分布。图 3-6 显示三个次数分布折线图。图 3-6 (a)是对称图形，如果以中线为分界，我们可以将这个图形分为左右两个完全相等的部分。如果无法找到这样的一个对称轴，将图形分为左右两个相等的部分，则称为偏态图形。图 3-6(b)是“右向偏态”(skew to the right)，因为图形细长的尾端向右延伸。由于右偏图形的细长尾端是向 x 轴的正向延伸，图 3-6 (b)也称为“正向偏态”(positively skewed)。相反，图 3-6 (c)是“左向偏态”(skew to the left)，因为图形细长的尾端向左延伸。同理，左偏图形也称为“负向偏态”(negatively skewed)，因为图形细长的尾端是向 x 轴的负向延伸。

图形的偏斜度可以为我们提供一些重要的信息。例如，如果图 3-6(b)是某班体育课考试成绩的次数分布折线图，这表示这次考试很难，因为大部分学生的成绩都很低，只有少数学生考高分。相反，一个左偏的次数分布折线图则表示，这次考试对大部分学生而言都很容易。

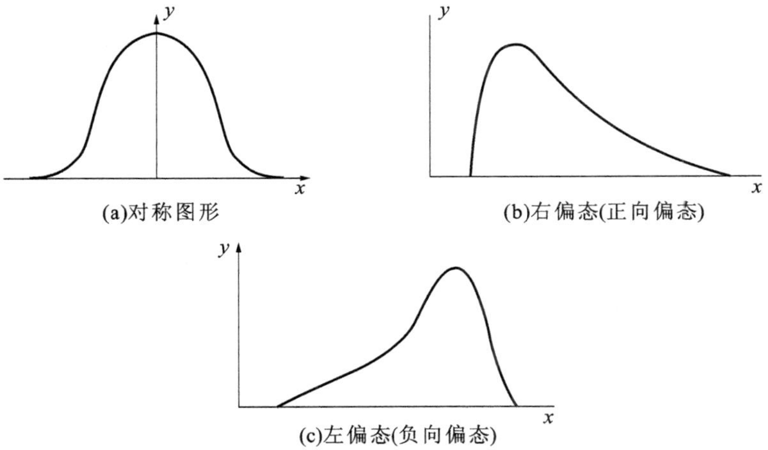

图 3-6 对称与偏态次数分布折线图

第五节　本章小结

本章先介绍了测量层次，说明了变量的测量可分为定类、定序、定距以及定比等四种层级。不过由于定距与定比层级在性质上近似，所以这两种测量层级通常合并而统称为定距层级。测量层级的区分对统计分析十分重要，因为测量层级愈高的变量，所包含的信息就愈多，测量也就愈精确，因此会影响所能使用的统计方法。此外，本章还介绍了几个常用的描述性统计方法，包括次数分布表、百分比、比率、百分位数与各式统计图。本章也介绍了如何以统计软件 SPSS 制作统计图。值得注意的是，本章所介绍的描述性统计，通常是用于单变量的分析，也就是仅对一个变量的分析。在后面的章节中，我们会对多变量的分析再做说明。

本章重要名词

测量层次	定类	定序
定距	定比	次数分布
百分比	累计百分比	比率
百分位数	四分位数	柱形图
饼图	直方图	次数分布折线图
偏态		

本章习题

习题一：请将下列变量，依测量层级分为定类、定序与定距层级。

1. 少数民族（藏、蒙、满、回、壮、其他）
2. 社会经济等级（高等水平、中等水平、低等水平）
3. 大学类别（985&211、省属高校、市属高校、其他）
4. 体育产业利润情况（以万元计算）
5. 某健身中心服务体验评价（非常差、差、一般、好、非常好）
6. 各国对公共健康财政投入（以亿元计算）

习题二：请将下图中数据输入 SPSS，选择适当的统计程序分析资料后，将分析的结果制成频数分布表。

习题三：请以习题二中的资料，制作一张饼图。

习题简答

略。

第四章　集中趋势与变异统计量

第三章中提到，常用频数分布表以及各式统计图来呈现资料的形态或趋势。虽然这些方法可以将庞大的数据简化成一个表或数个图，而使得资料的分析方便许多，但是有的时候我们需要对资料做进一步的分析，并找出一个或两个统计数字来“代表”全体的资料。举例来说，一位小学体育老师可以将班上 50 位学生的测试成绩以次数分布表来呈现。但是对有些人而言，次数分布表仍不够简洁。那么这位老师能不能再以一个或两个统计数字来代表全体同学的成绩呢？本章将介绍如何以“集中趋势统计量”(measures of central tendency)来呈现一组资料的形态与趋势。下文也将说明单以集中趋势统计量有时不足以正确地代表全体资料，因此本章还要介绍“变异统计量”(measures of variability)。最后，再说明如何以 SPSS 来计算集中趋势统计量与变异统计量。

第一节　集中趋势统计量

最常用的集中趋势统计量有三个：众数(mode)、中位数(median)与平均数(average)。

一、众数

所谓众数就是资料中出现频率最多的数字。以表 4-1 中所列某班级体育课考试成绩为例：因为 83 出现 21 次，出现的次数比其他数字多，所以 83 是这组数据中的众数。

表 4-1　某班级体育测试成绩

成绩	50	80	83	90
人数	11	8	21	7

再以下面两个例子来看：

表 4-2 某大学体育运动委员会学生代表年级分布

年级	大一	大二	大三	大四
人数	2	3	5	1

表 4-3 某大学体育运动委员会学生代表籍贯分布

成绩	江西	湖北	河南	四川
人数	1	6	2	2

表 4-2 中的众数值是“大三”而不是“5”，因为“5”是代表“大三”这个值出现了 5 次。同理，表 4-3 中的众数值是“湖北省”而不是“6”，因为“6”是代表“湖北省”这个值出现了 6 次。

一组资料有可能出现两个或两个以上的众数值，如果众数值刚好出现两个时，通常称为双众数(bimodal)。如果出现两个以上的众数值时，一般就不予认定，因为列出多个众数值对资料的描述并无太大的帮助。图 4-1 就是一个有两个众数的分布折线图，众数分别是 29 岁与 31 岁，频数均为 10。

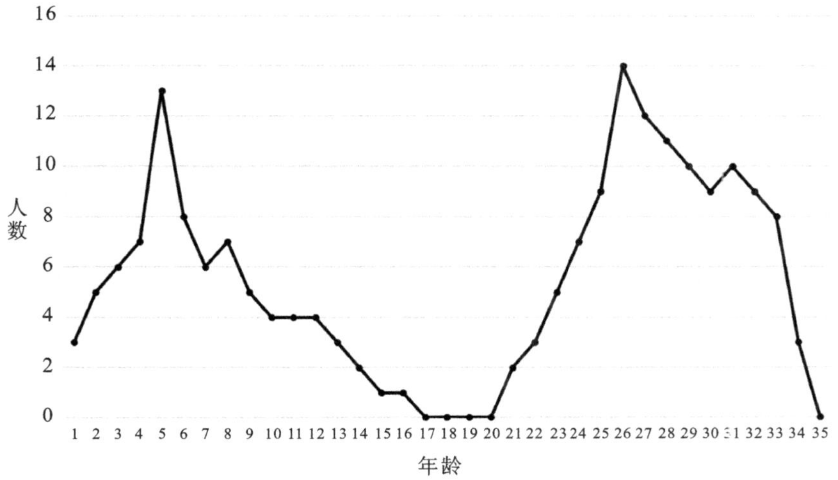

图 4-1 某马拉松比赛参赛队员不同年龄累计人数折线图

上面这些例子显示众数的优点在于容易辨别。另外，因为表 4-1、表 4-2 与表 4-3 的变量分别是定距、定序与定类测量层级，这也显示众数可以适用于所有的测量层级。但是众数的缺点是未能运用许多有用的信息，以至于在某些情况下众数并不足以代表全体的资料。以表 4-4 中某班级体育考试成绩为例，其众数是“50”。如果任课老师以这个众数值来代表该班的成绩，将会显示该班同学的成绩很差。但事实上全班 72.3% 的学生成绩是在 80 分以上。基于这个缺点，一般众数应配合其他集中趋势统计量来体现一组资料信息。

表 4-4　某班级体育考试成绩

成绩	50	80	83	90
人数	13	11	11	12

二、中位数

所谓中位数是资料经排序后，最中间的数字。以下面的例子来看：

3，4，5，6，7

↑

中位数＝5

因为最中间的数字是排序第 3 位的数字“5”，所以此组资料的中位数是 5。再举一例来看：

3，4，4，5，5，5，6，7，8，9，10

↑

中位数＝5

因为最中间的数字是排序第 6 位的数字“5”，所以此组资料的中位数是 5。简单来说，中位数就是第 50 百分位数所对应的具体数值。

上面的例子共有 11 个数字，资料是奇位数，中位数是排序在中间的数值。若资料个数是偶数，中位数是资料排序后最中间两个数值的平均数。例如：

3，4，4，5，5，5，6，7，8，9，10，11

↑

中位数＝(5＋6)/2＝5.5

大家或许会感到奇怪，为何中位数有可能不在实际的资料中？这是因为中位数是指测量尺度上的一个数值，并不是指所涉资料中一个实际的数字。只要测量尺度上某一个数值的前后各有50%的观察值，这个数值就符合中位数的定义。

上面的两个例子也显示中位数与众数有一个很大的不同点，也就是求取中位数时我们必须先将资料排序，然后才能认定最中间的数值。在求取众数时就不需要排序。这个排序的要求使得中位数只能适用于定序与定距测量层级的资料，而不可运用在定类层级的资料中。相反，众数可以适用于所有的测量层级。中位数的另一个特性是一般不会受到极端值的影响。也就是说，如果一组资料中有若干极大值或极小值，为了避免受到这些极端值的影响，中位数有时更可代表这些资料。但是如果研究者想要一个能够包括资料中所有观察值的集中趋势统计量，平均数则是比较好的选择。

三、平均数

平均数是我们在日常生活中最常见的集中趋势统计量。例如，某班级体育考试的平均成绩、武汉市民的平均年龄、某高校女生的平均身高等，都是常见的例子。平均数又称为"算数平均数"。在英文中，平均数可称为"average"，"mean"或是"arithmetic mean"。

平均数的定义是将一组资料加总后，除以观察值的个数(n)。其数学公式是：

样本平均数：

$$\bar{x}=\frac{\sum x_i}{n}=\frac{x_1+x_2+x_3+\cdots+x_n}{n} \tag{4.1}$$

在这个公式中，x_i代表一组资料的各个数值。因为x下标是从1一直到n，所以x_i是整组数值的总称，也就是代表$\{x_1,x_2,x_3,\cdots,x_n\}$，其中每一个$x$都代表资料中的一个数值。例如，三个学生的体育考试成绩分别是80、85与94。我们可以x_1、x_2和x_3分别来代表这三个数。因此，三人的平均成绩是：

$$\bar{x}=\frac{\sum x_i}{n}=\frac{x_1+x_2+x_3}{n}=\frac{80+85+94}{3}\approx 86.33$$

因为平均数常运用在推论统计中，我们以不同的符号来代表样本中的平均数与母体中的平均数：样本平均数为$\bar{x}$(读为"x bar")，母体平均数为μ(读为"miu")。

四、如何选择集中趋势统计量

上述的讨论显示，平均数只能适用于定距测量层级的资料。当资料是定类或定序层级时，平均数的计算是没有意义的。假如“教育水平”这个变量包含小学（含以下）、中学、大学以及研究生教育等四个类别，并分别以1，2,3,4来代表这四个类别，其平均数为2.5。由于这是属于定序层级的资料，所计算的平均数是毫无意义的。实际来说，中学与大学间也没有某个类别可用2.5来代表。所以变量的测量层级是选择集中趋势统计量时必须考量的一点。

平均数与众数和中位数另一个不同之处是，平均数运用了资料中所有的信息。正如上述的数学公式所显示，资料中所有的数值都包括在运算中。平均数的这个特质也使得它对极端值很敏感。如果一组资料中有若干极大值或极小值，平均数就会受到影响。再以上述体育考试成绩为例，如果我们加入另一个学生的成绩，而这个学生仅考了20分，平均成绩就会从86.33降到69.75。相反，众数只使用了资料中出现频率最多的值，而中位数则是排序后资料中最中间的数字。因此众数根本不受极端值的影响，而中位数也不像平均数对极端值那么敏感。在选择集中趋势统计量时，资料中是否有极端值也是需要考虑的一个因素。大体来说，如果资料的分布很平均、对称，平均数会是比较好的选择。如果资料的分布是偏态的，我们通常以中位数来“代表”全体资料，以避免受到若干极大值或极小值的影响。如果我们只是想表现出频率最多的值，我们就应选择众数。

最后，因为三个集中趋势统计量对极端值的敏感度不同，资料分布的对称与否也对它们有不同程度的影响。上面的讨论已经说明，平均数对极端值最为敏感，其次是中位数，而众数则毫不受影响。正如图4-2所示，如果资料的分布是对称的，众数（a）、中位数（b）与平均数（c）的值会相等（图4-2(a)）。当资料的分布是右向偏态时，平均数的值受影响会最大，其次是中位数，而众数的值受影响会最小（图4-2(b)）。当资料的分布是左向偏态时，大体来说，平均数的值受影响会最小，其次是中位数，而众数的值受影响会最大（图4-2(c)）。

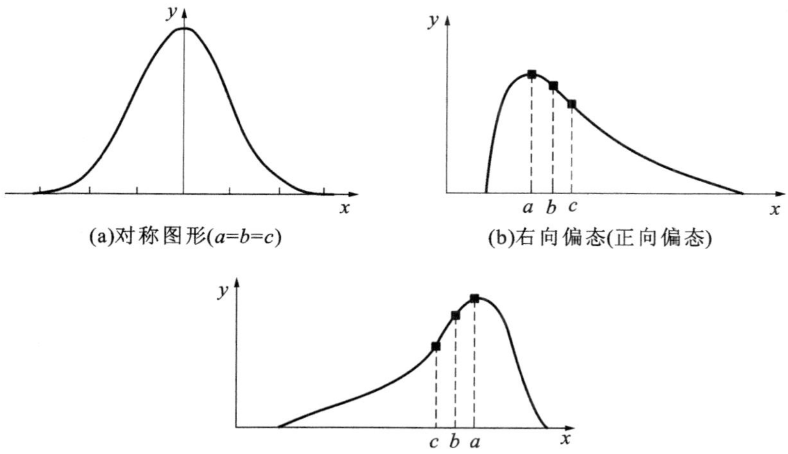

(a)对称图形($a=b=c$)　　(b)右向偏态(正向偏态)

(c)左向偏态(负向偏态)

图 4-2　对称和偏态分布与集中趋势统计量

a—众数；b—中位数；c—平均数

第二节　变异统计量

众数、中位数以及平均数虽然是常见的集中趋势统计量，但是它们有时不能完全呈现资料的趋势与形态。我们可以举一个例子来说明。假设甲乙两所高校要举行一场排球赛，双方对球员的身高体重都很保密，但是甲校的球探探得消息并回报说，两校球员的平均身高都是 1.8 m。等到开赛那天，甲校教练发现两校球员的身高差距很大，乙校球员明显在身高上占了便宜。究竟哪里出错了呢？根据表 4-5 所列的球员身高，我们可以发现球探的回报并没有错，两校球员的平均身高确实相等。

表 4-5　甲乙大学排球队球员身高对照表

甲校		乙校	
球员 1	1.56 m	球员 1	1.81 m
球员 2	1.71 m	球员 2	1.80 m
球员 3	1.73 m	球员 3	1.80 m
球员 4	1.72 m	球员 4	1.82 m
球员 5	2.28 m	球员 5	1.77 m
平均身高	1.80 m	平均身高	1.80 m

甲校球员平均身高：

$$\frac{\sum x_i}{n} = \frac{1.56 + 1.71 + 1.73 + 1.72 + 2.28}{5} = 1.8(\mathrm{m})$$

乙校球员平均身高：

$$\frac{\sum x_i}{n} = \frac{1.81 + 1.80 + 1.80 + 1.82 + 1.77}{5} = 1.8(\mathrm{m})$$

但是表 4-5 也显示乙校球员的身高都很平均，而甲校球员的身高彼此差别很大，最高的球员与最矮的相差 0.72 m 之多。所以两球队间的最大差异在于本身球员身高的分散或变异程度。乙校球员身高的变异程度低，而甲校球员身高的变异程度高。这个例子显示集中趋势统计量有时不足以完整地呈现资料的趋势与形态。因此，在描述一组资料时，我们除了需要集中趋势统计量，还应使用变异统计量。

变异统计量也称为离散统计量(measures of dispersion)。这些统计量是用来表达一组资料分散的程度。常用的变异统计量有全距(range)、四分位距(inter-quartile range)、方差(variance)以及标准差(standard deviation)。就像集中趋势统计量一样，这些变异统计量各有优缺点，应按照资料的特质与研究者的意图而定。

一、全距与四分位距

全距就是一组资料中最大值与最小值间的差距。简单来说

$$全距 = 最大值 - 最小值 \tag{4.2}$$

以表 4-5 中的资料为例：

甲校球员身高的全距＝2.28－1.56＝0.72(m)

乙校球员身高的全距＝1.82－1.77＝0.05(m)

正因为全距指一组资料中最大值与最小值间距离，所以全距仅适用于定距层级的资料。

全距的优点是很容易计算，也很容易了解。但它的缺点是很不稳定。例如，某大学的学生参加体测，有些学生的体重 39 kg，体重最大学生 133 kg，所以

全距＝133－39＝94(kg)

新学期大一学生参与体测，有体重达 142 kg。因此

全距＝142－39＝103(kg)

虽然资料基本上没太大的变化，但是因为加入了一个极端值，全距的差别就可能很大。也因为全距是由最大值与最小值来决定，所以它完全反映不出两个极端值外其他数值的分布状态。为避免全距的不稳定性，一般也以四分位距来测量资料分散的程度。

四分位距的定义是第 3 四分位数（Q_3）与第 1 四分位数（Q_1）间的差距。因为第 3 与第 1 四分位数又分别是第 75 与第 25 百分位数，所以四分位距也就是第 75 百分位数与第 25 百分位数间的差距。其计算公式是：

$$\text{四分位距}=Q_3-Q_1=\text{第 75 百分位数}-\text{第 25 百分位数} \tag{4.3}$$

例如，11 位同学体育考试成绩排列如下：

18，33，39，46，53，65，79，83，88，90，93

↑ Q_1（39）　　↑ 中位数（65）　　↑ Q_3（88）

四分位距＝88－39＝49

有如全距一样，四分位距仅适用于定距层级的资料。但是与全距不同的是，四分位距一般不会受到极端值的影响。一般而言，如果我们能在四分位距之外再加上中位数，就能较完整地呈现资料的趋势与形态。

四分位距与全距都很容易取得，也很容易了解，但是因为它们的计算都是基于资料中的两个数值，容易忽视许多有用的信息，因此，四分位距与全距的功能多限于描述一组资料。如果要进一步做推论性的分析，一般都用方差以及标准差。

二、方差与标准差

方差与标准差是统计学中运用最多，也是最重要的变异统计量。它们是两个非常相近的概念，彼此可以相互演算出来。这两个变异统计量仅适用于定距层级的资料。与四分位距以及全距不同的是，标准差与方差的计算是将资料中所有的观察值都包括在里面，而四分位距与全距的计算则是基于资料中两个数值的差距。因此方差与标准差常运用在推论统计中，我们以不同的符号来代表样本中的方差与标准差以及母体中的方差与标准差，其计算公式如下：

样本方差：

$$S^2=\frac{\sum_{i=1}^{n}(x_i-\bar{x})^2}{n-1} \tag{4.4}$$

母体方差：

$$\sigma^2 = \frac{\sum_{i=1}^{N}(x_i - \mu)^2}{N} \tag{4.5}$$

样本标准差：

$$S = \sqrt{S^2} = \sqrt{\frac{\sum_{i=1}^{n}(x_i - \bar{x})^2}{n-1}} \tag{4.6}$$

母体标准差：

$$\sigma = \sqrt{\sigma^2} = \sqrt{\frac{\sum_{i=1}^{N}(x_i - \mu)^2}{N}} \tag{4.7}$$

上述式子中的 x_i 是资料中的各个观察值，$\bar{x}$ 是样本平均数，μ 是母体平均数，n 是样本数，N 是母体观察值数。因此，方差的定义是每个观察值与平均数差距平方和之后所产生的平均数，而标准差则是方差的平方根。标准差与方差的计算是将资料变异的程度视为每一个观察值与某一特定数值间的差距，当这些差距愈大的时候，显示资料的变异程度也就愈大。虽然理论上我们可以选择资料中的任何观察值当作这个特定数值，但是方差与标准差是以该组资料的平均数为计算的基点的。

进一步来说明，公式(4.4)到公式(4.7)中的分子是各个观察值减去平均数后平方和的加总。因为在实际的运算中，观察值减去平均数后会产生许多互相抵消的正负值，因此差距的总和会等于零，或是偏差的总和等于零，也就是 $\sum_{i=0}^{n}(x_i - \bar{x}) = 0$。如果分子为零时，这样的结果对资料的分析毫无助益，因为这表示不论任何资料，其分散程度都是最小的。为了解决这个问题，公式中的分子值先平方，去除负值后再加总，即 $\sum_{i=0}^{n}(x_i - \bar{x})^2$。上述的公式也说明了为何要以平均数作为计算方差与标准差的基点。如果我们以资料中其他观察值作为计算的基点，其差距的平方和都要比以平均数为基点的平方和来得大。

此外，公式中样本部分的分母是 $n-1$，而母体部分的分母是 N。这是因为我们以样本方差来估计母体方差时，样本方差是有偏误的。也就是说，如果我们以 N 为分母来计算样本方差，样本方差会比母体方差来得小。如果样本数愈少，偏误就会愈大。为了校正这个偏误，样本公式中的分母遂以 $n-1$ 来替代。这个公式上的差异只对小样本有影响，当样本数大的时候，其间的差别就很小。

假定表 4-5 中所列的球员身高为样本资料，我们可以根据表中的资料来计算样本方差与标准差，表 4-6 为详列计算的步骤。第 3 列与第 7 列分别列出甲乙两校球员身高的偏差值，也就是身高减去平均身高。注意偏差值加总后等于零。为了解决正负值相互抵消的问题，第 4 列与第 8 列将偏差值先加以平方，去除负值后加总，然后再取平均数，就是方差。这个计算过程就是公式(4.4)：

表 4-6　甲乙大学校排球队球员身高对照表

甲校				乙校			
	身高	$x_i-\bar{x}$	$(x_i-\bar{x})^2$		身高	$x_i-\bar{x}$	$(x_i-\bar{x})^2$
球员 1	1.56	−0.24	0.0576	球员 1	1.81	0.01	0.0001
球员 2	1.71	−0.09	0.0081	球员 2	1.80	0	0
球员 3	1.73	−0.07	0.0049	球员 3	1.80	0	0
球员 4	1.72	−0.08	0.0064	球员 4	1.82	0.02	0.0004
球员 5	2.28	0.48	0.2304	球员 5	1.77	−0.03	0.0009
平均身高($\bar{x}$)	1.80			平均身高($\bar{x}$)	1.80		
		$\sum=0$	$\sum=0.3074$			$\sum=0$	$\sum=0.0014$
方差			$S^2=0.3074/4$ $=0.0769$				$S^2=0.0014/4$ $=0.0004$
标准差			$S=0.277$				$S=0.019$

甲校球员身高方差：

$$S^2=\frac{\sum_{i=1}^{n}(x_i-\bar{x})^2}{n-1}=\frac{\sum_{i=1}^{5}(x_i-1.8)^2}{5-1}=\frac{0.3074}{4}=0.0769$$

乙校球员身高方差：

$$S^2 = \frac{\sum_{i=1}^{n}(x_i - \bar{x})^2}{n-1} = \frac{\sum_{i=1}^{5}(x_i - 1.8)^2}{5-1} = \frac{0.0014}{4} = 0.0004$$

公式(4.6)显示,将方差取平方根后,就是标准差:

甲校球员身高标准差:

$$S = \sqrt{S^2} = \sqrt{\frac{\sum_{i=1}^{n}(x_i - \bar{x})^2}{n-1}} = \sqrt{\frac{0.3074}{4}} = 0.277$$

乙校球员身高标准差:

$$S = \sqrt{S^2} = \sqrt{\frac{\sum_{i=1}^{n}(x_i - \bar{x})^2}{n-1}} = \sqrt{\frac{0.0014}{4}} = 0.019$$

从这些运算可知,甲校球员身高的标准差是乙校的14倍多,显示甲校球员彼此的身高有较大的差别。如上所述,这个例子显示集中趋势统计量不足以完整地呈现资料的趋势与形态。在描述一组资料时,我们除了需要集中趋势统计量,还应使用变异统计量。

最后,我们要强调方差这个概念的重要性。在体育科学研究中,我们所关注的就是现象的变化。当某个现象没有变化时,就成为常态。因为缺乏变化,所以学者通常对此类数据不感兴趣。当某个现象因不同的案例而有所不同时,我们常常想要知道为什么会有这样的变化,又如何来解释这个现象的变化。例如,"为什么有的人的工资高,而有的人的工资低","为什么有的国家经济比较发达"。以在第一章所说的"科学研究过程"来看,这些"为什么"就是研究问题,所要解释的往往可以用因变量的方差来代表,引起因变量变动的用来解释的现象就是自变量。

三、标准差与标准化分数(Z分数)

从上面的讨论我们可以了解,标准差是方差的平方根,我们可以用它来测量一组资料分散或变异的程度。当资料变异程度愈大的时候,标准差的值也就愈大。

除了测量资料的变异程度外,标准差的另一个重要功能是决定某观察值在一组资料中的排序位置。举例来说,甲乙两运动员分属不同的运动队,各自参加了不同的体质测试,甲综评成绩60分,乙75分。与各自运动队的队员相比，甲乙哪位运动员综测成绩相对较好呢？如果单纯以成绩看，乙显然比较好。但是须注意的是，甲乙分属不同的运动队，参加了不同的综测，所以比较的基础不同。如图4-3所显示，甲乙各自运动队的成绩有不同的分布形态。甲所在运动队成绩的平均数为50分，标准差为6.5；乙所在运动队成绩的平均数为70分，标准差为5。因此，甲所在运动队成绩分散或变异的程度要比乙所在运动队成绩来得大。这也可从两运动队成绩的分布形态看出。甲所在运动队的分布形态比较平缓，涵盖的距离也比较宽（从20分到80分）。相反，乙班成绩的分布形态是比较突出，涵盖的距离也比较窄（从45分到95分）。为了能比较甲乙在各自运动队中的综测成绩，我们需要将他们的成绩转化成标准化分数（standardized score）。

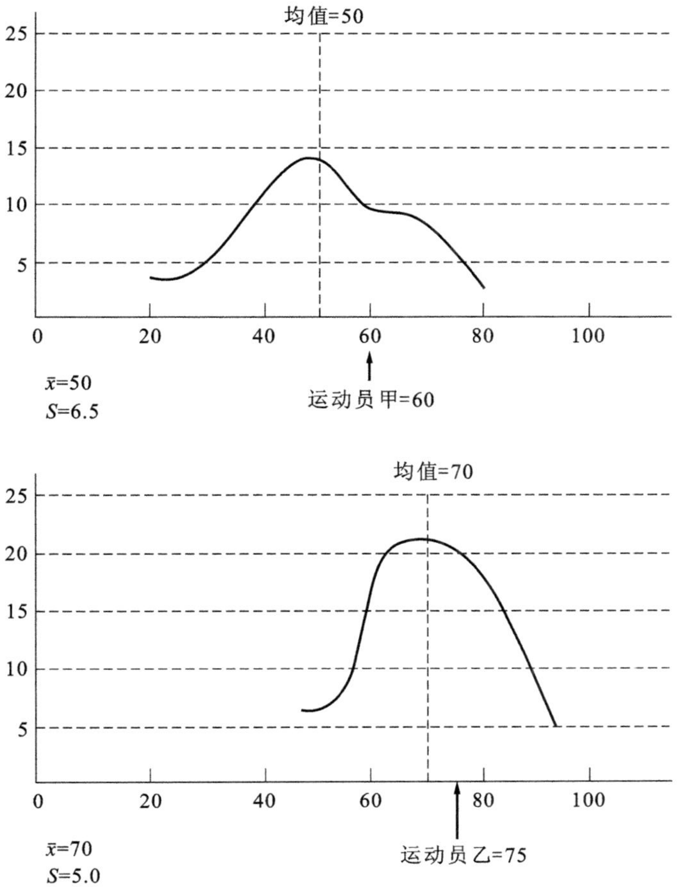

图4-3　甲乙所在运动队综测成绩分布折线图

标准化分数又称为 Z 分数，也就是观察值减去平均数后再除以标准差。假定我们使用样本资料，其计算公式为：

$$Z=\frac{x_i-\bar{x}}{S} \tag{4.8}$$

其中 x_i 是资料中的某一观察值，$\bar{x}$ 是平均数，S 是标准差。以上面的例子来看

甲的 Z 分数：$Z=\frac{x_i-\bar{x}}{S}=\frac{60-50}{6.5}\approx 1.54$

乙的 Z 分数：$Z=\frac{x_i-\bar{x}}{S}=\frac{75-70}{5}=1.00$

这显示甲的成绩比其所在运动队平均成绩高 1.54 个标准差，而乙的成绩比乙所在运动队平均成绩高 1 个标准差。回到我们先前的问题，与各自运动队上的队员相比，谁的成绩比较好呢？根据 Z 分数，甲的成绩显然比乙好。

从这个例子我们可以了解：

①资料中的每一个观察值都可以转化为 Z 分数；

②Z 分数的大小要看平均数与标准差的大小；

③Z 分数所代表的是某观察值与平均数的距离，而这个距离是以标准差来计算的；

④Z 分数可能为正值，也可能为负值。如果是正值，代表某观察值比平均数高若干个标准差。如果是负值，代表某观察值比平均数低若干个标准差。

此外，Z 分数还有几个重要特质：

第一，一个以 Z 分数为组成分子的分布，其平均数为 0，而标准差为 1。

第二，对一般形态的资料分布，绝大多数的观察值会在 +3 个 Z 分数与 −3 个 Z 分数之间。

第三，在把原观察值转化成 Z 分数后，我们可以发现两者的分布形态完全相同。如图 4-4 所显示，两个折线图的差异仅在横轴的单位。

第四，如果使用的是母体资料，公式(4.8)便可写为：

$$Z=\frac{x_i-\mu}{\sigma} \tag{4.9}$$

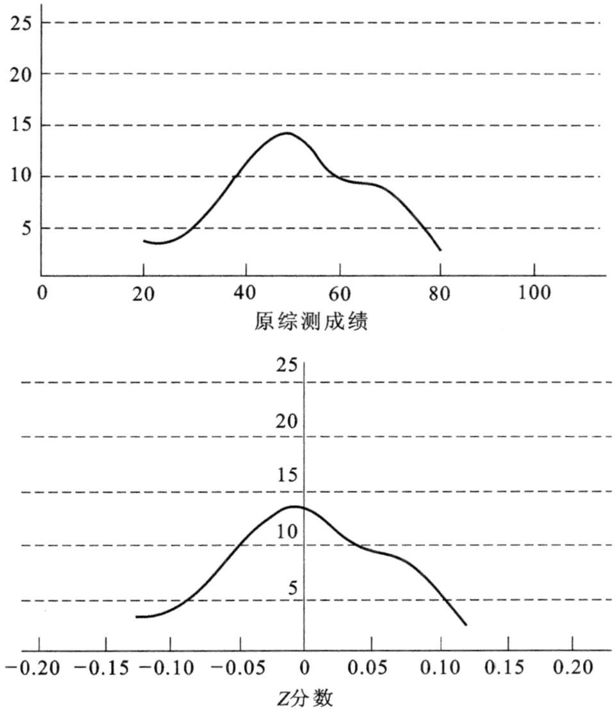

图 4-4　甲所在运动队综测成绩分布折线图

第三节　SPSS 相关的操作程序

SPSS 可以计算集中趋势统计量与变异统计量，也可以计算全距与 Z 分数。虽然我们无法直接自 SPSS 取得四分位距，但是可以用 SPSS 计算四分位数，然后取第 3 四分位数与第 1 四分位数间的差距即得。

以 SPSS 计算集中趋势统计量与变异统计量的程序有两种：第一种方法是以频数(Frequencies)来计算，第二种方法是以描述统计(Descriptives)来计算。我们以本书案例数据库中的"第四章 SPSS 示例.sav"为依据，来分析甲所在运动队(后简称"甲队")成绩与乙所在运动队(简称"乙队")成绩这两个变量。现将程序介绍如下：

一、以频数来计算集中趋势统计量与变异统计量

(1)本书数据库中找到“第四章 SPSS 示例. sav”。双击该文件名以开启数据库。

(2)在数据视图中,自主菜单的“分析”下,选取其附属指令描述统计,然后选“频率”。这将打开相应频率对话框。

(3)自对话框左边的“变量”单中依序选择“甲队成绩”与“乙队成绩”,并依序按➡将这两个变量从左侧右移到变量框中。在同一对话框中,按右上角的“统计”键,这将打开相对应的“频率:统计”对话框,并选取中位数、众数、平均值、四分位数、标准偏差、方差与范围,如图 4-5 所示。然后按“继续”键,便回到原频率对话框。

(4)再按“确定”键便可获得集中趋势统计量与变异统计量(表 4-7)。

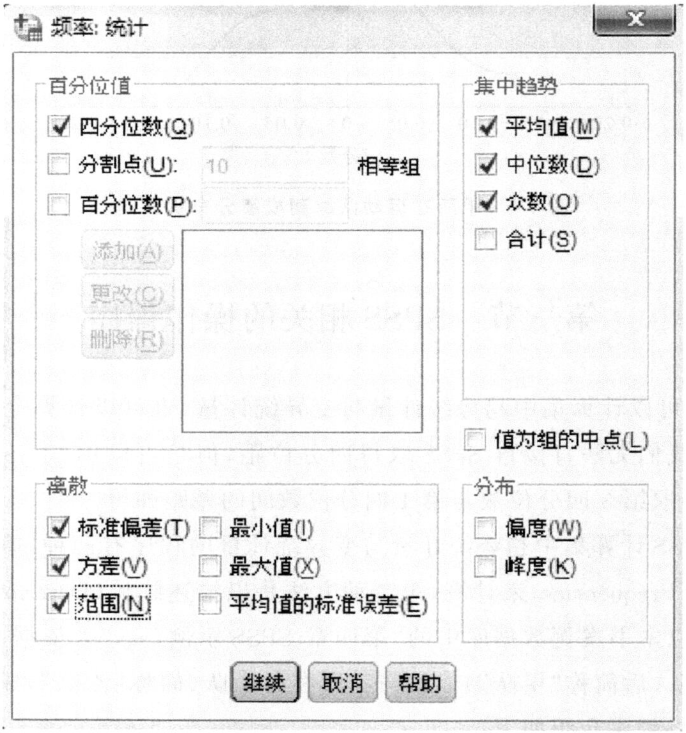

图 4-5 “频率:统计”对话框

表 4-7　甲乙运动队成绩频率统计输出结果(部分)

		甲队成绩	乙队成绩
N	有效	32	32
	遗漏	0	0
平均数		79.375	64.8125
中位数		80	68
众数		80	68
标准偏差		8.63134	11.33489
方差		74.5	128.48
范围		33	50
百分位数	25	80	60.5
	50	80	68
	75	85	72

二、以描述统计来计算集中趋势统计量与变异统计量

(1)在数据视图中,自主菜单的“分析”下,选取其附属指令描述统计,然后选“描述”。这将打开相应“描述”对话框,如图 4-6 所示。

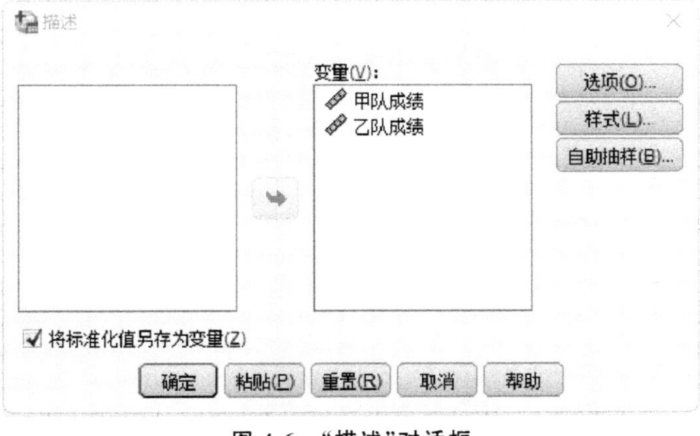

图 4-6　“描述”对话框

(2)自对话框左边的“变量”单中依序选择“甲队成绩”与“乙队成绩”,并依序按➡将这两个变量从左侧右移到“变量”框中。然后按右上角的“选项”键,这将打开相应的“描述:选项”对话框,并选取平均数、标准偏差、方差与范围。然后按“继续”键,便回到原“描述”对话框。

(3)再按“确定”键便可获得集中趋势统计量与变异统计量(见表 4-8)。

表 4-8　甲乙运动队成绩描述性统计资料输出结果

	N	范围	平均数	标准偏差	变异数
甲队成绩	32	33	79.3750	8.63134	10.87%
乙队成绩	32	50	64.8125	11.33489	17.49%
有效的 N（listwise）	32				

三、以描述性来计算 Z 分数

（1）打开描述性对话框（见图 4-6），然后将左下角“将标准化值另存为变量(Z)”框格中的勾号(√)选取。

（2）然后按“确定”键便可获得与甲队成绩与乙队成绩相对应的 Z 分数：Z 甲队成绩与 Z 乙队成绩。如图 4-7 所示，读者可在数据视图中找到这两个新的变量。

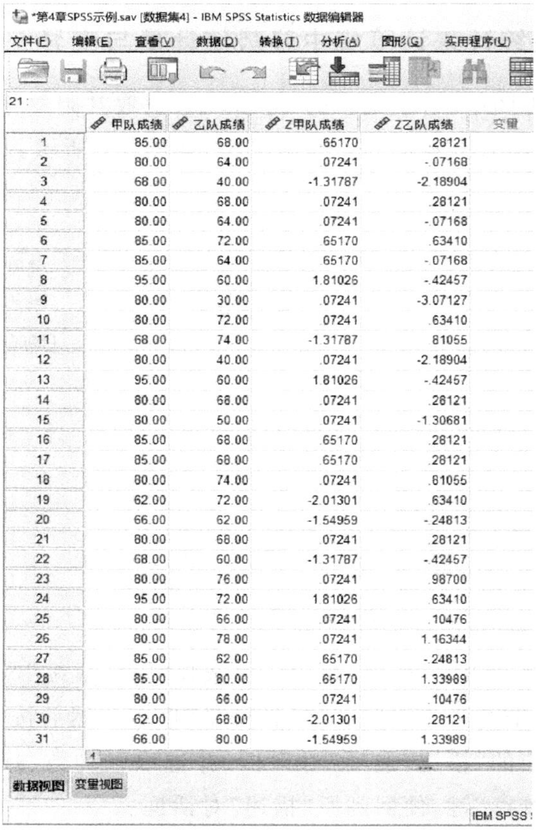

	甲队成绩	乙队成绩	Z甲队成绩	Z乙队成绩	变量
1	85.00	68.00	.65170	.28121	
2	80.00	64.00	.07241	-.07168	
3	68.00	40.00	-1.31787	-2.18904	
4	80.00	68.00	.07241	.28121	
5	80.00	64.00	.07241	-.07168	
6	85.00	72.00	.65170	.63410	
7	85.00	64.00	.65170	-.07168	
8	95.00	60.00	1.81026	-.42457	
9	80.00	30.00	.07241	-3.07127	
10	80.00	72.00	.07241	.63410	
11	68.00	74.00	-1.31787	.81055	
12	80.00	40.00	.07241	-2.18904	
13	95.00	60.00	1.81026	-.42457	
14	80.00	68.00	.07241	.28121	
15	80.00	50.00	.07241	-1.30681	
16	85.00	68.00	.65170	.28121	
17	85.00	68.00	.65170	.28121	
18	80.00	74.00	.07241	.81055	
19	62.00	72.00	-2.01301	.63410	
20	66.00	62.00	-1.54959	-.24813	
21	80.00	68.00	.07241	.28121	
22	68.00	60.00	-1.31787	-.42457	
23	80.00	76.00	.07241	.98700	
24	95.00	72.00	1.81026	.63410	
25	80.00	66.00	.07241	.10476	
26	80.00	78.00	.07241	1.16344	
27	85.00	62.00	.65170	-.24813	
28	85.00	80.00	.65170	1.33989	
29	80.00	66.00	.07241	.10476	
30	62.00	68.00	-2.01301	.28121	
31	66.00	80.00	-1.54959	1.33989	

图 4-7　新计算的 Z 分数：Z 甲队成绩与 Z 乙队成绩

第四节　本章小结

本章主要介绍如何以集中趋势统计量与变异统计量来描述资料。集中趋势统计量的功能是以若干统计数字来“代表”全体的资料。这些统计数字包括众数、中位数与平均数。这三个集中趋势统计量各有其优缺点，因此我们在使用时应注意变量的测量层级、本身研究的目的，审慎地加以选择。虽然众数、中位数以及平均数是常见的集中趋势统计量，但是它们有时不能完全呈现资料的趋势与形态。因此在描述一组资料时，我们还需要以变异统计量来测量资料分散的程度。常见的变异统计量包括全距、四分位距、方差以及标准差。正如三个集中趋势统计量一样，这些变异统计量也各有其优缺点。不过应用最为广泛的是标准差。标准差不仅可以测量资料分散的程度，也可协助我们计算 Z 分数，以决定某观察值在一组资料中的排序位置。这些集中趋势统计量与变异统计量都可以用 SPSS 计算出来。

本章重要名词

众数	中位数	平均数	全距
四分位距	方差	标准差	Z 分数

本章习题

习题一：如果某体育教师要以集中趋势量显示 10 位学生两次体育测试成绩（成绩列入下表），在众数、中位数与平均数三者中，哪一个比较适合？试述理由。

序号	测试 1	测试 2
1	8	74
2	66	78
3	74	64
4	58	74
5	66	59

续表

序号	测试 1	测试 2
6	55	76
7	73	65
8	71	57
9	65	75
10	63	63

习题二：设平均数($\overline{x}$)为 87，标准差(S)为 7.92，计算下列相对应的 Z 分数：

1. 93
2. 86
3. 67
4. 73
5. 58

习题简答：

习题一答案：

第一次测试成绩有极端值($M\pm3SD$)，因此平均数并不适合。该教师可以中位数来表示第一次测试成绩。相反，第二次测试成绩并无极端值，所以平均数可以用来表示第二次测试成绩。因为两次测试的众数都仅代表极少数的学生，未能有效运用其他有效的信息，所以众数并不适合。

习题二答案：

1. 0.7576
2. −0.1263
3. −2.5253
4. −1.7677
5. −3.6616

第五章　概率分布与中央极限定理

统计分析的目的不仅是在描述，也在解释与预测。为了能达到这些目的，概率便成为统计分析的数理基础。本章将介绍概率、随机变量与一些常见的概率分布，包括正态分布、标准正态分布、t 分布与卡方分布，并说明如何以标准正态分布表计算概率。最后，介绍中央极限定理。

第一节　概率、随机变量与概率分布

我们在第二章中曾经提到，“分布”是统计学中一个非常重要的概念。每当做统计分析时，研究者都必须注意变量的分布。因此在描述统计中，我们需要讨论次数分布，而在推论统计中则必须讨论各种概率分布。

概率是我们在日常生活中常用的概念。例如，天气预报“明天是晴天的概率是 80%”；或投掷一枚骰子 6 点朝上的概率是 16.67%等都是很好的例子。简单来说，概率是指某事件会发生的机会。若在随机实验中，所有可能会发生的单一情况皆有同样机会发生，某事件可能会发生的概率计算方式是某事件可能会发生的单一情况数除以所有在这随机实验中可能会发生的一切单一情况数。例如，在一副没有大小王的扑克牌中抽到 A 的概率是 4/52 或是 1/13。一般概率都是以小数来表示，所以一副扑克牌中抽到 A 的概率是 0.0769；投掷一枚硬币正面朝上的概率是 0.5。此外，概率有如百分比，都是正值，没有负值，而且所有事件可能发生的概率总和为 1。因此，一副扑克牌中抽到 A 到 K 的概率之和是 1。

与概率相关的一个重要概念是“随机变量”(random variable)。前面曾经提及，“变量”是内容会因为不同案例而改变的经验现象。例如，从一个装有 100 个彩色球的不透明箱子中，随机抽出 20 个球。我们以 n 来表示“抽中 n 个红色球”这一事件。因为在抽样前 n 值是无法确定的，n 值就是随机变量。也就是说 n 值可能等于 0，即完全没有抽中红球；或者 n 值为 1，这表示抽中 1 个红球，以此类推。虽然抽样前我们无法预知哪个事件会出现，但每个事件的出现都有一定的概率。这些事件发生概率所形成的分布，就是概率分布(probability distribution)。因此,“随机”虽然表示结果的不确定性(uncertainty),但是这种不确定性并非表示随机现象是没有任何规律的。如上所述,随机现象有其规则性。因为随机现象的发生伴随着不同的概率,我们根据实验与研究是可以找出其规则性的。

一般而言,随机变量可分为“离散型随机变量”(discrete random variable)与“连续型随机变量”(continuous random variable)。当一个随机变量可能发生的数值是可数的而且有限时(如整数 0,1,2,3,…),这就是离散型随机变量。例如从一套扑克牌中抽到一张 9 的事件,可能有红桃、黑桃、梅花、方块共四种可能的结果。或是掷铜板 3 次,可能掷出正面次数的有 0,1,2,3 共四种可能的结果。因为这个随机变量可能发生的数值可数而且有限,并且可列出所有可能发生的数值,这一变量即为离散型随机变量。相反,如果一个随机变量可能发生的数值是没有间隔,而且有无限可能发生的数值,这就是连续型随机变量。例如某大学学生的学期体测平均成绩,或某市市民月平均健身消费,都是很好的例子。

这两种不同的随机变量,我们又可分为“离散型概率分布”(discrete probability distributions)与“连续型概率分布”(continuous probability distributions)。

常见的离散型概率分布包括“二项分布”(又称为“伯努利分布”(Bernoulli distribution))、“卜瓦松分布”(Poisson distribution)、“多项分布”(multinomial distribution)与“卡方分布”(χ^2 distribution,χ 读为 kai)。

常见的连续型概率分布则包括“正态分布”(normal distribution)与“t 分布”(t distribution)。

下文将介绍正态分布、标准正态分布、t 分布与卡方分布。

第二节 正态分布与标准正态分布

一、正态分布

正态分布是连续型概率分布中常见的一种。所谓的“正态”并不表示它是最典型的一种概率分布。不过在自然、社会、经济与政治现象中,如身高/体重、测试成绩、消费额、健身中心利润等分布大多近似正态分布。因为许多社会与自然现象通常都展现为正态分布,所以这种分布在统计学中的应用十分广泛。

正态曲线可以 $x \sim N(\mu, \sigma^2)$ 表示，其中 μ, σ^2 分别为平均数与方差。德国数学家高斯(Carl Friedrich Gauss)以下列函数公式来描述正态分布，正态曲线因此也称为高斯曲线：

$$f(x) = \frac{1}{\sigma\sqrt{2\pi}} e^{-\frac{1}{2}\left(\frac{x-\mu}{\sigma}\right)^2}$$

这个数学公式虽然看起来很庞大复杂，所幸一般初学者并不需要以这个公式来做运算，或绘制正态曲线。不过这个公式可以帮助我们了解正态曲线的一些特性。注意：e(＝2.71828……)与 π(＝3.14159……)是常数，其值不变，所以公式中数值会变的是 μ 与 σ。图 5-1 显示一般的正态曲线。

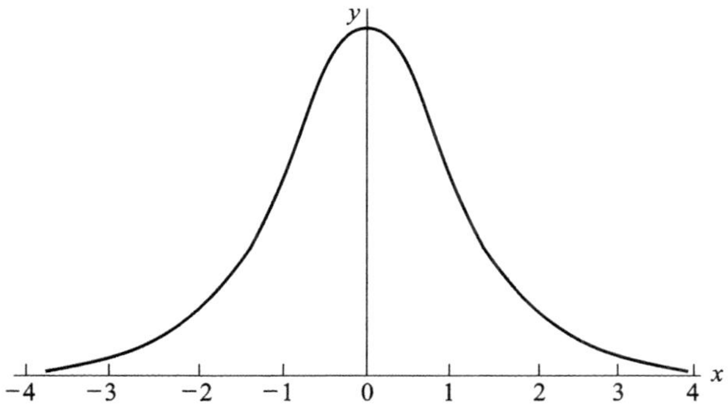

图 5-1　正态分布曲线图

总体而言，正态分布曲线具有下面几个特质：

(1)曲线形态是中间高、两边对称下滑的钟形曲线。

(2)曲线所涵盖的全部面积为 100％，这个面积也可视为概率面积。

(3)曲线的分布是对称的，如果以平均数为中心，整个曲线可以分成相等的两个部分，每一部分都会有 50％的面积。

(4)曲线两边的尾端趋近于 x 轴，但永不与 x 轴接触。换言之，理论上正态分布的 x 轴上的值是从负无穷大($-\infty$)到正无穷大($+\infty$)。

(5)曲线的位置、形态的高低宽窄完全由其平均数与标准差来决定。图 5-2 显示三个不同的正态曲线，平均数分别为 10、15 与 20，而标准差分别为 4、2 与 1。当平均数增大时，曲线向右移动，当平均数减小时，曲线向左移动。因此，曲线的位置随平均数的大小而改变。从公式(5.1)也可知标准差愈大，曲线的形态会愈低，分布也愈宽，表示曲线中的数值就会愈分散。标准差愈小，曲线的形态会愈高，分布也会愈窄，表示曲线中的数值就会愈集中。因此，基于平均数与标准差的不同，我们观察到许多不同的正态曲线。

(6)从曲线的平均数到 k 个标准差之间，都有一定比例的面积。如图5-3所示，有68.26%的面积会在±1个标准差的区间($\mu\pm\sigma$)，有95.44%的面积会在±2个标准差的区间($\mu\pm2\sigma$)，而有99.73%的面积会在±3个标准差的区间($\mu\pm3\sigma$)。

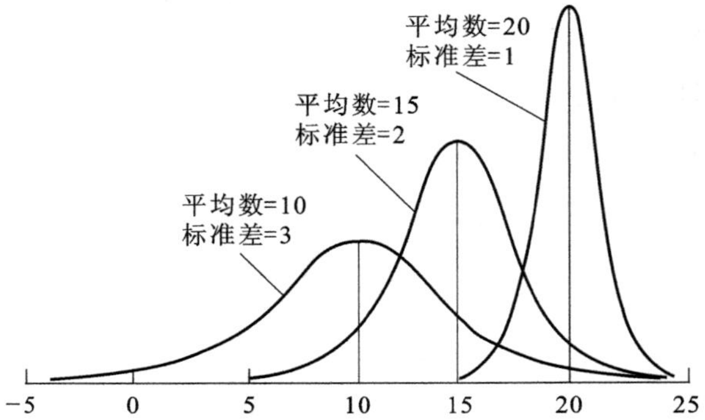

图 5-2　三个不同的正态分布曲线图

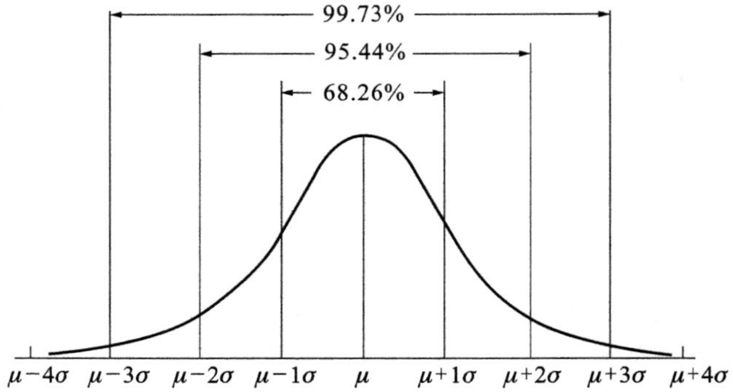

图 5-3　正态曲线面积分布图

因为有99.73%的面积落在±3个标准差的区间，所以在±3个标准差以上的区间仅有0.26%的面积，或是两尾端各有0.13%的面积。换言之，在10000个观察值中，仅有13个观察值会在3个标准差以上的区间，也仅有13个观察值会在3个标准差以下的区间。这显示虽然非常大或非常小的极端值可能发生，但是发生的机会却很小。大家这时可能有一个疑问：我们如何能够知道这些百分比？为了能计算这些百分比，我们需要了解标准正态分布与正态分布表。

二、标准正态分布

标准正态分布是正态分布中的一个特例。标准正态分布与正态分布两者间有许多共同的特质：钟形曲线，涵盖面积定为100%，对称性，曲线尾端趋近于 x 轴，以及平均数到 k 个标准差的区间有一定比例的面积。两者的不同点在于：

(1)标准正态分布的平均数为0，标准差为1；一般的正态分布的均值和标准差则由实际的资料来决定。

(2)标准正态分布是由 Z 分数所组成，正态分布的组成元素则为实际的观察值，如身高、体重、体测成绩等。

(3)基于平均数与标准差的不同，因而有不同的正态曲线，但是标准正态分布仅有一个。简而言之，每个正态分布都可以经由第四章中的公式(4.9)转化成标准正态分布。也就是透过下列的公式将其标准化：

$$Z=\frac{x_i-\mu}{\sigma}$$

当数值转化成标准化分数后，我们可以运用正态分布表来求取面积或估计概率。

三、以标准正态分布表求取概率

附录1为标准正态分布表。附录1中的最左侧的一列是 Z 分数的前两位数(也就是包含小数的第一位)，最上的一行是 Z 分数中小数的第二位。表中的四位小数代表从0(标准正态分布的平均数)到某个 Z 分数间的面积。下面我们将介绍如何用标准正态分布表在不同的情形下求取面积或概率。

(1)0与正 Z 分数间的面积

附录1中的四位小数代表0到某个 Z 分数间的面积。举例来说，如果 Z 值为1.16，从0到 $Z=1.16$ 的面积有如图5-4中的阴影部分。为了找到与1.16相对应的面积，我们将1.16分为1.1与0.06。自附录1最左侧一列的1.1向右画一条横线，再自最上一行的0.06向下画一条直线，两线相交之处0.3770即为相对应的面积。这个面积或可以小数来表示0.3770，或可以百分比来表示37.70%。

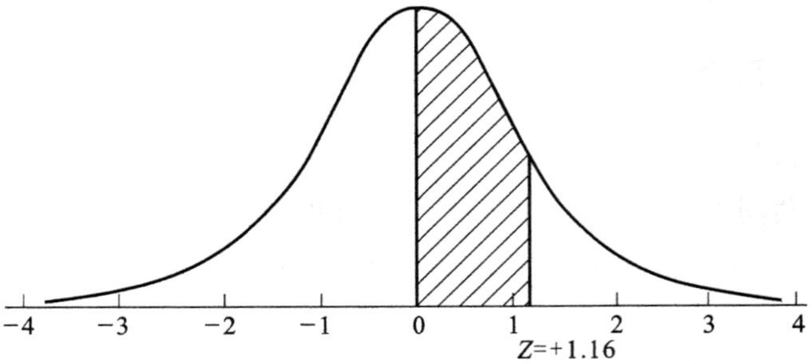

图 5-4　0 与正 Z 分数间的面积

(2)0 与负 Z 分数间的面积

如 Z 值为 -1.16，图 5-5 中的阴影部分显示从 0 到 $Z=-1.16$ 的面积。大家可能注意到，标准正态分布表中的 Z 分数没有负值。但是上面已经提及，标准正态分布具有对称性，所以从 0 到某负 Z 值间的面积将与 0 到正 Z 值间的面积相对应。因此，从 0 到 $Z=-1.16$ 的面积与从 0 到 $Z=1.16$ 的面积相等，同为 0.3770。

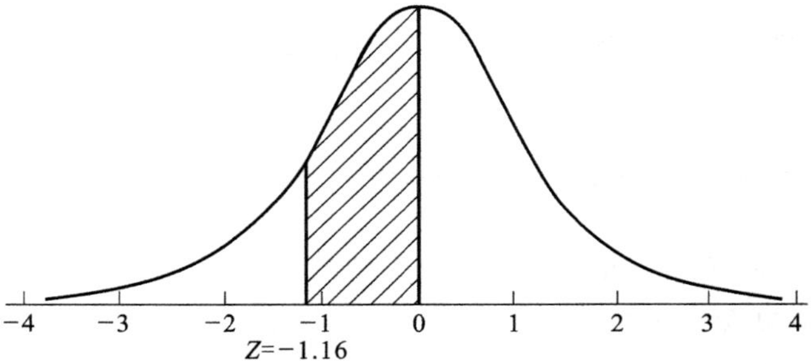

图 5-5　0 与负 Z 分数间的面积

(3)正 Z 分数左边的面积

如果 Z 值为 1.16，其左边的面积为图 5-6 中的阴影部分。这个阴影区包含了两个部分，也就是平均数(0)左边的面积，以及从 0 到 $Z=1.16$ 的面积。因为标准正态分布具有涵盖面积为 100%与对称性两个特性，所以平均数(0)以左的面积为 0.5。从上面已知，从 0 到 $Z=1.16$ 的面积为 0.3770，因此，$Z=1.16$ 左边的面积为 $0.5+0.3770=0.8770$。

(4)负 Z 分数右边的面积

如果 Z 值为 -1.16，其右边的面积为图 5-7 中的阴影部分。这个阴影

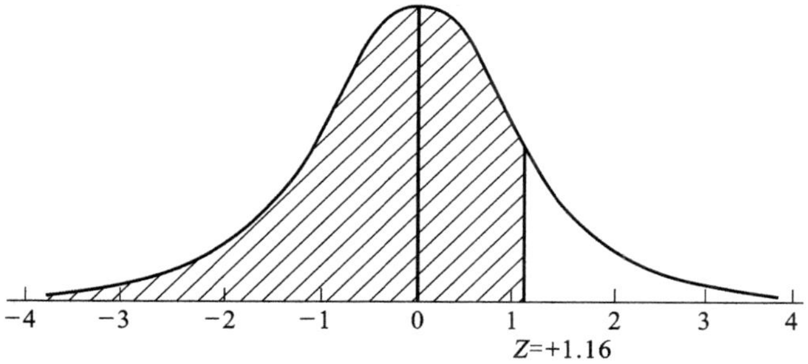

图 5-6　正 Z 分数左边的面积

区也包含了两个部分，也就是平均数(0)右边的面积，以及从 0 到 Z＝－1.16 的面积。自附录1可知，当 Z＝－1.16，从0到 Z＝－1.16 的面积为 0.3770。因为平均数(0)右边的面积为 0.5，Z＝－1.16 右边的面积为 0.5＋0.3770＝0.8770。

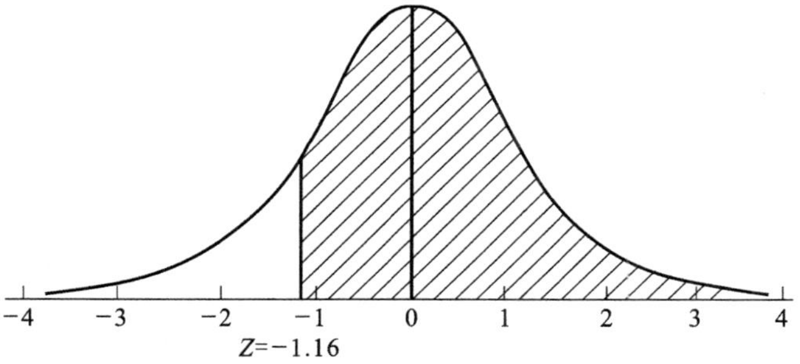

图 5-7　负 Z 分数右边的面积

(5)正 Z 分数右边的面积

如果 Z 值为 1.16，其右边的面积为图 5-8 中的阴影部分。因为附录 1 列出 0 到 Z＝1.16 的面积，我们已知为 0.3770。虽然我们无法直接自表中查出 Z＞1.16 的面积，但是标准正态分布的一半为 0.5，所以 Z＝1. 16 右边的面积为 0.5－0.3770＝0.1230。

(6)负 Z 分数左边的面积

例如，如果 Z 值为－1.70，Z 值到均值的面积(以右)为 0.4554，Z 左边的面积则为 0.5－0.4554＝0.0446(见图 5-9)。

(7)两个正 Z 分数间的面积

如果两个 Z 值分别为 1.16 与 2.00，其间的面积等于两个数值相减的结

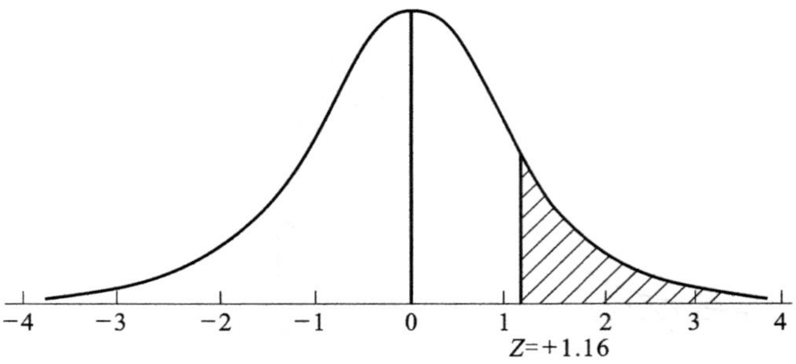

图 5-8　正 Z 分数右边的面积

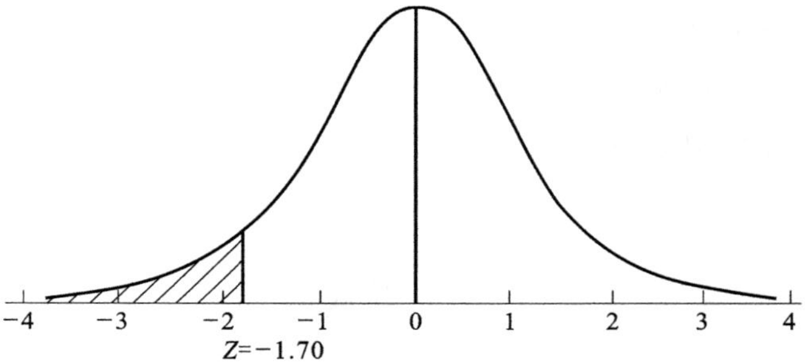

图 5-9　负 Z 分数左边的面积

果:①从 0 到 $Z=2.00$ 的面积,附录 1 显示为 0.4772;②从 0 到 $Z=1.16$ 的面积,我们已知为 0.3770(见图 5-10)。因此,其间的面积为 $0.4772-0.3770=0.1002$。

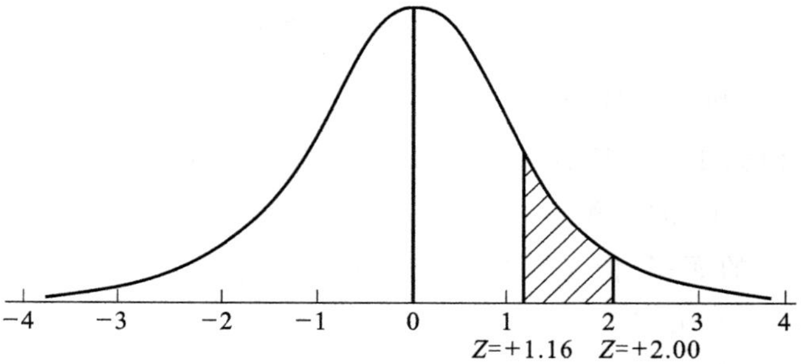

图 5-10　两个正 Z 分数之间的面积

(8)两个负 Z 分数间的面积

同理,如果两个 Z 值分别为 −1.16 与 −2.00,其间的面积等于两个数值相减的结果:①从 0 到 $Z=-2.00$ 的面积;②从 0 到 $Z=-1.16$ 的面积

(见图 5-11)。虽然标准正态分布表中的 Z 分数没有负值,但是标准正态分布具有对称性,所以 0 到某负 Z 分数间的面积与 0 到相对应的正 Z 分数间的面积相等。$Z=-1.16$ 与 $Z=-2.00$ 间的面积为 $0.4772-0.3770=0.1002$。

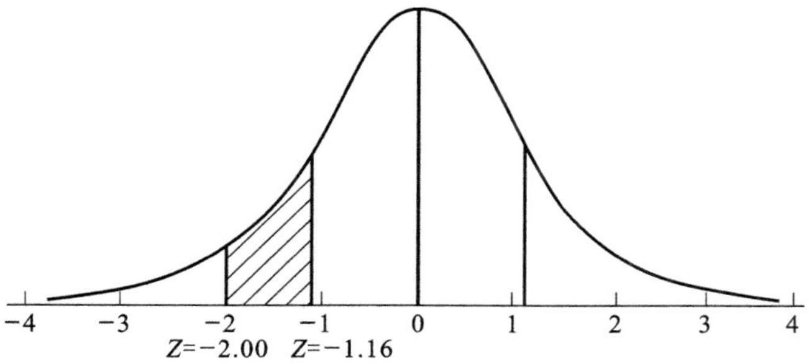

图 5-11　两个负 Z 分数之间的面积

(9)正 Z 分数与负 Z 分数间的面积(或负 Z 分数与正 Z 分数间的面积)

如果两个 Z 值分别为 2.00 与 -1.16,其间的面积等于两个数值相加的结果:①从 0 到 $Z=2.00$ 的面积;②从 0 到 $Z=-1.16$ 的面积(见图 5-12)。因此,其间的面积为 $0.4772+0.3770=0.8542$。这个计算面积的逻辑也适用于计算负 Z 分数与正 Z 分数间的面积。

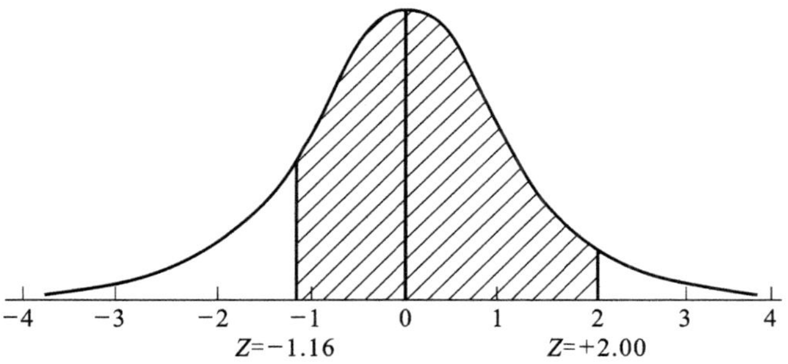

图 5-12　正 Z 分数与负 Z 分数之间的面积

在了解了如何以标准正态分布表求取面积或概率后,我们再用第四章中甲乙运动员的综测成绩为例,来介绍标准正态分布的运用。

甲乙运动员在不同的运动队,两队各自参加了不同类的综合测试,甲综测 60 分,乙 75 分。甲队成绩的平均数为 50 分,标准差为 6.5;乙队成绩的平均数为 70 分,标准差为 5。我们在第四章已经知道,根据 Z 分数,与各自运动队队员相比，甲的成绩显然比乙好。因为甲的成绩比其所在队平均成绩高1.54个标准差，而乙的成绩比其所在队平均成绩高1个标准差。也就是：

$$甲成绩的 Z 分数：Z=\frac{x_i-\bar{x}}{S}=\frac{60-50}{6.5}\approx 1.54$$

$$乙成绩的 Z 分数：Z=\frac{x_i-\bar{x}}{S}=\frac{75-70}{5}=1$$

这个结论也可以从甲乙在各自运动队所超过队员的百分比来看。因为我们所要了解的是甲乙分别在各自队里的排名，所以图5-13与图5-14中阴影部分显示两运动员在队里排名的百分比。图5-13与图5-14相当于上述"(3)正 Z 分数左边"的面积。因此，如果用正态分布来估计成绩的分布，甲成绩相对应的 Z 分数为1.54，其左边的面积为 $0.5+0.4382=0.9382$。乙成绩相对应的 Z 分数为1.00，其左边的面积为 $0.5+0.3413=0.8413$。因此，甲的成绩要比甲队93.82%运动员的成绩高，而乙的成绩则超过84.13%乙队队员，所以甲的成绩显然比乙好。

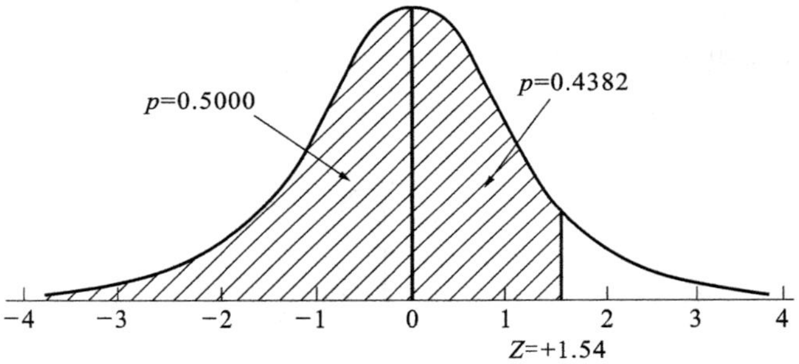

图5-13　甲成绩示意图

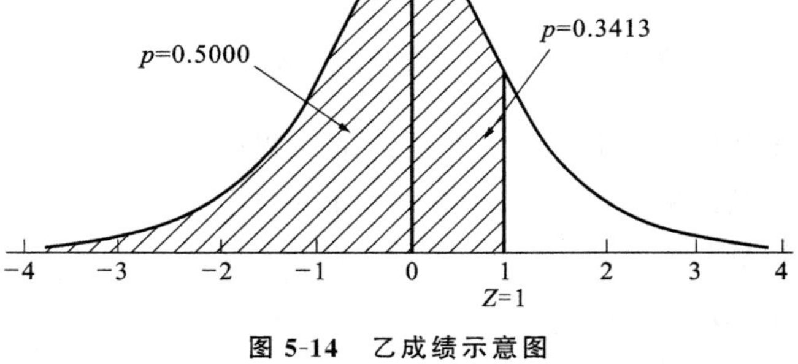

图5-14　乙成绩示意图

第三节 其他概率分布

我们在第一节提到，统计学中有许多不同的概率分布。除了正态分布以外，另两个常用的概率分布是 t 分布与卡方分布。

一、t 分布

t 分布与正态分布有许多相像之处：钟形曲线，对称分布，曲线两边的尾端趋近于 x 轴。尤其值得一提的是，当样本数趋大时，t 分布与正态分布的概率分布几乎完全相同。但是 t 分布与正态分布最大的不同点在于 t 分布的概率分布受到“自由度”(degree of freedom)的影响。如图 5-15 所示，自由度愈小，t 分布曲线愈平缓。

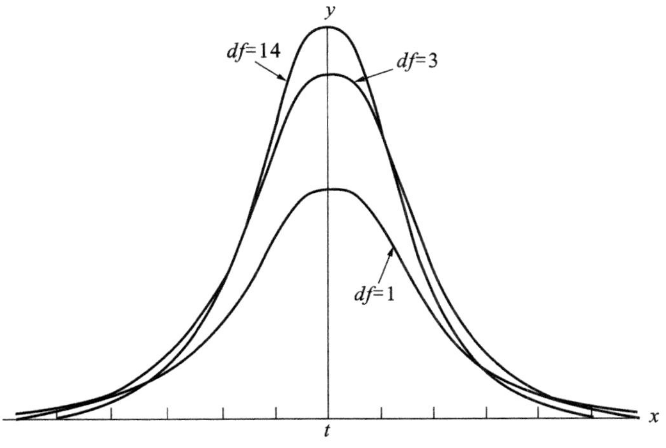

图 5-15　t 分布曲线

“自由度”在英文里一般以 df 或 ν(读为“niu”)来表示。自由度基本上反映出资料所受到的限制。举例来说，如果两数相加后，其和为 12，$X+Y=12$，那么这是哪两个数字呢？从上式可知，X 可以是任何数字。一旦 X 选定后(例如 9)，Y 的数值就被固定了(必须为 3)，这个例子的自由度就为 1。如果三数相加后，其和为 12，$X+Y+Z=12$，那么这是哪三个数字呢？同理，X 与 Y 可以是任何数字，但是一旦 X 与 Y 选定后(例如 6 与 7)，Z 的数值就被固定了(必须为 −1)，这个例子的自由度就为 2。所以自由度表示在计算一项统计数字时，当去除各项限制之后，资料中可以随意变动的数字。

对 t 分布而言，自由度就等于样本数减去所要估计的母体参数。

附录 2 为 t 分布表。该表的形式与附录 1 的标准正态分布表不同。标准正态分布表中，Z 分数列在表的最左侧一列与最上一行，表中的四位小数代表从 0（标准正态分布的平均数）到某个 Z 分数间的面积。t 分布表中最左侧一列是自由度（ν），最上一行为 α 值（读为“alpha”，α 这个概念会在下一章中介绍，如附录 2 中的图例所示，α 在这里可以理解为 t 分布两尾端的面积和）。表中间的数字是在既定自由度（ν）与 α 值下的 t 分数。例如以双尾标准，当自由度为 6，α 为 0.3 时，t 值为 1.134；当自由度为 20，α 为 0.01 时，t 值为 2.845。这样的说法也可以用下列方式表达：

$$t_{0.3;6}=1.134$$

$$t_{0.01;20}=2.845$$

因为 t 分布也是左右对称的，当自由度为 6 时，t 值超过 1.134 的单尾概率（$\alpha/2$）为 0.15（双尾 0.30）。当自由度为 20 时，超过 2.845 的单尾概率（$\alpha/2$）为 0.005（双尾 0.01）。观察 t 值与 Z 值对照表时应注意到，当 α 取 0.05 时，Z 分数与自由度为 120 的 t 分数的值同为 1.96。所以当样本数够大（即自由度较大时），t 分布与正态分布的概率分布几乎完全相同。

二、卡方分布

卡方分布是另一个重要的概率分布，它不仅用于类别变量分析，同时也可用于定距层级变量的分析。这个概率分布是在 20 世纪初由英国统计学家 Karl Pearson 所发现。卡方分布定义为：“自由度为 ν 的卡方分布是一项概率分布，是由 ν 个自由活动的标准正态变量的平方和所组成”。这个定义告诉我们，卡方分布其实是以 Z 分数测量的变量，将其值平方并加总后所形成的概率分布。假定我们有一个 Z 分数变量，如果我们将这个变量平方后，其自由度就是 1 个自由度的卡方分布。如果现在有三个 Z 分数变量，将这三个变量平方后加总，这就是 3 个自由度的卡方分布。假定我们有 ν 个 Z 分数变量，将这 ν 个变量平方后加总，这就是 ν 个自由度的卡方分布。所以卡方分布的自由度乃是加总的 Z 分数变量数目，如果加总的 Z 分数变量有两个，其自由度为 2；如果加总的 Z 分数变量有 100 个，其自由度为 100。

卡方分布虽然是若干 Z 变量的平方和，但是卡方分布与标准正态分布不同。从上章的讨论可知，标准正态分布只有一个。但由于每一个卡方分布都有其相对应的自由度，卡方分布则有许多个。图 5-16 列出自由度分别为1,2,3,4,9的卡方分布。从图5-16可以看出,卡方分布是向右偏的,因为其值经过平方,所以卡方值都是正值,无负值。当自由度逐渐变大时,卡方分布会趋近于正态分布。此外,卡方分布的平均数为其自由度 ν,其标准差为自由度两倍的算术平方根。也就是:

$$\left.\begin{aligned} E(\chi^2) &= \nu \\ \delta(\chi^2) &= \sqrt{2\nu} \end{aligned}\right\} \tag{5.2}$$

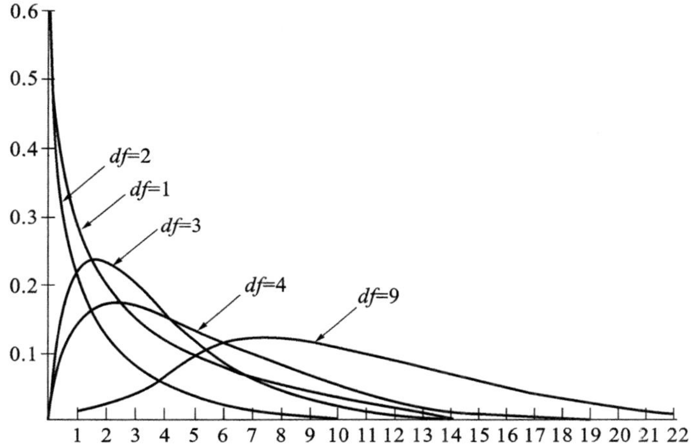

图5-16　自由度为1、2、3、4、9的卡方分布

附录3为卡方(χ^2)分布表。该表的形式与附录2的 t 分布表类似。表中最左侧一列是自由度(ν),最上一行为 α 值,中间的数字是相对应的卡方值。卡方分布表可显示当 χ^2 值超过某一数值时的概率。例如,当自由度为9时,χ^2 值超过16.919的概率(α)为0.05;超过21.666的概率(α)为0.01。这样的说法也可以下列方式表达:

$$\chi^2_{0.05;9} = 16.919$$

$$\chi^2_{0.01;9} = 21.666$$

上面的讨论也显示出卡方分布与标准正态分布以及 t 分布间的关系。前面已论及,当样本数够大,t 分布与正态分布的概率分布几乎完全相同。此外,当卡方分布的自由度为1,α 为0.01时,其卡方值为6.635,这就约是 $Z=2.5758$ 的平方。因此,三种概率分布具有下列的关系:

$$Z = t\infty df = \sqrt{\chi^2;1df}$$

也就是说,Z 值=自由度极大的 t 值=自由度为1的卡方值的平方根。

第四节　中央极限定理

“中央极限定理”(central limit theorem)是统计学中一个重要的理论。这个定理的内容是：如果从一个无限大的母体中抽样，样本数为 n，假定所有样本数为 n 的样本都被抽出来(也就是有 k 套样本)并计算其平均数($\bar{x}$)，在样本数 k 够大的情况下，所有样本的平均数会非常接近正态分布，而且这些样本平均数的平均数($\mu_{\bar{x}}$)会等于母体平均数(μ)，这些样本平均数的标准差(亦称标准误(standard error，即 $S_{\bar{x}}$))会等于 $\sigma/\sqrt{n}$，这里 σ 指母体标准差。

举例来说，假设武汉市男性市民的平均身高为 μ，标准差为 σ。为了要估计 μ，我们随机抽样 800 位武汉市男性市民为样本，计算他们的平均身高并且将这一平均数设为 $\bar{x}_1$(注意 $\bar{x}_1$，右下角的 1 表示这是第一次抽样所得的结果)。我们用同一随机方式继续抽样，每抽出一套样本后，就计算其样本平均数。因为在随机抽样程序下每个人都有被抽中样本的机会，每抽一套样本就可能抽到不同的人，所以每套样本都可能不同，所计算出的样本平均数也会不同。在抽出 k 套样本后，就会有 $\bar{x}_1,\bar{x}_2,\cdots,\bar{x}_k$ 等 k 个样本平均数，从而形成具有 k 个样本平均数的正态分布。因为组成这个正态分布的个体是样本平均数 $\bar{x}_1,\bar{x}_2,\cdots,\bar{x}_k$，所以这个正态分布就称为“样本平均数的抽样分布”(sampling distribution of sample means)。这个分布的平均数($\mu_{\bar{x}}$)会接近母体平均数(μ)，而其标准误($S_{\bar{x}}$)等于母体标准差除以样本数的根号值，也就是 $\sigma/\sqrt{n}$。中央极限定理可以下列统计公式来表示：

$$\mu_{\bar{x}} = \mu \tag{5.3}$$

$$S_{\bar{x}} = \sigma/\sqrt{n} \tag{5.4}$$

中央极限定理提供了几个重要的原则：

(1)这个定理适用于任何形态的分布。无论母体资料是连续型或是离散型分布，对称或不对称，只要样本数够大，样本平均数的分布就会形成正态分布。这个结论对概率的讨论非常重要，因为如果不知母体的分布形态，我们将无法计算概率，在知道样本平均数的分布为正态分布后，我们就可用正态分布表来求取概率值。值得注意的是“样本数够大”并没有一定的标准，通常认为 30 个观察值以上($n>30$)就满足条件。所以在做统计分析时，至少应有 30 个案例。

(2)中央极限定理保证从总体中抽取的所有样本(较大样本)均值会等于母体平均数,也就表示要估计母体平均数时,可以用样本平均数。

(3)这个定理也显示标准误会比母体标准差来得小。但是在估计标准误时,公式(5.4)中的母体标准差(σ)乃是一个未知数。所以在估计标准误时,我们可以利用样本标准差代替母体标准差,所以标准误:

$$S_{\bar{x}} = \sigma / \sqrt{n} \tag{5.4}$$

(4)这个定理也说明标准误是与样本数的大小成反比的关系。样本数愈大,标准误愈小。前面提及,当标准差愈小,分布曲线中数值就会愈集中(见图 5-2)。因为抽样分布样本的组成元素是样本平均数,这表示样本数愈大,抽样分布的平均数就愈趋近于母体平均数。不过这并不表示我们应把样本数无限地扩大。因为当样本数超过一定数目后,标准误减少得很有限,同样,抽样成本会随着样本数增大,成本效益不成比例,因此我们应控制一定的样本数。一般而言,800 到 1500 是最常见的样本数。

总之,中央极限定理提供了推论统计的理论基础,我们可据此定理来推估母体特性。也就是说我们以样本平均数来估计母体平均数,以样本标准差来估计母体标准差。

第五节 本章小结

本章介绍了概率与一些常见的概率分布,包括正态分布、标准正态分布、t 分布与卡方分布。也说明如何以标准正态分布表计算概率。上面的讨论显示,这些概率分布虽然各有其特性,其实都是相关的。值得注意的是,统计分析的目的不仅是在描述样本资料,同时也是在归纳与推论样本所代表的母体的特性,而概率与概率分布则是推论统计的数理基础。因此,在学习下一章前,应充分了解本章的内容。

本章重要名词

概率	随机变量	概率分布	正态分布
标准正态分布	中央极限定理	t 分布	自由度
卡方分布			

本章习题

习题一：

以附录1标准正态分布表求取下列的概率。

(1)$Z=-1.8$与$Z=+1.8$之间的概率

(2)$Z=+1.25$与$Z=+2.10$之间的概率

(3)$Z=-1.96$与$Z=-2.57$之间的概率

(4)$Z=+2.23$右边的概率

(5)$Z=+1.56$左边的概率

习题二：

以附录1标准正态分布表求取下列的Z值。

(1)平均数与Z值间的概率为0.4115

(2)Z值左边的概率为0.4925

(3)$-Z$与Z间的概率为0.6212

习题三：

求取下列的t值。

(1)$\alpha=0.01, \upsilon=\infty$

(2)$\alpha=0.001, \upsilon=120$

习题四：

某运动会中，有100人参加400 m赛跑。跑完全程所需的平均时间为75 s，标准差为5。若成绩服从正态分布，试问：

(1)有多少人是在75 s到85 s跑完全程？

(2)有多少人是在65 s到85 s跑完全程？

(3)有多少人至少用了80 s才跑完全程？

习题解答：

习题一答案：

(1) 0.9282

(2) 0.0877

(3) 0.0199

(4) 0.0129

（5）0.9406

习题二答案：

（1）1.35 或—1.35

（2）—2.43

（3）0.88 和—0.88

习题三答案：

（1）2.326

（2）3.160

习题四答案：

（1）48 人

（2）96 人

（3）16 人

第六章　统计估计与假设检验

次数分布表、统计图、平均数或标准差的主要用途是呈现一组资料的形态或趋势。当学者期望以样本资料来归纳母体的特性时，描述统计的使用则有所不足。因为描述统计仅能呈现手边资料的特性，为了能适当地、合理地归纳出母体的特性，我们需要用推论统计（inferential statistics）来进行分析。简单来说，推论（inference）就是以样本资料来归纳母体特性的过程，与推论相关的统计方法即为推论统计。推论统计方法不仅可以用来估计母体的特性，也就是一般所称的统计估计（statistical estimation），推论统计方法也可以用来检测这些估计值的正确程度，也就是一般所称的假设检验（hypothesis testing）。本章将先介绍统计估计，然后再说明假设检验。

第一节　统计估计与置信区间

统计估计就是以样本统计量来推算母体参数的统计方法，也就是根据抽样的结果来科学地猜测母体的特性大约是什么。例如，为了能了解全体成都市民对成都大运会的看法，我们以成都地区有户籍的成年人为母体，然后使用随机抽样法选取 1600 位成都市民为样本，对其态度进行民意调查。然后以 1600 位市民的样本资料来归纳全体市民对举办成都大运会的看法。这个以样本特性来归纳母体特性的过程就是统计估计。

一、点估计与区间估计

统计估计可分为点估计（point estimate）与区间估计（interval estimate）两种。点估计就是以样本所计算出的一个数值来估计母体参数。以估计母体平均数为例，点估计是以样本平均数（$\bar{x}$）来推算母体平均数（μ）。因为它只是一个数值，所以称为点估计。点估计的准确性是很低的，因为以少数的样本观察值所获得的结果，来估计以全体观察值计算出的平均数确实不易。由于我们并不知道真正的母体参数，无法推估到底点估计值与真正的母体值间的差距，因此无法推算点估计值的误差。基于这个缺点，一般都以区间估计来推算母体的特性。

所谓区间估计就是用样本资料计算出一个区间范围，以推算母体参数的统计估计。例如，我们说某市男性市民的平均身高大约是在 1.68 m 到 1.72 m 之间，这样的估计要比仅给出平均身高是 1.70 m 严谨得多。因为我们是以区间范围推算母体参数，所以称为区间估计。区间估计的优点是我们可以推算估计的准确程度，而这一区间的大小就是估计的误差值。一般而言，这个估计区间不能太大，因为太大则失去估计的准确性。如果我们说某市男性市民的平均身高是在 0 m 到 2 m 之间，这样的估计虽然准确性高，但是对我们毫无用处，因为这样的估计等于没有估计。同样，估计区间不能太小，因为太小则可能失去估计的可信度。如果我们说武汉男性市民的平均身高是在 1.699998 m 到 1.703999 m 之间，就很难让人相信这一结果的正确性。因此，为了平衡准确度与可信度上的要求，我们通常是将可信程度固定在某一水平上，称为"置信系数"(confidence coefficient)，然后计算出相关的区间，称为"置信区间"(confidence interval)。

二、置信系数与置信区间

虽然区间估计可以用于推算所有的母体参数，我们以母体平均数的估计来说明置信系数与置信区间。上面曾经说明，根据中央极限定理，在做多次抽样后所得的样本平均数 ($\bar{x}$)，如果排列起来就会形成正态分布。这个正态分布的平均数为 $\mu_{\bar{x}}$(等于母体平均数 μ)，标准误为 $\sigma/\sqrt{n}$。假定我们知道母体的标准差 σ，依照前章图 5-3 所示，这表示有 68.26% 的 $\bar{x}$ 会落在 ± 1 个标准误的区间内 $(\mu_{\bar{x}}-\sigma/\sqrt{n}, \mu_{\bar{x}}+\sigma/\sqrt{n})$，或 $\mu\pm\sigma/\sqrt{n}$ 之间；有 95.44% 的 $\bar{x}$ 会落在 $(\mu_{\bar{x}}-2\sigma/\sqrt{n}, \mu_{\bar{x}}+2\sigma/\sqrt{n})$ 区间内，或 $\mu\pm 2\sigma/\sqrt{n}$ 之间；有至少 99.73% 的 $\bar{x}$ 会落在 $\mu\pm 3\sigma\sqrt{n}$ 之间 $(\mu_{\bar{x}}-3\sigma/\sqrt{n}, \mu_{\bar{x}}+3\sigma/\sqrt{n})$。因为我们是要估计母体平均数，上面的说法就可以转换成为：$\mu_{\bar{x}}$ 有 68% 的概率会落入以样本均值为中心的正负 1 个标准差范围区间内，同理有 95% 或 99% 的概率会落入到以样本均值为中心正负 2 或 3 个标准差范围内。这里的 68%、95% 以及 99% 就是所谓的置信系数或置信度，表示置信区间的可靠性。换言之，区间估计的逻辑就是以概率抽样方法自母体抽取一个样本，计算其平均数 $\bar{x}$，依照所要的置信系数，将 $\bar{x}$ 加减 k 个 $\sigma/\sqrt{n}$ 而得到上下区间。这个区间就是置信区间。因此，置信区间与置信系数的关系可以下面的统计公式来表示：

$$p\left\{\bar{x}-Z_{\alpha/2}\frac{\sigma}{\sqrt{n}}<\mu<\bar{x}+Z_{\alpha/2}\frac{\sigma}{\sqrt{n}}\right\}=1-\alpha \qquad (6.1)$$

上式中的左侧为置信区间，其中 $\bar{x}-Z_{\alpha/2}\frac{\sigma}{\sqrt{n}}$ 为区间的下限，而 $\bar{x}+Z_{\alpha/2}\frac{\sigma}{\sqrt{n}}$ 为区间的上限。$2\times Z_{\alpha/2}\frac{\sigma}{\sqrt{n}}$ 是区间的宽度，$\pm Z_{\alpha/2}\frac{\sigma}{\sqrt{n}}$ 通常称为“最大抽样误差”，也称为“边际误差”，是以置信区间来估计母体参数时的最大可能抽样估计误差。上式中的右侧 $1-\alpha$ 表示置信区间的可靠性，所以 α 表示置信区间估计的不可靠性。置信系数与显著水平之和为1，两者都表示相关的概率。例如，如果置信系数设为0.95的话，其显著水平即为0.05，我们所建构的则是95%的置信区间。因此，在估计母体平均数时，置信系数为 $1-\alpha$ 的置信区间通常以下列公式表示：

置信系数为 $1-\alpha$ 的置信区间：

$$\bar{x}\pm Z_{\alpha/2}\frac{\sigma}{\sqrt{n}} \quad 或 \quad \left(\bar{x}-Z_{\alpha/2}\frac{\sigma}{\sqrt{n}},\bar{x}+Z_{\alpha/2}\frac{\sigma}{\sqrt{n}}\right) \qquad (6.2)$$

上式中，$\bar{x}-Z_{\alpha/2}\frac{\sigma}{\sqrt{n}}$ 为区间的下限，$\bar{x}+Z_{\alpha/2}\frac{\sigma}{\sqrt{n}}$ 为区间的上限。

我们应该如何解释置信区间呢？图6-1显示样本平均数（$\bar{x}$）的抽样分布，我们以95%置信区间来估计母体平均数（μ）。如果样本平均数（$\bar{x}$）是在 $\mu-1.96\frac{\sigma}{\sqrt{n}}$ 与 $\mu+1.96\frac{\sigma}{\sqrt{n}}$ 之间，那么以样本平均数（$\bar{x}$）所建立的区间就应

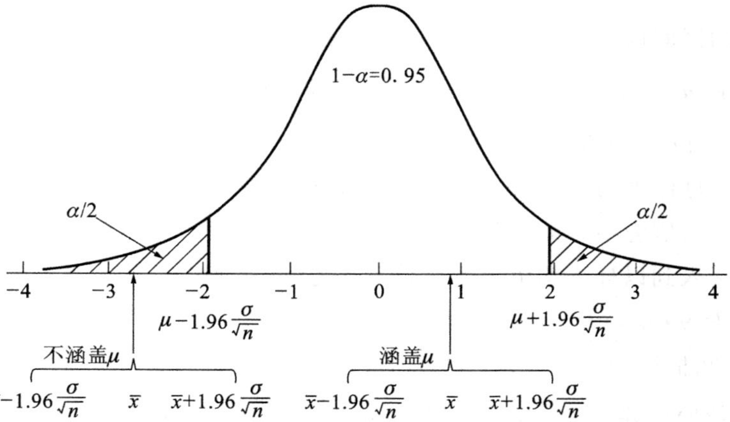

图6-1　以样本均值建立的抽样分布的95%置信区间

会包含母体平均数(μ)(图 6-1 右侧 $\bar{x}$ 值)。反之,如果样本平均数($\bar{x}$)不在 $\mu-1.96\frac{\sigma}{\sqrt{n}}$ 与 $\mu+1.96\frac{\sigma}{\sqrt{n}}$ 之间,那么以样本平均数($\bar{x}$)所建立的区间就不会包含母体平均数(μ)(图 6-1 左侧 $\bar{x}$ 值)。不过实际上我们很少会知道真正的母体平均数(μ),因此通常也无法知道样本平均数($\bar{x}$)是否一定是在 $\mu-1.96\frac{\sigma}{\sqrt{n}}$ 与 $\mu+1.96\frac{\sigma}{\sqrt{n}}$ 之间。但是对任何一次抽样,其样本平均数($\bar{x}$)会有 95%的概率在 $\mu-1.96\frac{\sigma}{\sqrt{n}}$ 与 $\mu+1.96\frac{\sigma}{\sqrt{n}}$ 之间。因此,置信区间的意义是:如果连续抽样 100 次,每次都建立一个置信区间,所谓 95%置信区间是指这 100 个置信区间中,会有 95 个样本正确地包含着母体平均数 μ,约有 5 个不包含着 μ。或者说,每抽样 20 次,就会有一次估计区间不包含母体平均数 μ。假定我们已知母体平均数的值(如上文所述,我们很少会真正知道母体平均数,否则我们不需要做统计估计),图 6-2 显示 20 次抽样后所建立的置信区间结果(部分)。在这 20 次抽样中,有 19 个置信区间(或 95%个置信区间)包含了母体平均数(μ),但是有一个置信区间(或 5%个置信区间)没有包含母体平均数(μ)。同理,所谓 99%置信区间是指所建立的 100 个置信区间中,有 99 个区间会包含着母体平均数(μ),约有一个不包含(μ)。但是实际上我们不会抽样 100 次,而是仅做一次,所以说这一次抽样所建构的置信区间会包含母体平均数(μ)的概率是 95%或是 99%。

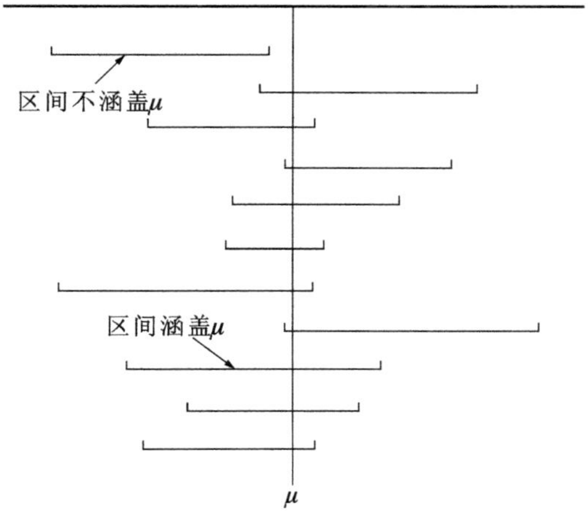

图 6-2 重复抽样置信区间与母体平均数的关系示意图

大家可能会有一个疑问，就是 $Z_{\alpha/2}$ 的值为何？简单说，当样本数够大（通常是指样本数大于 30），$Z_{\alpha/2}$ 的值是由置信系数来决定，其值可由附录 1 的标准正态分布表查得。注意 $Z_{\alpha/2}$ 右下角的 $\alpha/2$，表示 α 值被除以 2。如图 6-1 所示，这是因为 α 值平均分布于左右两端。假定置信系数为 0.95，α 值为 0.05（=1－0.95），概率分布的左右两端各占 0.025。从附录 1 可知，与概率=0.475 相对应的 Z 分数是 ±1.96。如果置信系数为 0.99，α 值为 0.01（=1－0.99），概率分布的左右两端各占 0.005，与概率=0.495 相对应的 Z 分数是 ±2.575。这些 Z 分数又称为“临界值”，为了方便以后的讨论，表 6-1 列出两种常见的置信系数、α 值、Z 分数与相对应的概率。值得注意的是，表 6-1 虽然只列出 0.95 与 0.99 两种置信系数，这并不表示我们仅能建构 95%或 99%置信区间。理论上，我们可以用任何置信系数（例如，0.85 或 0.80）来建构置信区间。只是习惯上，我们常以 0.95 与 0.99 两种置信系数作为建构置信区间的标准。

表 6-1　置信系数、α 值、临界值（$Z_{\alpha/2}$）值与相对应的概率

置信系数	α 值	临界值（$Z_{\alpha/2}$）	相对应的概率
0.95	0.05	±1.96	0.475
0.99	0.01	±2.575	0.495

三、母体平均数的区间估计

在介绍了区间估计的概念后，下面我们先来讨论如何以置信区间估计母体平均数（μ），然后再说明以置信区间估计母体百分比（population proportion）。

1. σ 已知：大样本

中央极限定理告诉我们，如果样本数够大，样本平均数会形成正态分布。假定我们也知道母体标准差（σ），置信区间则可以用公式（6.2）表示。我们以估计某市男性市民的平均身高为例来说明如何以公式（6.2）来建构置信区间。

假定在随机抽样 1500 位 16 岁男性市民后，样本平均身高为 170.6 cm，已知 σ 为 28.8 cm，求某市男性市民平均身高的 95%置信区间。依公式（6.2），我们必须找到式子中 $Z_{\alpha/2}$ 的值。从附录 1 的标准正态分布表可知，与 Z=1.96 相对应的概率是 0.475，这个概率值只代表自平均数到 Z=

1.96 的面积，我们还应考量平均数到 $Z=-1.96$ 的面积，所以 0.475 乘以 2，就等于 0.95 或 95%，所以相对于置信系数 0.95 的 Z 分数为 ±1.96。公式(6.2)可写为：

$$95\%\text{置信区间}:\left(\bar{x}-Z_{\alpha/2}\frac{\sigma}{\sqrt{n}},\bar{x}+Z_{\alpha/2}\frac{\sigma}{\sqrt{n}}\right)$$

$$\Leftrightarrow\left(170.6-1.96\times\frac{28.8}{\sqrt{1500}},170.6+1.96\times\frac{28.8}{\sqrt{1500}}\right)$$

$$\Leftrightarrow(170.6-1.46,170.6+1.46)$$

$$\Leftrightarrow(169.14,172.06) \tag{6.3}$$

这就表示在 95% 的置信系数下，武汉男性市民的平均身高是在 169.14 cm 与 172.06 cm 之间，其最大抽样误差为 1.46 cm。

如果我们要求取置信系数为 99% 的置信区间，同理可知 $Z_{\alpha/2}=2.575$。代入公式(6.2)中得：

$$99\%\text{置信区间}:\left(\bar{x}-Z_{\alpha/2}\frac{\sigma}{\sqrt{n}},\bar{x}+Z_{\alpha/2}\frac{\sigma}{\sqrt{n}}\right)$$

$$\Leftrightarrow\left(170.6-2.575\times\frac{28.8}{\sqrt{1500}},170.6+2.575\times\frac{28.8}{\sqrt{1500}}\right)$$

$$\Leftrightarrow(170.6-1.91,170.6+1.91)$$

$$\Leftrightarrow(168.69,172.51) \tag{6.4}$$

这就表示在 99% 的置信系数下，某市男性市民的平均身高是在 168.69 cm 与 172.51 cm 之间，其最大抽样误差是 1.91 cm。注意 99% 置信区间比 95% 置信区间来得宽，这是因为置信系数愈高，统计值就愈要有包容性，区间就需要愈宽。因此置信系数愈大，置信区间也就愈宽。不过太宽的置信区间有时会失去实际的效用，假如上面例子的置信区间是 100 cm 到 200 cm，这个平均身高的估计区间并无太大的用处，因为它的范围实在太广了，精准度太低。这就是高置信系数所须付的代价。

2. σ 为未知：大样本

在大部分的情况下，我们不知道母体标准差(σ)。如果样本数够大，我们可以用样本标准差(S)来作为母体标准差(σ)的估计值，也就是将公式(6.2)中的 σ 以 S 来取代，置信系数为 $1-\alpha$ 的置信区间为：

$$\bar{x}\pm Z_{\alpha/2}\frac{S}{\sqrt{n}} \quad \text{或} \quad \left(\bar{x}-Z_{\alpha/2}\frac{S}{\sqrt{n}},\bar{x}+Z_{\alpha/2}\frac{S}{\sqrt{n}}\right) \tag{6.5}$$

我们以下面的例子来说明。

假定在华东地区随机抽样 120 位高级教练后，样本平均年龄为 46 岁，样本标准差(S)为 8.7，求华东地区高级教练员平均年龄的 95%与 99%置信区间？我们虽然不知道母体标准差(σ)，但是因为样本数够大，可以样本标准差(S)来取代母体标准差(σ)。由前例已知，当取建构 95%置信系数时，$Z_{\alpha/2}=1.96$。依公式(6.5)，华东地区高级教练平均年龄的 95%置信区间为：

$$95\%\text{置信区间}:\left(\bar{x}-Z_{\alpha/2}\frac{S}{\sqrt{n}},\bar{x}+Z_{\alpha/2}\frac{S}{\sqrt{n}}\right)$$

$$\Leftrightarrow\left(46-1.96\times\frac{8.7}{\sqrt{120}},46+1.96\times\frac{8.7}{\sqrt{120}}\right)$$

$$\Leftrightarrow(46-1.56,46+1.56)$$

$$\Leftrightarrow(44.44,47.56) \tag{6.6}$$

这就表示在 95%的置信系数下，华东地区高级教练平均年龄是在 44.44 与 47.56 岁之间，其最大抽样误差为 1.56。

如果我们要求取置信系数为 99%的置信区间，同理可知 $Z_{\alpha/2}=2.575$，样本平均年龄的 99%置信区间为：

$$99\%\text{置信区间}:\left(\bar{x}-Z_{\alpha/2}\frac{S}{\sqrt{n}},\bar{x}+Z_{\alpha/2}\frac{S}{\sqrt{n}}\right)$$

$$\Leftrightarrow\left(46-2.575\times\frac{8.7}{\sqrt{120}},46+2.575\times\frac{8.7}{\sqrt{120}}\right)$$

$$\Leftrightarrow(46-2.05,46+2.05)$$

$$\Leftrightarrow(43.95,48.05) \tag{6.7}$$

这就表示在 99%的置信系数下，华东地区高级教练平均年龄是在 43.95 与 48.05 岁之间，其最大抽样误差为 2.05。

3. σ 为未知：小样本

另一种常见的情形是我们不知道母体标准差(σ)，而且样本数太小(通常是指样本数小于 30)。如果母体为正态分布，我们可以 t 分布来建构母体平均数的置信区间，也就是将公式(6.5)中的 $Z_{\alpha/2}$ 以 $n-1$ 自由度的 $t_{\alpha/2}$ 来取代。因此，置信系数为 $1-\alpha$ 的置信区间为：

$$\bar{x}\pm t_{\alpha/2}\frac{S}{\sqrt{n}}\quad\text{或}\quad\left(\bar{x}-t_{\alpha/2}\frac{S}{\sqrt{n}},\bar{x}+t_{\alpha/2}\frac{S}{\sqrt{n}}\right) \tag{6.8}$$

我们再以华东地区高级教练平均年龄的估计为例，假定在随机抽样 18 位教练后，样本平均年龄为 43 岁，样本标准差(S)为 9.6 岁，求华东地区高级教练平均年龄的 95%与 99%置信区间？从第五章的讨论中可知，当样本数为 16 时，t 分布的自由度为 15(即 $n-1$)。因为置信系数为 0.95($=1-\alpha$)，所以 $\alpha=0.05$。附录 2 的 t 分布表显示，当自由度为 15 时，$\alpha=0.05$，$t_{\alpha/2}=2.131$。所以

$$95\%置信区间：\left(\bar{x}-t_{\alpha/2}\frac{S}{\sqrt{n}},\bar{x}+t_{\alpha/2}\frac{S}{\sqrt{n}}\right)$$

$$\Leftrightarrow\left(43-2.131\times\frac{9.6}{\sqrt{18}},43+2.131\times\frac{9.6}{\sqrt{18}}\right)$$

$$\Leftrightarrow(43-4.82,43+4.82)$$

$$\Leftrightarrow(38.18,47.82) \qquad (6.9)$$

这就表示在 95%的置信系数下，华东地区高级教练平均年龄是在 38.18 与 47.82 岁之间，其最大抽样误差为 4.82 岁。

如果置信系数设为 0.99，同理可知 $t_{\alpha/2}=2.947$，华东地区高级教练平均年龄的 99%置信区间为：

$$99\%置信区间：\left(\bar{x}-t_{\alpha/2}\frac{S}{\sqrt{n}},\bar{x}+t_{\alpha/2}\frac{S}{\sqrt{n}}\right)$$

$$\Leftrightarrow\left(43-2.947\times\frac{9.6}{\sqrt{18}},43+2.947\times\frac{9.6}{\sqrt{18}}\right)$$

$$\Leftrightarrow(43-6.67,43+6.67)$$

$$\Leftrightarrow(36.33,49.67) \qquad (6.10)$$

这就表示在 99%的置信系数下，高级教练平均年龄是在 36.33 与 49.67 岁之间，其最大抽样误差为 6.67 岁。

大家应注意，在实际的应用上我们通常不知道母体标准差，所以不论大小样本，都用 t 分数来计算置信区间。很多统计软件甚至只提供以 t 分数计算的置信区间来估计母体平均数，而不提供以 Z 分数计算的置信区间。当然，在使用小样本时，需检验母体分布是否为正态分布。在估计母体平均数时，以 t 分数计算的置信区间会比以 Z 分数计算的置信区间保守得多。

四、母体百分比的区间估计

除了估计母体平均数外，在体育科学中，我们经常遇到一些问题需要估

计母体中的百分比。例如，依照抽样方法来估计某城市健身人群比例，或某地区成年人口比例。对于这类问题，我们可以对母体百分比做区间估计。其估计的逻辑与母体平均数的估计相同。

我们从第三章中知道，样本百分比的计算公式是 $p=\frac{f}{n}\times 100\%$，其中 f 是某事件发生的次数，n 是样本数。根据中央极限定理，当样本数够大时，在做多次抽样后所得的样本百分比（p），就会形成正态分布。这个“样本百分比抽样分布”（sampling distribution of sample proportion）的标准差是 $\sqrt{\pi(1-\pi)/n}$，其中 π 是母体百分比，也是这些样本百分比的期望值（也就是这些样本百分比的平均数）$E(p)$

$$E(p)=\pi \tag{6.11}$$

$$\sigma_p=\sqrt{\frac{\pi(1-\pi)}{n}} \tag{6.12}$$

因此

$$p\left[p-Z_{\alpha/2}\sqrt{\frac{\pi(1-\pi)}{n}},p+Z_{\alpha/2}\sqrt{\frac{\pi(1-\pi)}{n}}\right]=1-\alpha \tag{6.13}$$

正如估计母体平均数时一样，在大部分的情况下，我们是不知道母体百分比的。如果样本数够大，我们可以样本百分比（p）来作为母体百分比的估计值，也就是将公式（6.13）中的 π 以 p 来取代。母体百分比区间估计的公式便可写为：

$$p\pm Z_{\alpha/2}\sqrt{\frac{p(1-p)}{n}}$$

或是

$$\left[p-Z_{\alpha/2}\sqrt{\frac{p(1-p)}{n}},p+Z_{\alpha/2}\sqrt{\frac{p(1-p)}{n}}\right] \tag{6.14}$$

我们以估计某校学生对体育课教学的满意度为例，来说明母体百分比的区间估计。假定在随机抽样 1200 名学生后，有 66%受访人对该校体育教学感到满意。其 95%置信区间为何？依公式（6.14）

95%置信区间：

$$\Leftrightarrow\left[p-Z_{\alpha/2}\sqrt{\frac{p(1-p)}{n}},p+Z_{\alpha/2}\sqrt{\frac{p(1-p)}{n}}\right]$$

$$\Leftrightarrow\left(0.66-1.96\sqrt{\frac{0.66(1-0.66)}{1200}},0.66+1.96\sqrt{\frac{0.66(1-0.66)}{1200}}\right)$$

$$\Leftrightarrow(0.66-0.027,0.66+0.027)$$

$$\Leftrightarrow(0.633,0.687) \tag{6.15}$$

这就表示在95%的置信系数下，某校学生对体育课教学的满意度是在63.3%与68.7%之间，其最大抽样误差为±2.7%。

如以上所述，在实际的应用上，我们通常都用 t 分数与计算置信区间来估计母体百分比。其计算公式如式(6.14)，但是须以 t 分数替代 Z 分数。

五、决定样本数的大小

从公式(6.2)也可以知道，除了置信系数会影响置信区间的宽窄，标准误的大小也会影响置信区间的宽窄。在置信系数一定的情形下(例如置信系数设为0.99)，标准误愈大，最大抽样误差也愈大，置信区间也就愈宽。一个控制最大抽样误差的方法是从样本量着手。我们以公式(6.3)为例来说明。

因为最大抽样误差是 $Z_{\alpha/2}\dfrac{S}{\sqrt{n}}$，公式(6.3)显示在0.99的置信系数、$S=30$ 的情况下，其最大抽样误差为±1.68时，样本量需要2114。

$$\left.\begin{aligned}1.68 &= 2.575\frac{30}{\sqrt{n}}\\ n &\approx 2.114\end{aligned}\right\} \tag{6.16}$$

如果我们想将最大抽样误差减为±0.96，我们至少需6475个样本。因为最大抽样误差是 $Z_{\alpha/2}\dfrac{S}{\sqrt{n}}$

$$\left.\begin{aligned}0.96 &= 2.575\frac{30}{\sqrt{n}}\\ n &\approx 6475\end{aligned}\right\} \tag{6.17}$$

前面曾经提到当样本数超过一定数目后，标准误减少得很有限，但是抽样成本会随着样本数增大而增大。所以研究者需计算成本效益来决定样本数与最大抽样误差的大小。

第二节 假设检验

上节所介绍的是如何以置信区间来估计母体参数。但是置信区间不是推论母体特性的唯一方法。另一个常用的推论方法是假设检验。我们在第一章中提到,假设是对研究问题的一项暂时性的答案。这一答案之所以被称为是暂时的,乃是因为它还没有经过经验资料的验证。所以假设检验的逻辑是先假定母体的特性,再以样本资料来验证这项假定是否为真。在体育科学中,假设检验的对象一般是母体平均数以及母体百分比。在程序上,可以用三种方法来检验假设:置信区间检验法、临界值检验法以及 p 值检验法。下面将依序介绍这三种检验方法。这三种方法虽然看起来不同,其实是同一种方法,只是选用不同的检验数据,我们在了解一种后就会容易理解其他两种,而且所得的结论完全相同。因为我们刚讨论过置信区间,还比较熟悉,所以我们先介绍置信区间检验法。不过,我们应注意临界值检验法以及 p 值检验法才是较常用的方法,所以置信区间检验法只在母体平均数的假设检验中介绍,以后则省略不谈。

一、母体平均数的假设检验

某心理诊所通过制定锻炼计划辅助抑郁病人康复,并鼓励病人要坚持参加锻炼。将参加锻炼行为的目标定为每半年 132 次。为验证目标达成情况,随机从就诊抑郁患者中抽取 268 人。样本均值为 129 次/半年,与目标相差了 3 次。但是这个差别是因为抽样误差所造成的,还是目标和实际之间存在差别是我们关心的问题。如果样本标准差为 8.9,我们可将健身行为目标的达成情况视为一项假设来检验实际数据与目标 132 是否一致。

假设检验的程序包含了五个步骤:

①设立假设;

②决定显著水平(α);

③设立决定规则;

④计算检验数据;

⑤结论。

1.置信区间检验法

(1)设立假设

假设检验的第一步是确定所要检验的对象。在统计上，我们设立两种假设：

● 虚无假设（null hypothesis）：又称为原假设，通常以 H_0 来代表，这个假设表示母体平均值（μ）与假设值（μ_0）间没有差别（即 $H_0:\mu=\mu_0$）。

● 对立假设（alternative hypothesis）：通常以 H_a 来代表，这个假设表示母体平均值（μ）与假设值（μ_0）间有差别（也就是 $H_a:\mu\neq\mu_0$）。对立假设也称为研究假设（research hypothesis），这是我们研究中真正想验证的对象。

以上述锻炼行为为例，因为我们想要验证抑郁患者的锻炼行为是否真为 132 次/半年，虚无假设与对立假设分别为：

● $H_0:\mu=132$（其义为"抑郁患者的锻炼行为均值是 132 次/半年"）

● $H_a:\mu\neq132$（其义为"抑郁患者的锻炼行为均值不是 132 次/半年"）

注意这两项假设是"彼此互斥而且集体穷尽"（mutually exclusive and jointly exhaustive）。"彼此互斥"是指这两项假设只能有一项为真，另一项必为假。"集体穷尽"则意味变量间所有可能的关系都已列在这两项假设中，也就是说，抑郁患者的锻炼行为均值只有两种可能：或是等于 132 次/半年，或是不等于 132 次/半年。换言之，如果虚无假设为真，则对立假设必然为伪。反之，如果虚无假设为伪，则对立假设必然为真。"彼此互斥而且集体穷尽"的特质使得假设检验的程序简单许多，因为我们只需要检验其中一项假设即可。通常我们以虚无假设为检验的目标。

（2）决定显著水平（α）

在检验虚无假设时，我们必须在下面两种决定中选择一项：

● 拒绝虚无假设：也就是认为母体平均值（μ）与假设值（μ_0）间，存在着统计上显著的差别（significant difference）。这也表示经验证据支持对立假设。

● 不拒绝虚无假设：也就是认为母体平均值（μ）与假设值（μ_0）间，没有统计上显著的差别（insignificant difference）。我们以"不拒绝虚无假设"来作为选项，是因为所观察到的样本，无法提供令人信服的证据让我们拒绝虚无假设。

由于我们是以样本为基础对母体参数的推论，我们的决定不可能百分之百地正确。表 6-2 显示，虚无假设可能为真，也可能为伪。不幸的是，我们无法确切知道虚无假设的真伪（如果真能知道虚无假设的真伪，就不需要假设检验）。所以作为研究者，我们的决定可能是正确的，也可能是错误的。

如果虚无假设事实上为真，而我们正好也决定不拒绝虚无假设，这就是一个正确的决定（表 6-2 左上栏）。如果虚无假设事实上为伪，而我们正好也决定拒绝虚无假设，这也是一个正确的决定（表 6-2 右下栏）。但是正因为我们的决定都不可能百分之百地正确，所以可能会发生两种错误：

- “第一型错误”（type Ⅰ error）：事实上虚无假设为真，而我们却决定拒绝虚无假设。这种以真当假的错误在统计上称为第一型错误。犯下第一型错误的概率一般以 α 来表示。
- “第二型错误”（type Ⅱ error）：事实上虚无假设为错的，而我们却决定接受虚无假设。这种以假当真的错误在统计上称为第二型错误。犯下第二型错误的概率一般以 β 来表示。

表 6-2　假设检验的两种错误类型表

		虚无假设（H_0）事实为：	
		真	伪
研究者的决定	不拒绝虚无假设（H_0）	正确的决定	第二型错误 β：不拒绝错的虚无假设的概率
	拒绝虚无假设（H_0）	第一型错误 α：拒绝对的虚无假设的概率	正确的决定

那么 α 与假设检验有什么关系呢？大家应记得在讨论置信区间时，我们提到 α 为显著水平。在决定 α 的值后，我们便决定了置信系数（$1-\alpha$），从而决定了临界值（$Z_{\alpha/2}$），将之代入公式（6.2），便可得出置信区间。举例来说，如果 α 为 0.05 时，置信系数为 0.95，$Z_{\alpha/2}$ 为 1.96，我们便可依此来建构 95％置信区间。因为置信区间是假设检验的方法之一，α 值就可帮助我们设立决定规则。

一个常见的问题是，α 值从哪儿来？谁来决定 α 值？从表 6-2 的讨论可知，α 值代表我们事先做下决定却发生第一型错误的概率。因此，主动权掌握在研究者的手中。α 值的大小也就由研究者来决定。理论上，α 可以为任何数值，但是传统上我们都以 0.05 或 0.01 为显著水平。在这里，我们设定 α 为 0.05（$\alpha=0.05$）。

（3）设立决定规则

前面提及，我们有三种方法来检验假设。临界值检验法以及 p 值检验法才是较常用的方法，而我们先介绍置信区间检验法，因为置信区间检验法可以帮助我们了解其他两种方法。简单来说，置信区间检验法的逻辑是：如果母体平均数(μ)等于一个值(μ_0，也就是假设的母体值)，则所观测到的样本平均数($\bar{x}$)应该非常接近这一个值(μ_0)。在程序上，我们可以用样本平均数 $\bar{x}$ 来建构置信区间，在一定的置信系数下(如 0.95，也就是 $\alpha=0.05$)，如果所建构的置信区间包含假设值，我们就无法拒绝虚无假设，表示母体平均数与假设值间没有统计上显著的差别。反之，如果所建构的置信区间没有包含假设值，我们就必须拒绝虚无假设，表示母体平均数与假设值间确实有统计上显著的差别。图 6-3 显示以样本平均数($\bar{x}$)所建构的置信区间包含假设的母体平均值(μ_0)，也就是样本平均数非常接近假设的母体值，表示母体平均数与假设值间没有显著的统计差别。所以决定规则是：

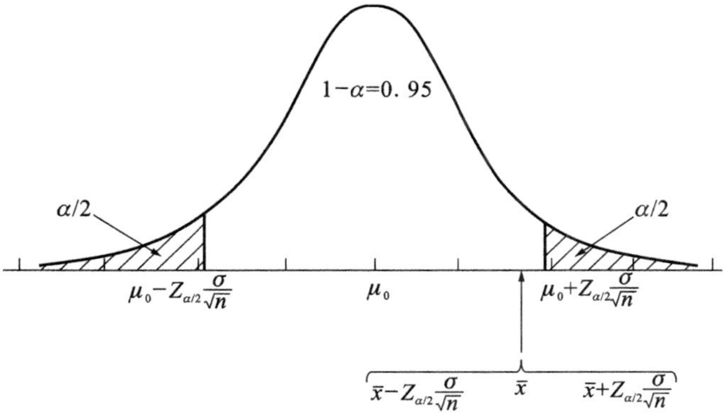

图 6-3　双尾假设检验的置信区间检验法

● 如果假设值(μ_0)在置信区间内，表示母体平均数(μ)与假设值(μ_0)间没有统计上显著的差别，我们就无法拒绝虚无假设。

● 如果假设值(μ_0)在置信区间外，表示母体平均数(μ)与假设值(μ_0)间确实有统计上显著的差别，我们就拒绝虚无假设。

(4)计算检验数据

我们在步骤 2 中已设定 $\alpha=0.05$，因此置信系数为 0.95，$Z_{\alpha/2}=1.96$，检验数据为 95%置信区间。已知样本数为 268，样本标准差为 8.9：

$$95\%\text{置信区间}：\left(\bar{x}-Z_{\alpha/2}\frac{S}{\sqrt{n}},\bar{x}+Z_{\alpha/2}\frac{S}{\sqrt{n}}\right)$$

$$\Leftrightarrow\left(129-1.96\frac{8.9}{\sqrt{268}},129+1.96\frac{8.9}{\sqrt{268}}\right)$$

$\Leftrightarrow(129-1.07,129+1.07)$

$\Leftrightarrow(127.93,130.07)$ (6.18)

所以，检验数据为127.93到130.07的区间。

(5)结论

因为假设值为132，不在95%置信区间内，依照上述的检验规则，我们接受虚无假设。也就是说，在0.95置信系数(或显著水平 $\alpha=0.05$)之下，母体平均数(μ)与假设值(μ_0)间，存在统计上显著的差别。或是说，抑郁患者普遍未能达成132次的锻炼目标。依此推断，在对抑郁患者坚持锻炼的鼓励下，患者的锻炼行为距离132次/半年的锻炼行为目标还是有差距的。

2. 临界值检验法

除了可以用置信区间检验以外，我们还可以使用临界值检验法。在使用这种方法时，检验的步骤大体相同，也就是包含了设立假设、决定显著水平(α)、设立决定规则、计算检验数据以及结论。不同点是决定的规则以及计算检验的方法。置信区间检验法是在选定显著水平(α)后，将 $Z_{\alpha/2}$ 代入公式以求取置信区间，作为验证假设的数据。如果假设的母体值在接受区间内，我们就无法拒绝虚无假设。如果假设的母体值在拒绝区间内，我们就必须拒绝虚无假设。

临界值检验法则是依公式(6.19)将样本值转化为 $Z_{\alpha/2}$ 分数并取其绝对值($|Z|$)(即不考虑正负号，只考虑 Z 值的大小)，然后与临界值($Z_{\alpha/2}$)相比较。

$$Z=\frac{\bar{x}-\mu_0}{S/\sqrt{n}} \tag{6.19}$$

由表6-1可知，在选定显著水平(α)后，临界值($Z_{\alpha/2}$)即已固定：相对于 $\alpha=0.05$ 的 $Z_{\alpha/2}$ 为1.96，相对于 $\alpha=0.01$ 的 $Z_{\alpha/2}$ 为2.575。如图6-4所示，样本平均数的抽样分布可被分为接受区(acceptance region)与拒绝区(rejection region)。在临界值 $\pm Z_{\alpha/2}$ 之间为接受区，在 $\pm Z_{\alpha/2}$ 区间之外为拒绝区。如果 $|Z|$ 大于临界值 $\pm Z_{\alpha/2}$，表示样本值是在拒绝区间内，我们就必须拒绝虚无假设，结论是母体平均数(μ)与假设值(μ_0)间确实有统计上显著的差别。反之，如果 $|Z|$ 小于或等于临界值 $Z_{\alpha/2}$，表示样本值是在接受区间内，我们就无法拒绝虚无假设，结论是母体平均数(μ)与假设值(μ_0)间没有统计上显著的差别。

所以用 Z 分数做临界值的决定规则为：

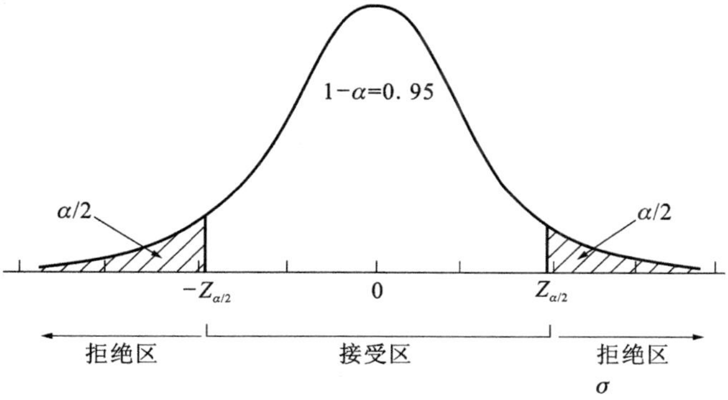

图 6-4　双尾假设检验的“拒绝区”与“接受区”：临界值检验法

- 如果$|Z| \leqslant Z_{\alpha/2}$，我们就无法拒绝虚无假设；
- 如果$|Z| > Z_{\alpha/2}$，我们就拒绝虚无假设。

以上述抑郁患者锻炼行为为例，母体平均数的假设值为 132，样本值为 129，样本数为 268，样本标准差为 8.9：

$$Z = \frac{\bar{x} - \mu_0}{S/\sqrt{n}} = \frac{129 - 132}{8.9/\sqrt{268}} = -5.52 \tag{6.20}$$

因为$|Z|$大于$Z_{\alpha/2} = 1.96$，这表示在显著水平为 0.05（或 0.95 置信系数）之下，抑郁患者的锻炼行为与目标值之间有显著的不同。依照上述的决定规则，我们拒绝虚无假设。我们的结论是抑郁患者锻炼行为有异于 132 次。这个结论和置信区间检验法所得的结论相同。

我们也可以使用 t 分数来检测上述的假设。因为当样本数小时，如果母体是属正态分布，$\frac{\bar{x} - \mu_0}{S/\sqrt{n}}$是呈 t 分布，并有 $n-1$ 个自由度 ν，即

$$t = \frac{\bar{x} - \mu_0}{S/\sqrt{n}} \tag{6.21}$$

我们在第五章也曾经说到，当样本数趋大时，t 分布与正态分布的概率分布几乎完全相同。所以无论是大样本或小样本，我们都可以使用 t 分数来检测上述的假设。同理，临界值$\pm t_{\alpha/2;\nu}$之间为接受区，而于$\pm t_{\alpha/2;\nu}$区间之外为拒绝区。依公式(6.21)计算 t 值，如果$|t|$大于 $t_{\alpha/2;\nu}$，就表示样本值是在拒绝区间内，我们就必须拒绝虚无假设，结论是母体平均数(μ)与假设值(μ_0)间确实有统计上显著的差别。反之，如果$|t|$小于或等于 $t_{\alpha/2;\nu}$，就表示

样本值是在接受区间内，我们就无法拒绝虚无假设，结论是母体平均数(μ)与假设值(μ_0)间没有统计上显著的差别。

所以用 t 分数做临界值的决定规则：

- 如果 $|t| \leqslant t_{\alpha/2;\nu}$，我们就无法拒绝虚无假设；
- 如果 $|t| > t_{\alpha/2;\nu}$，我们就拒绝虚无假设。

上述锻炼行为的例子，t 值为：

$$t = \frac{\bar{x} - \mu_0}{S/\sqrt{n}} = \frac{129 - 132}{8.9/\sqrt{268}} = -5.52 \tag{6.22}$$

注意此例的 t 分数临界值与 Z 分数临界值相同，皆为 1.96，乃是因为大样本的关系。前面提及，当样本数趋大时，t 分布与正态分布的概率分布几乎完全相同。经查附录 2 的 t 分布表后可知，当 $\alpha=0.05$ 而且自由度大于 120 时($\nu=\infty$)，t 分数为 1.96。因为 $|t|$ 大于 $t_{\alpha/2;\nu}$，这表示在 0.95 置信系数(或显著水平为 0.05)之下，锻炼行为的均值在统计上与目标 132 次有显著的不同。依照上述的决定规则，我们拒绝虚无假设。我们的结论是抑郁患者锻炼行为有异于 132 次。这个结论和置信区间检验法所得的结论相同。

3. p 值检验法

p 值检验法也与上述方法的逻辑相同。再以上述锻炼行为为例，我们已知 $|Z|=5.52$。此处的 p 值指的是 $|Z| \geqslant 5.52$ 的概率，它是 $Z \geqslant 5.52$ 与 $Z \leqslant -5.52$ 的概率和。从附录 1 的标准正态分布表可知，与 $Z=5.52$ 相对应的单边概率是 0.49999998315。因此，$Z \geqslant 5.52$ 的单边概率为 0.00000001685(=0.5−0.49999998315)。因为 $Z \geqslant 5.52$ 只包含单边尾端的概率，也就是 $p/2$ 值。为了计算 p 值我们还须考量 $Z \leqslant -5.52$ 的概率，所以 p 值应该是 0.0000000337(=0.00000001685×2)。从图 6-5 可知，当 p 值小于 α 值时，就表示样本值落在拒绝区内，我们必须拒绝虚无假设。当 p 值大于或等于 α 值时，就表示样本值落在接受区内，我们无法拒绝虚无假设。

所以 p 值检验法的决定规则为：

- 如果 $p \geqslant \alpha$，我们就无法拒绝虚无假设；
- 如果 $p < \alpha$，我们就拒绝虚无假设。

因为本例题的 $p=0.0000000337$，远远小于 $\alpha=0.05$，显示当显著水平为 0.05 时，患者锻炼次数在统计上与 132 有显著的不同，依照上述的决定规则，应拒绝虚无假设。我们的结论是抑郁患者锻炼行为有异于 132 次。

这个结论和置信区间检验法或临界值检验法所得的结论相同。

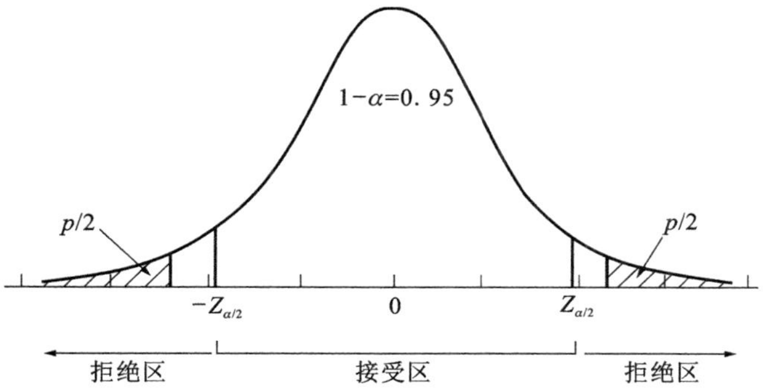

图 6-5　双尾假设检验的“拒绝区”与“接受区”：p 值检验法

上述的讨论显示，置信区间检验法、临界值检验法以及 p 值检验法是密切相关的，只是运用不同的检验数据，所以无论是使用哪一种方法，所得的结论都是一样的。读者或许会觉得 p 值检验法似乎没有必要。因为取得 p 值前需求取 Z 分数或 t 分数，但知道 Z 分数或 t 分数后我们就有了答案，为什么还要求取 p 值？这是因为各式统计软件（如 SPSS、SAS 与 Stata 等）的报表中都会自动给出 p 值，所以我们很容易使用 p 值检验法来检验假设。事实上，p 值检验法是最常用的假设检验法。因为有了 p 值，阅读者可以直接以显著水平（α）下结论而不需依赖置信区间判断。我们在下面两章的讨论中也都将以 p 值与临界值来检验假设。

最后，虽然理论上我们可以用上述的三种检验方法来进行单尾假设检验，但是置信区间检验法在实际上很少用到，特别是坊间各种统计软件仅提供 Z 分数（t 分数）与 p 值。所以下文将省略置信区间检验法，而仅介绍如何以临界值检验法以及 p 值检验法做单尾假设检验。

二、母体平均数的左侧单尾检验

上述的检验方式都是双尾检验，因为拒绝区是在两尾端。这类的检验只能检验样本观察值与母体参数间有没有统计上显著的差别。如果我们想要了解样本值是不是比母体参数大或比母体参数小，我们就需要用单尾检验。因为如果研究的问题不仅要回答有无差异，而且还要回答差异的方向（大或小），这时拒绝区不再分散于两尾端，而是集中在其中的一侧，所以是单尾检验。单尾检验的逻辑是，如果在考量抽样误差后，样本值仍比母体参数小(或比母体参数大),我们就拒绝虚无假设。因此单尾检验的过程与双尾检验有些不同。以抑郁患者锻炼行为为例,上述的双尾检验只告诉我们锻炼行为与目标不同,因为样本值在统计上与假设的132次有显著的不同。但是这并不能确切告诉我们样本值是不是比假设的母体参数来得小(或是来得大)。根据拒绝区在左侧或右侧,单尾检验又可分为左侧单尾检验与右侧单尾检验。以抑郁患者锻炼行为为例,先说明左侧单尾检验,再以另外一个例子来说明右侧单尾检验。

在抑郁患者锻炼行为例子中,如果想要知道抑郁患者锻炼行为是否平均低于132次,这样的研究问题就具有方向。如图6-6所示,因为所要检测的是样本值是否比假设的母体参数小,拒绝区在左侧,因此是左侧单尾检验。相关的假设检验步骤为:

1. 临界值检验法

单尾检验的对立假设须反映研究兴趣,因为所要检测的是样本值是否比假设的母体参数小,相关的假设为:

- H_0:$\mu=132$(其义为"抑郁患者锻炼行为132次/半年");
- H_a:$\mu<132$(其义为"抑郁患者锻炼行为的平均值低于132次/半年")。

与双尾检验一样,我们可选择$\alpha=0.05$或$\alpha=0.01$。但是须注意的是相对应的Z分数临界值会不同。如图6-6所示,单尾检验中的α集中在左边的尾端。当$\alpha=0.05$时,从0到$-Z_\alpha$的面积为0.45。再从附录1可知,当面积为0.45时,Z_α为1.645(注意Z_α的下标为α,而不是$\alpha/2$)。因此,左侧单尾检验的临界值Z_α为-1.645;同理,当$\alpha=0.01$时,左侧单尾检验的临界值Z_α为-2.325。

临界值检验法是将样本值转化为Z分数,然后与临界值(Z_α)相比较。如图6-6所示,上述假设的拒绝区是在$-Z_\alpha$的左侧。因此我们以假设的母体参数值为中心,将样本值转化为Z分数,如果Z小于$-Z_\alpha$,样本值是在拒绝区间内,我们就必须拒绝虚无假设,表示在统计上样本观察值小于假设的母体参数。反之,如果Z大于或等于$-Z_\alpha$,样本值是在接受区间内,我们就无法拒绝虚无假设,表示在统计上样本观察值不小于假设的母体参数,结论是样本观察值至少等于母体参数。因此相关的决定规则为:

- 如果$Z\geqslant -Z_\alpha$,我们就无法拒绝虚无假设;
- 如果$Z<-Z_\alpha$,我们就拒绝虚无假设。

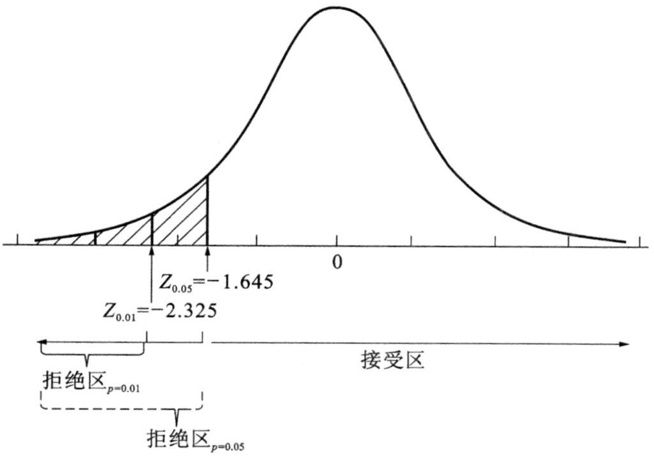

图 6-6 左侧单尾假设检验的“拒绝区”与“接受区”

因为母体平均数值为 132，样本值为 129，样本数为 268，样本标准差为 8.9，将之代入公式(6.19)：

$$Z=\frac{\bar{x}-\mu_0}{S/\sqrt{n}}=\frac{129-132}{8.9/\sqrt{268}}=-5.52 \tag{6.23}$$

我们已知，当 $\alpha=0.05$ 时左侧单尾检验的临界值为 -1.645。因为 $Z=-5.52$，小于 $-Z_\alpha=-1.645$，显示样本值是在拒绝区内，依照上述的决定规则，我们拒绝虚无假设。结论是抑郁锻炼行为在统计上显著地低于 132 次/半年。

t 分数临界值检验法适用于小样本检验，其检验过程与逻辑如同上述 Z 分数临界值检验法，唯一不同的是其临界值是属 t 分布，而且必须检验样本是否来自正态分布的母体。

2. p 值检验法

上述的假设也可以 p 值检验法来检验。从图 6-7 可知，拒绝区是在 Z_α 的左侧，当 p 值小于 Z_α 值对应左边区域时就表示样本值落在拒绝区，我们必须拒绝虚无假设。当 p 值大于 Z_α 值对应左边区域时就表示样本值落在接受区内，我们无法拒绝虚无假设。

所以 p 值检验法的决定规则为：

- 如果 $p\geqslant\alpha$，我们就无法拒绝虚无假设；
- 如果 $p<\alpha$，我们就拒绝虚无假设。

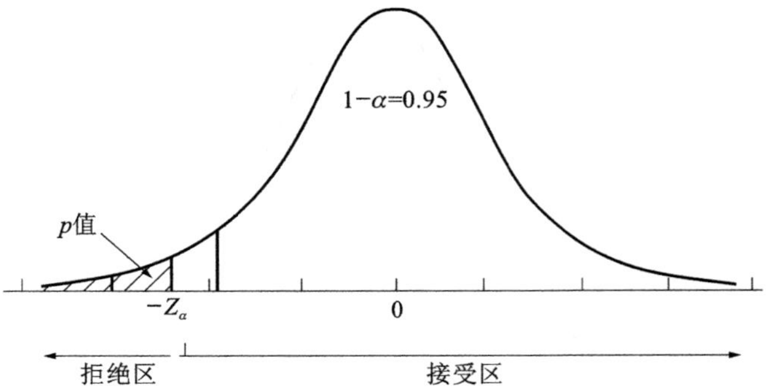

图 6-7　左侧单尾假设检验的 p 值

根据上面例题的讨论已知，$Z=-5.52$，因此相对应的概率是 0.49999998305。这表示 $Z\leqslant-5.52$ 时左侧尾端的概率(p)为 0.00000001685 ($=0.5-0.49999998315$)，远小于 $\alpha=0.05$，依照上述的决定规则，我们拒绝虚无假设。我们的结论是患者锻炼行为低于 132 次/半年。

三、母体平均数的右侧单尾检验

在了解如何做左侧单尾检验后，我们以另一个例子来说明右侧单尾检验。某体育局想调查中级教练员平均年龄是否超过 32 岁。在随机抽样 75 位中级教练后，其样本平均年龄为 35 岁，样本标准差为 7.6。中级教练员的平均年龄是否超过 32 岁？如图 6-8 所示，因为所要检测的是样本值是否比母体参数大，拒绝区在右侧，因此是右侧单尾检验。相关的假设检验步骤为：

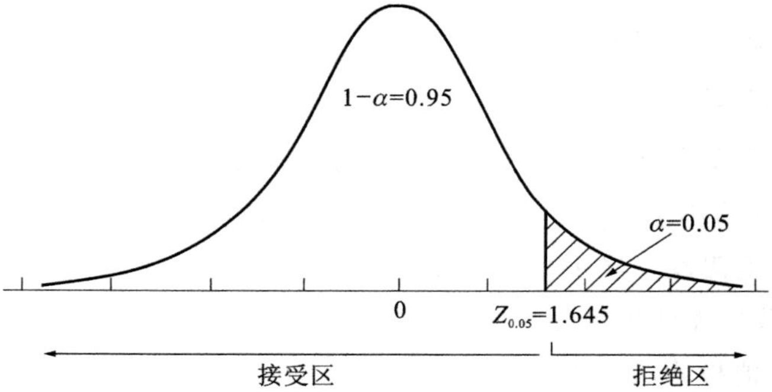

图 6-8　右侧单尾假设检验的“拒绝区”与“接受区”

1. 临界值检验法

因为所要检测的是样本值是否比母体参数大，相关的假设为：

- $H_0:\mu=32$（其义为“中级教练员平均年龄为 32 岁”）；
- $H_a:\mu>32$（其义为“中级教练员平均年龄大于 32 岁”）。

如图 6-8 所示，右侧单尾检验的 α 集中在图形的右尾端。从附录 1 可知，当 $\alpha=0.05$ 时，右侧单尾检验的临界值 Z_α 为 1.645。

同样地，上述的任何一种方法都可以用来检验具有方向的假设。临界值检验法是将样本值转化为 Z 分数，然后与临界值（Z_α）相比较。因为拒绝区是在 Z_α 的右侧，在将样本值转化为 Z 分数后，如果 Z 大于 Z_α，样本值是在拒绝区间内，表示在统计上样本观察值大于假设的母体参数，我们就必须拒绝虚无假设，结论是中级教练员的平均年龄在统计上显著地超过 32 岁。反之，如果 Z 小于或等于 Z_α，样本值是在接受区间内，表示在统计上样本观察值小于或等于假设的母体参数，我们就不拒绝虚无假设，结论是中级教练员的平均年龄在统计上不大于 32 岁。因此相关的决定规则为：

- 如果 $Z\leqslant Z_\alpha$，无法拒绝虚无假设；
- 如果 $Z>Z_\alpha$，拒绝虚无假设。

因为母体平均数值为 32 岁，样本值为 35 岁，样本数为 75，样本标准差为 7.6，将之代入公式(6.19)：

$$Z=\frac{\bar{x}-\mu_0}{S/\sqrt{n}}=\frac{35-32}{7.6/\sqrt{75}}\approx 3.42 \tag{6.24}$$

我们已知，当 $\alpha=0.05$ 时右侧单尾检验的临界值为 1.645。因为 $Z=3.42>Z_\alpha=1.645$，样本值是在拒绝区内，显示中级教练员的平均年龄在统计上显著地超过 32 岁。依照上述的决定规则，我们应拒绝虚无假设。结论是中级教练员平均年龄大于 32 岁。

如同上节，t 分数临界值检验法适用于小样本检验，其临界值属 t 分布，而且必须检验样本是否来自正态分布的母体，其检验过程与逻辑如同上述。

2. p 值检验法

上述的假设也可以 p 值检验法来检验。从图 6-9 可知，当 p 值小于 α 值时就表示样本值落在拒绝区内，我们必须拒绝虚无假设。当 p 值大于或等于 α 值时就表示样本值落在接受区内，我们无法拒绝虚无假设。

所以 p 值检验法的决定规则为：

- 如果 $p \geqslant \alpha$，无法拒绝虚无假设；
- 如果 $p < \alpha$，拒绝虚无假设。

根据上面例题的讨论已知 $Z=3.42$，虽然这已超过附录 1 表中所列的数值，但我们可推论右侧尾端的概率(p)应小于 0.0003(因为当 $Z=3.42$，右侧尾端的概率 $p=0.0003=0.5-0.4997$)，因此 p 必然小于 $\alpha=0.05$。依照上述的决定规则，我们应拒绝虚无假设。结论是运动员退役平均年龄大于 32 岁。

同理，我们也可以 t 分布来计算 p 值做单尾检验，其过程与逻辑已如上述。

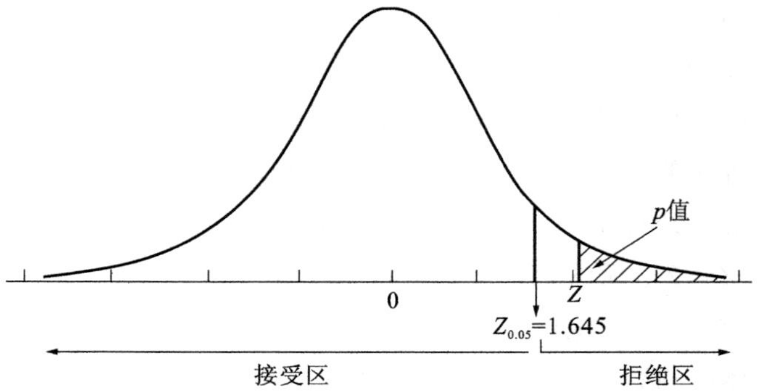

图 6-9　右侧单尾假设检验的"拒绝区"与"接受区"

总的来说，如果所要检验的是有方向的假设(即大于假设的母体参数或是小于假设的母体参数)，我们应该用单尾检验。否则应该用双尾检验来验证假设。

四、母体百分比的假设检验

如果我们遭遇到的问题需要检验母体中的百分比，上述的假设检验的逻辑也可以适用。我们以下面的例子说明。华东某省体育局宣传，未来 5 年内该省健身人群占比 58%。为验证健身人群占比是否达成目标，随机抽样 1500 位该省的居民。发现有 52%的受访人符合健身人群的标准，与省体育局宣称的相差了 6 个百分点。但是这个差别是因为抽样误差所造成的吗？也就是说省体育局的宣称是对的吗？

因为相关的研究问题没有指明方向，这个问题是关于母体百分比的双尾假设检验。其程序同样包含了五个步骤：

①设立假设；

②决定显著水平(α)；

③设立决定规则；

④计算检验数据；

⑤结论。

1. 临界值检验法

依照前一节，我们设 p 为样本百分比，π 为母体百分比。我们的虚无假设与对立假设分别为：

● 虚无假设：这个假设表示母体百分比(π)与假设值(π_0)间没有差别(也就是 H_0：$\pi=\pi_0$)。在这里为 H_0：$\pi=58\%$(其义为“该省健身人群占比 58%”)。

● 对立假设：这个假设表示母体百分比(π)与假设值(π_0)间有差别(也就是 H_a：$\pi\neq\pi_0$)。在这里为 H_a：$\pi\neq 58\%$(其义为“该省健身人群占比不是 58%”)。

依照前述，临界值检验法的决定规则为：

● 如果 $|Z|\leqslant Z_{\alpha/2}$，我们就无法拒绝虚无假设，表示母体百分比($\pi$)与假设值($\pi_0$)间没有统计上显著的差别；

● 如果 $|Z|>Z_{\alpha/2}$，我们就拒绝虚无假设，表示母体百分比(π)与假设值(π_0)间确实有统计上显著的差别。

如果显著水平(α)设为 0.05 ($\alpha=0.05$)，相对于 $\alpha=0.05$ 的 $Z_{\alpha/2}$ 为 1.96。已知 $n=1500$，$p=0.52$，且 $\pi_0=0.58$：

$$Z=\frac{p-\pi_0}{\sqrt{\dfrac{\pi_0(1-\pi_0)}{n}}}=\frac{0.52-0.58}{\sqrt{\dfrac{0.58(1-0.58)}{1500}}}\approx -4.71 \tag{6.25}$$

因为相对于 $\alpha=0.05$ 的 $Z_{\alpha/2}$ 为 1.96，所以 $|Z|$ 大于 $Z_{\alpha/2}$，依照上述的决定规则，我们拒绝虚无假设。也就是说，在 0.95 置信系数(或显著水平 $\alpha=0.05$)之下，我们的结论是该省锻炼人群占比不是 58%。

2. p 值检验法

p 值检验法也与上述方法的逻辑相同。根据前面的讨论可知，p 值检验法的决定规则为：

● 如果 $p\geqslant\alpha$，我们就无法拒绝虚无假设；

● 如果 $p<\alpha$，我们就拒绝虚无假设。

再以上题为例。我们已知$|Z|=4.71$，虽然这已超过附录1表中所列的数值，但我们可推论其尾端的概率（$p/2$）小于0.00000124（因为当$Z=4.71$，尾端的概率$p=0.00000124=0.5-0.49999876$），因此，在纳入另一尾端的概率后，$p$仍然远小于$\alpha=0.05$。依照上述的决定规则，我们拒绝虚无假设。也就是说，在0.95置信系数（或显著水平$\alpha=0.05$）之下，该省健身人群占比不是58%。此结论与用临界值检验法所得相同。

五、母体百分比的单尾假设检验

我们以健身群体占比的例子来说明母体百分比的单尾假设检验。如果我们实际上是想知道该省健身人群占比是不是低于58%，如图6-6所示，拒绝区在左侧，这就是左侧单尾检验。

1. 临界值检验法

因为所要检测的是母体百分比是否比假设值小，我们的虚无假设与对立假设分别为：

- 虚无假设：H_0：$\pi=58\%$（其义为“该省有58%的居民属于健身人口”）；
- 对立假设：H_a：$\pi<58\%$（其义为“该省健身人群少于58%”）。

如果我们设$\alpha=0.05$，图6-6显示单尾检验中的α集中在左边的尾端。从附录1可知，左侧单尾检验的临界值$-Z_\alpha$为-1.645。因此，临界值检验法的决定规则为：

- 如果$Z\geqslant -Z_\alpha$，我们就无法拒绝虚无假设，表示母体百分比（π）与假设值（π_0）间没有统计上显著的差别；
- 如果$Z<-Z_\alpha$，我们就拒绝虚无假设，表示母体百分比（π）与假设值（π_0）间确实有统计上显著的差别。

因为$\alpha=0.05$，置信系数为0.95。已知$n=1500$，$p=0.52$，且$\pi_0=0.58$：

$$Z=\frac{p-\pi_0}{\sqrt{\frac{\pi_0(1-\pi_0)}{n}}}=\frac{0.52-0.58}{\sqrt{\frac{0.58(1-0.58)}{1500}}}\approx -4.71 \qquad (6.26)$$

因为$Z<-Z_\alpha$（$-4.71<-1.645$），依照上述的决定规则，我们拒绝虚无假设。也就是说，在0.95置信系数（或显著水平$\alpha=0.05$）之下，结论是该省健身人群占比实际少于58%目标。

2. p 值检验法

如果以 p 值检验法来检验，从图 6-7 可知，拒绝区是在 Z_α 的左侧。当 p 值小于 α 值时就表示样本值落在拒绝区，我们必须拒绝虚无假设。当 p 值大于或等于 α 值时就表示样本值落在接受区内，我们无法拒绝虚无假设。

所以 p 值检验法的决定规则为：

- 如果 $p \geq \alpha$，无法拒绝虚无假设；
- 如果 $p < \alpha$，拒绝虚无假设。

根据上面的讨论已知，$Z=-4.71$，虽然这已超过附录 1 表中所列的数值，但我们可推论其尾端的概率（$p/2$）小于 0.00000124（因为当 $Z=4.71$，尾端的概率 $p=0.00000124=0.5-0.49999876$），因此 p 必然小于 $\alpha=0.05$，依照上述的决定规则，我们应拒绝虚无假设。也就是说，在 0.95 置信系数（或显著水平 $\alpha=0.05$）之下，结论是该省健身人群占比实际少于 58% 目标。

第三节　本章小结

推论就是以样本资料来归纳母体特性的过程，与推论相关的统计方法即为推论统计。本章介绍了推论统计中两个重要的方法：统计估计与假设检验。简单来说，统计估计就是根据抽样的结果来科学地推估母体的特性。虽然统计估计有点估计与区间估计，但一般都以区间估计来推算母体的特性，也就是用样本资料计算出一个置信区间，以推算母体参数。

相对于统计估计，假设检验的逻辑是先假定母体的特性，然后再以样本资料来验证这项假定是否为真。假设检验可分为双尾假设检验与单尾假设检验。当所要验证的假设不具方向性，也就是只在检验母体参数与假设的母体值间有没有统计上显著的差别时，我们使用双尾假设检验。如果所要验证的假设不仅是要检验母体参数与假设值间有无差异，而且还要检验差异的方向（即母体参数比假设值大或母体参数比假设值小），此时就应用单尾假设检验。本章介绍了三种检验假设的方法：置信区间检验法、临界值检验法以及 p 值检验法。这三种方法虽然看来不同，其实是同一种方法，只是选用不同的检验步骤，而且所得的结论完全相同。虽然坊间的统计软件多以 Z 分数（t 分数）与 p 值作为假设检验的依据，置信区间检验法也可以帮助我们了解假设检验的逻辑，但是在实际的应用上临界值检验法以及 p 值检验法较为普遍，因此在后续的讨论中，我们略过置信区间检验法，而仅讨论其他两种方法。

本章重要名词

推论	推论统计	统计估计	假设检验
点估计	区间估计	置信系数	置信区间
第一型错误	第二型错误	接受区	拒绝区
单尾检验	双尾检验		

本章习题

习题一：

依照下列条件计算95%置信区间：

①$\bar{x}=36;\sigma=1.9,n=180$

②$\bar{x}=178;\sigma=6.3,n=124$

③$\bar{x}=89;\sigma=4.8,n=688$

习题二：

接上题，如果置信系数改为99%，求相对的置信区间。

习题三：

为了要确定某地区吸烟人口比例，经抽样调查发现600名成年人中有89人吸烟。

①计算吸烟人口比例的95%置信区间；

②计算吸烟人口比例的99%置信区间。

习题四：

要调查网球肘发病率在所有职业网球运动员中的占比是否超过7.8%。经随机抽样300位运动员后，发现有28位患有网球肘。本次调查的结论为何(设$\alpha=0.05$)?

习题五：

要验证某市市民人均体育消费$\mu=1200$元是否正确。经随机抽样556人后，样本平均收入为1152元，标准差为32.6。该城市人均体育消费结论为何(设$\alpha=0.05$)?

习题解答：

略，请参考本章95%、99%置信区间计算公式获取相应的置信区间。注意第四题不是计算平均值的置信区间，而是计算率的置信区司。

第七章　二元回归分析

之前，我们仅介绍了单一变量的分析方法，例如第三章中的次数分布及第四章的集中趋势统计量与变异统计量。自本章起，我们要介绍分析不同变量之间关系的统计方法，也就是如何检验两个或两个以上变量间的相关关系与因果关系。本章要讨论“二元回归分析”（bivariate regression analysis），然后在下章中介绍“二元相关分析”（bivariate correlation analysis）。在介绍回归分析前，大家应注意在中文文献中，有些作者称两个变量的回归分析为“一元”回归分析，这是因为这一类的回归分析只有一个自变量。但是在英文文献则因为回归模型中有两个变量，而称为“二元”（bivariate）回归分析。为了方便日后读者参考英文文献，本书称两个变量的回归分析为“二元”回归分析。

第一节　回归分析与二元回归分析

回归分析的主要功能是解释一个经验现象中所观察到的变化。举例来说，为什么市民的锻炼行为会随家庭收入的变化而变化？为什么有些人对运动的兴趣比较高？为什么有些地区的青少年身高增长比较快？这些问题都显示某一经验现象（锻炼行为、运动兴趣、身高）会随着个案（收入、个人、社会/地理）的不同而变化。当研究这些现象时，我们往往想了解为什么会有这样的变化。一般的做法是将这些现象视为因变量，并根据理论找出自变量来作为解释这些现象的原因，并形成假设。如果因变量是属于定距层级的测量，我们便可以用回归分析来检测这两个变量间的因果关系。

一、二元线性方程式

在线性回归分析中，我们希望以一个线性方程式来描述因变量及自变量间的关系。一个二元线性方程式有一个因变量和一个自变量。这样的方程式可表示为：

$$y = a + bx \tag{7.1}$$

式中，y 是因变量；x 是自变量；a 是截距或常数（intercept 或 constant）；b 是回归系数或称为斜率（regression coefficient 或 slope）。

我们可以下面的例子来说明这个公式。

假定我们想要了解锻炼年限对个人年体育消费的影响，在经过统计分析后，获得下列的数据：

$$y = 256 + 68x \tag{7.2}$$

式中，y 是个人年度体育消费（以“元”为测量单位）；x 是锻炼年限（以“年”为测量单位）；256 是截距；68 是回归系数。

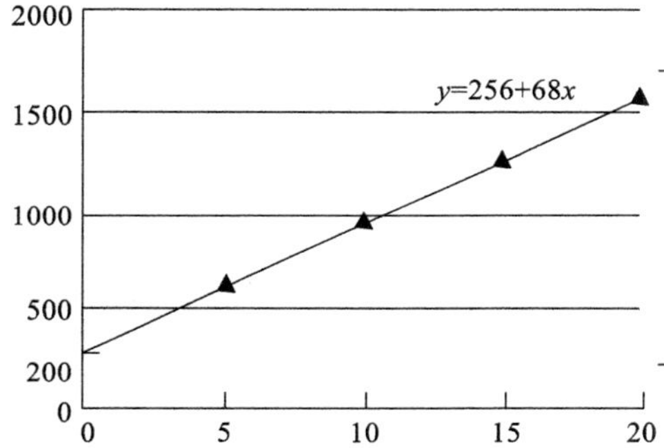

锻炼年限（x）	体育消费（y）
0	256
1	324
2	392
3	460
5	596
8	800
13	1140
16	1344

图 7-1　二元回归模型示意图

根据这些数据，锻炼年限与年体育消费的关系可以绘成图 7-1。从图中可以看出，上式所代表的是一条直线，这就是为什么回归分析也称为线性回归分析（linear regression）。这条回归线与纵坐标在 $y=256$ 的地方相交，所以公式(7.1)中的 a 称为“截距”。因为 a 不会随个案变化，截距也称为常数。回归系数 b 代表自变量对因变量的影响力，我们可以将它解释为“当自变量增加一个单位时，因变量会增加 b 个单位”。以目前的例子来说，因为回归系数 b 是正值，显示锻炼年限对体育消费有正面的影响：当锻炼年限提高时，体育消费也相对地增加。更确切一点来说，因为 $b=68$，这表示每多参加 1 年的锻炼，个人体育消费会增加 68 元，所以坚持锻炼 16 年的人群平均会在体育用品上消费 1344 元。但是因为截距的关系，公式(7.1)也显示一个没有坚持锻炼 1 年的人，也会在体育用品上消费 256 元。注意在回归分析中，自变量对因变量的影响力是持续不变的，不会因为自变量有不同的值而有不同程度的影响。一个坚持锻炼了 2 年的人，每多锻炼 1 年，个人体育消费会增加 68 元。同样地，一个锻炼了 10 年的人，每再多参加 1 年锻炼，其体育用品投入也是增加 68 元。如果自变量对因变量的影响力会因为自变量有不同的值而有不同程度的影响，这就不是线性回归分析。

从这些讨论可知，回归分析是在检测变量间的线性关系。虽然变量间的关系有可能是非线性的(nonlinear relationship)，但是研究显示许多变量间的关系都趋近于线性关系。即使我们怀疑变量间可能具有非线性的关系，但是往往无法很明确地判定此关系的形态，我们仍然需要以线性关系作为分析的起点。此外，线性关系是最简单也最容易掌握的，因为自变量对因变量的影响力是持续不变的，不会因为自变量有不同的值而有不同程度的影响。科学的目的是以简御繁，对初学者而言，线性关系也容易了解。这就是为什么线性回归分析在统计分析中扮演一个重要的角色的原因。

二、"非"一对一的对应关系

图 7-1 显示一条相当完美的直线，因为自变量与因变量享有一对一的对应关系。在这种关系下，每一个自变量的值都仅有一个因变量的值相对应，因此我们可以从自变量的值很准确地计算出因变量的值。身高与体重的关系就是一个很好的例子：

$$y = -51.83 + 0.63x \tag{7.3}$$

式中，y 是体重；x 是身高。两者间具有一对一的线性关系。例如身高是在 150 cm 时，体重为 42.67 kg；160 cm 时，体重 48.97 kg。

但是在体育科学中，变量间往往不具有一对一的对应关系，也就是说每一个自变量的值都可能有多个因变量的值相对应。以锻炼年限与体育消费的关系来说，具有相同锻炼年限的人，往往有不一样的体育消费水平，有的人花费多些，有些人少一些。从图 7-2 可以看出来，当 $x=10$ 时，y 的预测值($\bar{y}$)为 936，但是另外也有两个观察值与之相对应：$y_i=750$ 与 $y_i=1180$，而且它们都不在回归线上。所以知道 x 值，并不能够准确地预测所有的 y 值。当我们以线性回归模型预测因变量的值时，预测值与实际的观察值两者间就可能有误差。公式(7.1)因此必须稍加修改，在公式的尾端加一个"e"来代表随机误差(errors)：

$$y = a + bx + e \tag{7.4}$$

加上误差后的回归模型显示，回归系数代表自变量对因变量的"平均"影响力。以公式(7.2)为例，因为变量间不具有一对一的对应关系，$b=68$ 并不是指参加 10 年锻炼的人要比参加 9 年的人每年"一定"多消费 68 元。而

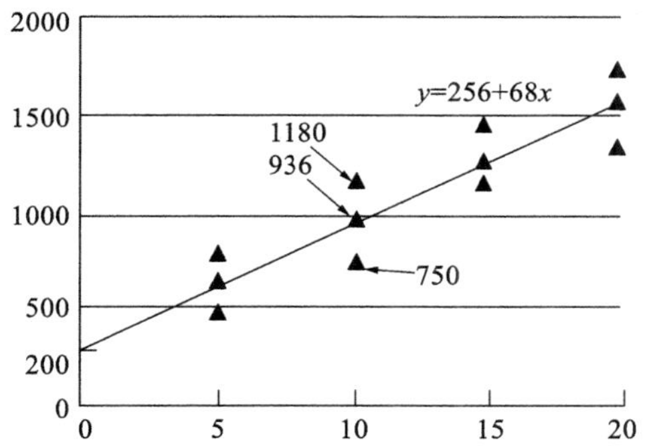

图 7-2　二元回归模型非一对一的对应关系

是指"平均而言，参加 10 年锻炼的人，其年体育消费要比参加 9 年的人高 68 元"。因此，前述回归系数 b 的定义必须稍作修改为："平均而言（on average），当自变量增加 1 个单位时，因变量会增加 b 个单位"。

注意传统上我们以 y_i 来代表实际的观察值，并以 $\hat{y}$ 代表 y 的预测值（也称为估计期望值）。$\hat{y}$ 就是回归线上与某 x 相对应的 y 值。因为 y 上面的符号类似一顶帽子，$\hat{y}$ 就读成"y hat"。如此，y 可以用下式表示：

$$\hat{y} = a + bx \tag{7.5}$$

与公式(7.4)不同的是，公式(7.5)没有误差值 e，因为该公式中的 $\hat{y}$ 指的是回归线上与某 x 相对应的预测值。

三、最小平方法

从上面的讨论已知，回归分析是在检测变量间的线性关系，因此以回归模型分析资料，就必须要找到一条最能表示变量间关系的回归线。找到这条回归线后，回归系数便可估计出来，变量间的关系也就可以确定了。但是在实际的研究中，回归线的认定不是那么直截了当的，这是因为体育科学中的变量往往不具有一对一的对应关系，而在几何平面图上任何两点均可成为一条直线。从图 7-2 可知，除了已经呈现在图中的直线外，我们可以任意连接两点画成直线。所以在实际的资料中，可能有无数条回归线可供我们选择。问题是我们该选哪一条？选择的标准又是什么？

因为变量间不具有一对一的对应关系，使得预测值与实际的观察值两者间有误差。因此一个可能选择的标准是找一条到各点都比较近的直线，也就是一条能使观察值(y_i)与预测值($\hat{y}_i$)的误差和为最小的直线。图 7-3

列出(a)、(b)与(c)三个图例。每个图例中有三个完全相同的观察值，唯一的差异是各有一条不同的回归线。各图中的数字表示观察值(y_i)与相对预测值($\hat{y}_i$)间的误差(即 $y_i - \hat{y}_i$)，其相对应的误差和为 $\sum(y_i - \hat{y}_i)$。所以三个图例的误差和分别为：

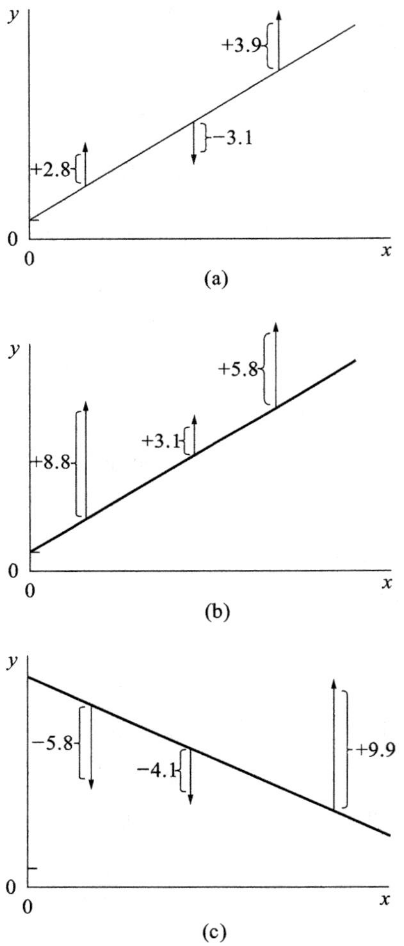

图 7-3 误差和示意图

(a)：$2.8+(-3.1)+3.9=3.6$

(b)：$8.8+3.1+5.8=17.7$

(c)：$(-5.8)+(-4.1)+9.9=0$

从误差和来看，显然(c)图应是我们所选的回归线。但是单从肉眼判断

(a)图似乎有较小的误差。其间的差异乃是因为正负误差值相互抵消的缘故。所以用误差和来认定回归线并不是一个好的方法。为了解决这个正负值相互抵消的问题,我们可将误差先平方后再相加:

(a):$(2.8)^2+(-3.1)^2+(3.9)^2=32.66$

(b):$(8.8)^2+(3.1)^2+(5.8)^2=120.69$

(c):$(-5.8)^2+(-4.1)^2+(9.9)^2=148.46$

结果显示(a)图才是应选的回归线,这个结论与我们以肉眼判断的结果相同。因此,选择回归线的标准是找一条使观察值(y_i)与预测值($\hat{y}_i$)间误差平方和(the sum of squares of the errors)为最小的直线。这就是"最小平方法"(the method of least squares),或称为"最小二乘法",可以下列公式表示:

$$SSE=\sum(y_i-\hat{y}_i)^2 \tag{7.6}$$

总之,在线性回归分析中,我们通常以最小平方法来估计回归系数。我们可以用微积分证明以最小平方法求得的回归系数为:

$$b_{yx}=\frac{\sum(x_i-\bar{x})(y_i-\bar{y})}{\sum(x_i-\bar{x})^2}=\frac{S_{yx}}{S_x^2} \tag{7.7}$$

式中,S_{yx} 代表两变量间的协方差(covariance),S_x^2 是自变量 x 的方差。

四、回归模型的解释力(R^2)

在以最小平方法求出回归模型后,我们需要评估这一模型与经验资料的模型适合度(goodness of fit),也就是要检视回归模型对因变量解释的程度。一个检视回归模型解释力的方式是观察"散布图"(scatter plot)。如果散布图上的点彼此愈接近而趋近为一条直线,就表示自变量与因变量间的线性关系愈密切,回归模型的解释力也愈强。反之,如果散布图的点愈分散,回归模型的解释力也就愈弱。图 7-4 呈现两个散布图,图 7-4(a)上的观察点彼此比较接近,显示自变量比较能解释因变量,回归模型解释力因此较强。图 7-4(b)上的点则相当分散,显示两变量间没有线性关系,回归模型几乎没有解释力。

除了上述这种粗略的观察法外,另一个比较正式客观的方法是以 R^2(读为 R square)作为测量的指标,R^2 也称为判定系数(Coefficient of Determination)或称为拟合优度。以前述锻炼年限与年体育消费的关系为例,假定因变量 y(体育消费)是仅有的解释因素,我们以个人体育消费的平

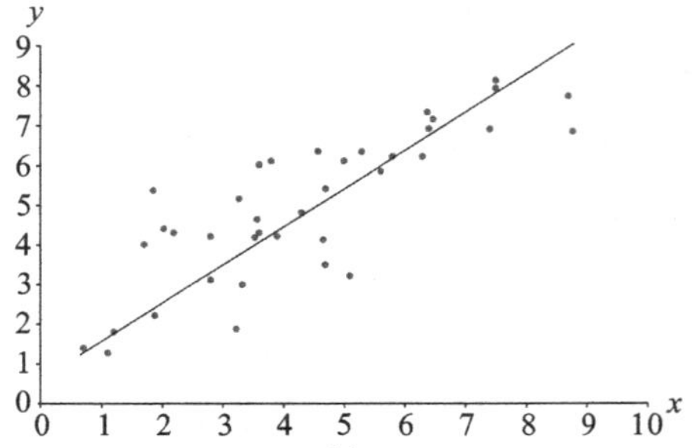

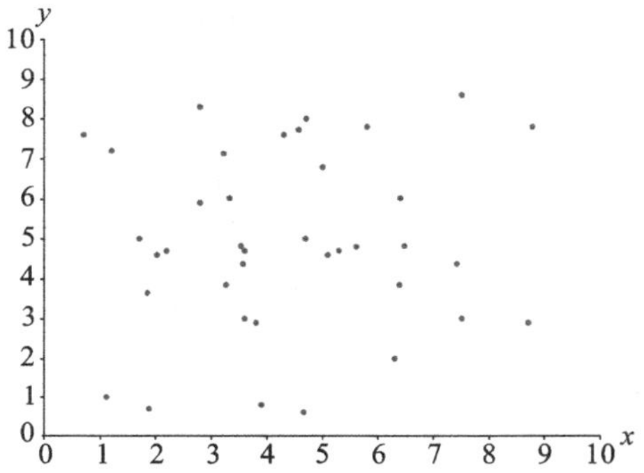

图 7-4 二元回归散布图

均值($\bar{y}$)来预测某个人的体育消费(y_i)。当然这种预测不会很准确,甚至会有很大的误差。但是如果加入了自变量 x(锻炼年限)的信息,我们对 y_i 的预测便可改善。例如,在图 7-5 中,假定没有锻炼年限作为解释信息,我们只能以 $\bar{y}$ 来预测 y_i,结果是有很大的差异。这个差异可以($y_i-\bar{y}$)来表示。假如现在加入了锻炼年限的资料,而且可以找出回归线,我们对 y_i 的预测便可改善。这改善的部分也就是 x"解释"或"预测"y_i 的部分,可以($y_i-\bar{y}$)来表示。其余的部分是还待改善的部分,可以($y_i-\bar{y}_i$)来表示。简而言之

$$y_i-\bar{y}= \text{偏差} \tag{7.8}$$

$$\hat{y}_i-\bar{y}= \text{改善的部分} \tag{7.9}$$

$$y_i-\hat{y}_i= \text{未改善的部分} \tag{7.10}$$

因为数据库中还有许多其他的个案,我们可以将上述的式子平方后加总:

$$\sum(y_i-\bar{y})^2= \text{总偏差平方和(Total Sum of Squares 或 TSS)} \tag{7.11}$$

$$\sum(\hat{y}_i - \bar{y})^2 = \text{回归平方和 (Regression Sum of Squares 或 RSS)} \tag{7.12}$$

$$\sum(y_i - \hat{y}_i)^2 = \text{误差平方和(Error Sum of Squares 或 ESS)} \tag{7.13}$$

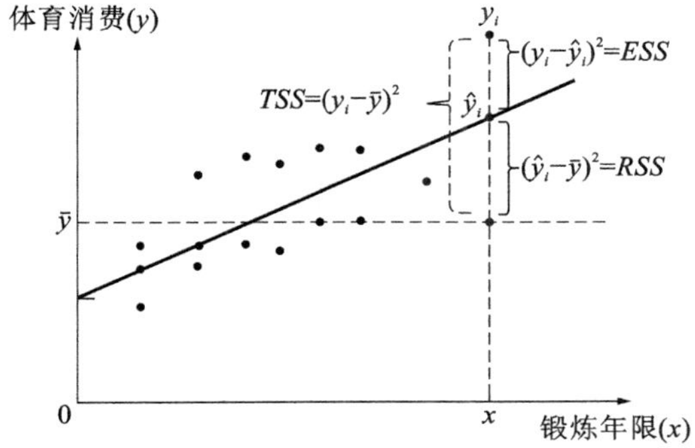

图 7-5　R^2 示意图

这里的总偏差平方和就是观察值(y_i)围绕平均值($\bar{y}$)的分散程度,也就是回归模型所要解释的对象。从上式我们也可知,总偏差平方和可分为两个部分:回归平方和与误差平方和。或以下式表示:

$$TSS = RSS + ESS \tag{7.14}$$

误差平方和是因变量 y 中还未被解释或预测的部分。这部分显示除 x 对 y 的线性影响外,还有其他未被考虑的因素,而这些因素也在影响 y 的变化。回归平方和是因变量 y 中被解释或预测的部分,回归平方和愈大表示回归模型的解释力愈强。因此,回归平方和在总偏差平方和所占的比例便成为测量回归模型解释力的指标。两者的比率即是 R^2:

$$R^2 = \frac{RSS}{TSS} = \frac{\sum(\hat{y}_i - \bar{y})^2}{\sum(y_i - \bar{y})^2} \tag{7.15}$$

由此可知,R^2 指的是“因变量中被自变量解释的变异量的比例”。R^2 的值最大为 1,最小为 0(也就是 $0 \leqslant R^2 \leqslant 1$)。$R^2 = 0$ 时表示回归模型不具解释力。当 $R^2 = 1$ 时表示自变量与因变量间具有完美的线性关系,回归模型解释力为百分之百。不过,在体育科学研究中,因为变量间不具有一对一的对应关系,R^2 多在 0 与 1 之间。假如以锻炼年限与年度体育消费水平做回归分析后得 $R^2 = 0.26$,这表示锻炼年限可解释个人体育消费里 26%的变异量。

五、标准回归系数(Beta Coefficient)

前面所介绍的回归系数 b，一般也称为“非标准回归系数”(unstandardized coefficients)，因为它是由变量原有的测量单位计算出来的。例如在公式(7.2)中，回归系数 b 的值为 68，这是基于 y（个人年度体育消费）是以“元”为测量单位，而 x（锻炼年限）是以“年”为测量单位。如果变量是以自然单位来测量（如“元”、“年”）或测量单位浅显易懂的话，非标准回归系数的解释通常比较容易。以公式(7.2)为例，回归系数 b 的解释为“平均而言，每多参加 1 年体育锻炼，个人的体育消费会增加 68 元”，但是如果变量的测量单位比较庞杂，非标准回归系数的解释就不会那么清楚。举例来说，在调查体育消费的影响因素时，我们搜集了诸多可能的变量，包括：锻炼年限、运动兴趣、锻炼动机。因为测量单位庞杂，其回归系数 b 的解释就不是那么容易。在这种情形下，我们可以“标准回归系数”(standardized coefficient)来解释其意义。

标准回归系数又称为 Beta 系数(β^*_{yx})，其计算方式是先将因变量与自变量分别转换成 Z 分数，然后再将两变量做回归分析，或者将两变量先做回归分析后，再将非标准回归系数 b_{yx} 乘以自变量的标准差再除以因变量的标准差，也就是：

$$\beta^*_{yx} = b_{yx}\left(\frac{S_x}{S_y}\right) \tag{7.16}$$

因为 Beta 系数是以 x 分数求出，所以在解释上是以标准差为单位：“平均而言，当 x 每增加 1 个标准差时，y 就增加(或减少)β^*_{yx} 个标准差”。假定因变量是“体育消费”，自变量是前述的“运动兴趣”，Beta 系数是 0.63，这就是说：“平均而言，当运动兴趣每增加 1 个标准差时，体育消费就增加 0.63 个标准差”。

除了上述的用途外，Beta 系数还可以在多元回归分析中用来比较几个自变量的影响力，我们将在第九章中再来讨论。

第二节　SPSS 二元回归分析的操作程序

了解了回归分析的基本原理后，下面将介绍如何以 SPSS 来获得回归分析的结果。假定我们想要研究大学生立定跳远与短跑成绩，特别是立定跳远的增加是否会影响短跑成绩的增长。我们以本书数据库中的“体育成绩指标回归分析示例.sav”为分析依据，相关的二元回归方程式及变量名称为：

$$y = a + bx + e \tag{7.17}$$

式中，y 是因变量——短跑成绩；x 是自变量——立定跳远。

其程序如下：

(1)双击打开数据库“第七章 体育成绩指标回归分析示例.sav”。

(2)在数据视图视窗中，自主菜单的“分析”下，选取其附属指令“回归”，然后选“线性”(图 7-6)，这将打开“线性回归”对话框。

(3)自对话框左边的变量单中选择“立定跳远”，并按➡键将这一变量从左侧右移到自变量框中。然后再自对话框左边的变量单中选择“短跑”，并按➡键将这一变量从左侧右移到因变量框中。注意在“方法”框中的选项应是“输入”(图 7-7)。

图 7-6　二元回归分析视窗

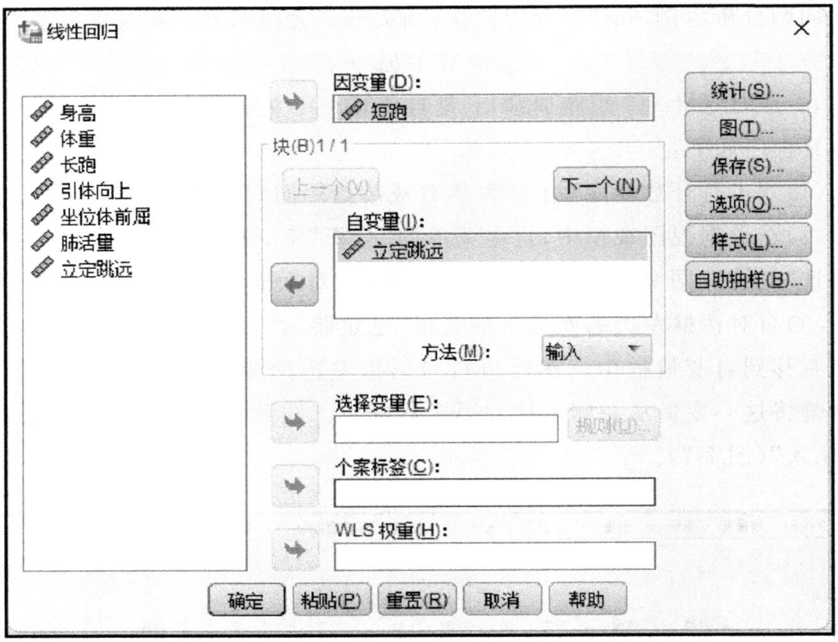

图 7-7 回归分析对话框

(4)按"确定"键便可获得回归分析的结果(表 7-1 至表 7-4)。

表 7-1 变量已输入/已移除[a]

模型	变量已输入	变量已移除	方法
1	立定跳远[b]	.	输入

注:a. 因变量:短跑;

b. 已输入所有要求的变量。

表 7-2 模型摘要

模型	R	R 平方	调整后 R 平方	标准估算的错误
1	0.517[a]	0.267	0.260	0.38014

注:a. 预测变量:(常数),立定跳远;

b. 因变量:短跑。

表 7-3　变异数分析[a]

模型		平方和	df	平均值平方	F	显著性
1	回归	5.161	1	5.161	35.715	0.000[b]
	残差	14.162	98	0.145		
	总计	19.323	99			

注：a. 因变量：短跑；

b. 预测变量：(常数)，立定跳远。

表 7-4　系数[a]

模型		非标准化系数		标准化系数	t	显著性
		B	标准错误	Beta		
1	(常数)	9.737	0.375		25.961	0.000
	立定跳远	−0.010	0.002	−0.517	−5.976	0.000

注：a. 因变量：短跑。

表 7-1 至表 7-4 显示 SPSS 的回归分析所产生的四个输出内容。第一个表(变量已输入/已移除)告诉我们因变量为短跑成绩，自变量为立定跳远。第二个表(模型摘要)显示 R^2 为 0.267，也就是说短跑成绩的变差，有 26.7%是由学生立定跳远所解释。第三个表(变异数分析)显示了前述的总偏差平方和($TSS=19.323$)，回归平方和($RSS=5.161$)，以及误差平方和($ESS=14.162$)，换言之

$$R^2 = 0.267 \approx \frac{5.161}{19.323} \tag{7.18}$$

第三个表也告诉我们样本数为 100，就是这项回归分析共包括了 100 个学生的短跑成绩。样本总数的计算是将 df 栏中最下面的数字加 1 所得，也就是 99+1=100。第四个表(系数)显示回归系数与相对应的标准差，因此回归模型为：

$$\hat{y} = 9.73 - 0.01x \tag{7.19}$$

上式中的数字为非标准回归系数，回归系数的标准误分别为 0.375 和 0.002。

第四个表也显示标准回归系数 $\beta_{yx}^{*}=-0.517$，这就是说："平均而言，当跳远每增加 1 个标准差时，短跑成绩就快 0.517 个标准差"。

图 7-8 为回归分析散点图。

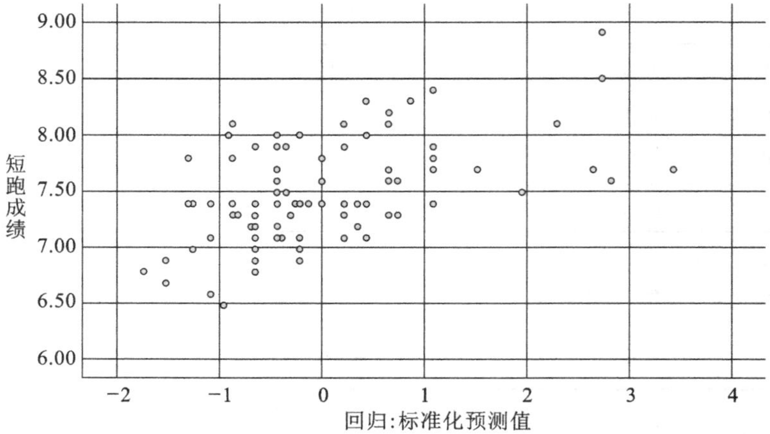

图 7-8　回归分析散点图

第三节　回归分析的假设检验

在前章中我们指出假设检验乃是推论统计中的重要一环，因为体育科学研究多需要用样本资料，我们必须确定在样本中的变量关系是否也反映在母体中。

一、双尾假设检验

在进行假设检验前，我们需要先说明二元回归的样本方程式与母体方程式。样本方程式就是公式(7.4)：

$$y = a + bx + e$$

母体方程式则可写为：

$$Y = \alpha + \beta X + \varepsilon \qquad (7.20)$$

式中，大写的 Y 与 X 分别代表母体中的因变量与自变量。α 与 β 为母体模型的截距以及回归系数，ε 代表母体中的随机误差。

须注意的是此处的 α 与 β 与前章中所说的 α 与 β 不同。在第六章的假设检验中，我们曾说明 α 是犯下第一型错误的概率(也就是显著水平)，β 是犯下第二型错误的概率。此外，β 也被用来表示回归系数。但是此处的 α 是指母体回归模型中的截距，β 是指母体回归模型中的非标准回归系数。虽然符号相同，但是意义不同。

简单来说，回归分析的逻辑是我们假设在母体中自变量对因变量有影响，然后将两变量纳入回归模型中，以样本资料计算出回归系数 b。因为我们真正想知道的是母体的特性，所以我们需要利用样本回归系数 b 以验证母体回归系数 β 在统计上是不是显著地不等于 0（简称为统计上是否显著）。因为当 $\beta=0$ 时，表示母体中的自变量对因变量没有影响。假定样本回归系数不等于 0，表示在样本中自变量对因变量确有影响，但是这是否也显示母体模型中的回归系数 β 不等于 0？如果验证的结果显示 $\beta=0$，这就表示在母体中自变量对因变量没有影响。相反，如果验证的结果显示 $\beta\neq0$，就表示在母体中自变量对因变量确有影响。举例来说，依照公式（7.19），$b=-0.01$，显示立定跳远对学生短跑成绩是有影响的。但是这是基于样本资料，我们需要知道在母体中学生跳远对短跑成绩是否也有影响，也就是母体回归系数 β 在统计上是不是显著地不等于 0。

依照前章所述，假设检验有五个步骤：

①设立假设；

②决定显著程度（α）；

③设立决定规则；

④计算检验数据；

⑤结论。

依照这五个步骤，我们可设立如下的假设：

● 虚无假设：H_0：$\beta=0$，也就是“母体回归系数 β 等于 0，表示跳远对学生短跑没有影响”；

● 对立假设：H_a：$\beta\neq0$，也就是“母体回归系数 β 不等于 0，表示跳远对学生短跑有影响”。

注意上述的对立假设并没有指明自变量对因变量影响的方向，相关的假设检验乃是双尾检验。

为了阅读方便，我们将前例中有关回归系数的结果（第四个表 Coefficients）重新列为表 7-5。我们可以用前述的三种方法来检验假设。

表 7-5　学生短跑成绩与跳远成绩的二元回归分析结果

非标准化系数		标准化系数	t	显著性
B	标准错误	Beta		
9.737	0.375		25.961	0.000
−0.010	0.002	−0.517	−5.976	0.000

因为置信区间检验法所需的置信区间不是默认的选项，必须另行要求SPSS计算，下面将讨论临界值检验法以及 p 值检验法。表7-5中与假设检验相关的数据列在最后两栏，分别标示为 t 与显著性，t 栏列有相关的 t 分数（$t=-5.976$），显著性栏则列有相关的 p 值（$p=0.000$）。无论以临界值检验法或 p 值检验法，其结论都会相同。下面分别叙述几种检验方式。

1. 临界值检验法

依照前章所述，临界值检验法的决定规则为：

- 如果 $|t|\leqslant|t_{\alpha/2;\nu}|$，统计上不显著，我们无法拒绝虚无假设；
- 如果 $|t|>|t_{\alpha/2;\nu}|$，统计上显著，我们拒绝虚无假设。

如果我们设定 $\alpha=0.05$，因为样本数为100，自由度为 $100-2=98$，根据附录2的 t 分布表：$t_{0.025;n-2}=t_{0.025;100-2}=t_{0.025;98}$，所以 $t_{0.025;98}$ 大约为1.98。依照临界值检验法，$|t|=5.976$ 大于 $t_{0.025;98}\approx1.98$，显示母体回归系数在统计上与0可以显著地区分，我们拒绝虚无假设，结论是跳远对学生短跑成绩确有影响。

2. p 值检验法

p 值检验法的决定规则为：

- 如果 $p\geqslant\alpha$，统计上不显著，我们无法拒绝虚无假设；
- 如果 $p<\alpha$，统计上显著，我们拒绝虚无假设。

如果我们设定 $\alpha=0.05$，因为 $p<0.001$ 小于 $\alpha=0.05$，显示母体回归系数在统计上与0可以显著地区分，我们拒绝虚无假设，结论是跳远对学生短跑成绩确有影响。

3. 置信区间检验法

因为我们所要检测的是母体回归系数 β 是否等于0，所以置信区间检验法决定规则是：

- 如果置信区间包含0，表示母体回归系数在统计上与0无法显著地区分，我们无法拒绝虚无假设；
- 如果置信区间不包含0，表示母体回归系数在统计上与0可以显著地区分，我们拒绝虚无假设。

不过置信区间的计算不是默认的选项，必须另行要求SPSS计算置信区间。依照前述回归分析操作程序，打开相对应的“线性回归”对话框后，按右上角的“统计”键（见图7-7），打开“线性回归：统计”对话框，选取左栏“误差条形图的表征”，下方“级别”中调为95％(图7-9)，然后按“继续”键，便回到原“线性回归”对话框。再按“确定”键便可获得回归分析的结果。置信区间列在回归分析结果中第四个表(系数)的最后两栏(见表7-6)。自变量“跳远”置信区间的上界与下界分别为－0.013与－0.007。因为置信区间不包含0，表示母体回归系数在统计上与0可以显著地区分，我们拒绝虚无假设，结论是跳远对学生短跑成绩确有影响。

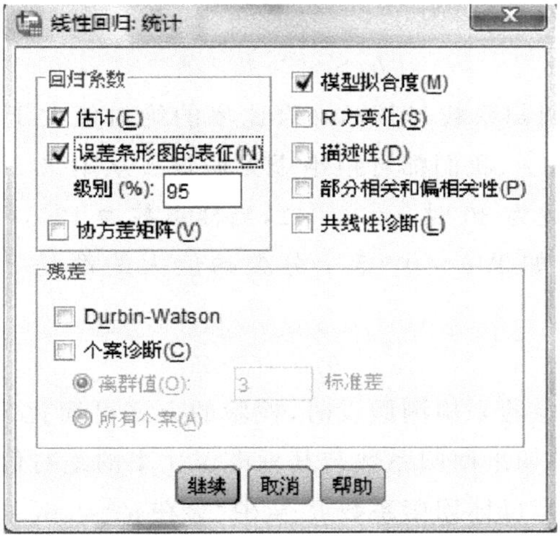

图7-9 回归系数置信区间操作示例

表7-6 跳远对短跑成绩二元回归分析结果系数[a]

模型	非标准化系数		标准化系数	t	显著性	B的信赖区间	
	B	标准错误	Beta			下限	上限
常数	9.737	0.375		25.961	0.000	8.993	10.481
跳远	－0.010	0.002	－0.517	－5.976	0.000	－0.013	－0.007

注：a.因变量：短跑成绩。

二、简易双尾检验

上面的讨论显示，在以置信区间法来检验虚无假设时，我们是在检测0是否在置信区间内。如果0在置信区间内则表示母体回归系数β有可能为0，我们就无法拒绝虚无假设。如果0不在置信区间内则表示母体回归系数β为0的机会很小，我们就可拒绝虚无假设。假定显著水平(α)为0.05 ($\alpha=0.05$)，表示以95％置信区间为检验数据，在下列两种情况下置信区间内都不会有 0，我们都应拒绝虚无假设：

- 如果样本回归系数 $b>0$，则（$b+t_{0.025;n-2}S_b>0$），或（$b/S_b>t_{0.025;n-2}$）；
- 如果样本回归系数 $b<0$，则（$b+t_{0.025;n-2}S_b<0$），或（$b/S_b<t_{0.025;n-2}$）。

式中，S_b 为回归系数的标准误。

这两种情况可以改写为：

$$|b/S_b|>t_{0.025;n-2} \tag{7.21}$$

表示当 $\alpha=0.05$，回归系数与其标准误比率的绝对值大于相对应的 t 分数，在双尾检验的逻辑下，我们都可拒绝虚无假设。从附录 2 的 t 分布表可知，当 $\alpha=0.05$，样本数为 30 时，$t=2.042$，当样本数为 120，$t=1.98$。换言之，无论样本数大小，如果 $\alpha=0.05$，t 分数的值大约都是 2 左右。所以公式(7.21)可再简化为

$$|b/S_b|>2 \tag{7.22}$$

因此，以双尾检验来检测假设时，检验的方式可简化为观察回归系数与其标准误的比率。如果回归系数与其标准误比率的绝对值大于 2，则表示在双尾检验的逻辑下，母体回归系数 β“至少”会在 $\alpha=0.05$ 的显著水平下统计上显著，我们可拒绝虚无假设。如果回归系数与其标准误比率的绝对值比 2 要大很多，则可能会在 $\alpha=0.01$ 的显著水平下统计上显著。按照上述例子来看，回归系数与标准误的比率为：

$$\left|\frac{-0.010}{0.002}\right|=5$$

显示母体回归系数 β 不仅在 $\alpha=0.05$ 时统计上显著，也在 $\alpha=0.01$ 时统计上显著。因此无论显著水平设为 0.05 或 0.01，我们都可以拒绝虚无假设。结论是跳远对学生短跑成绩确有影响。

三、单尾检验

上面所介绍的是双尾检验，这是因为我们的假设没有指明自变量对因变量影响的方向。如果我们想要了解下肢爆发力的改善是否会“提升”短跑速率，相关的假设就指明了跳远所代表的下肢爆发力的影响方向，我们就须运用右侧单尾检验。相关的假设就是：

- 虚无假设：H_0：$\beta=0$，也就是“母体回归系数 β 等于 0，表示下肢爆发

力对发展短距离跑速率没有影响”；

● 对立假设：$H_a: \beta > 0$，也就是“母体回归系数 β 大于 0，表示下肢爆发力对发展短距离跑速率有影响”。

因为 SPSS 不计算单尾检验的置信区间，我们仅说明临界值检验法以及 p 值检验法。我们同样用短跑和立定跳远的数据做假设检验。无论以临界值检验法或 p 值检验法，其结论都会相同。

1. 临界值检验法

为了检验母体回归系数 β 是否大于 0，临界值检验法的决定规则为：

● 如果 $t \leqslant t_{\alpha;\nu}$，统计上不显著，我们就无法拒绝虚无假设；

● 如果 $t > t_{\alpha;\nu}$，统计上显著，我们就拒绝虚无假设。

假定我们设 $\alpha = 0.05$，因为样本数为 100，自由度为 $100-2=98$，根据附录 2 的 t 分布表，单尾检验的 t 临界值大约为 1.98（$t_{0.05;n-2} = t_{0.05;100-2} = t_{0.05;98} \approx 1.98$）。注意 t 栏中的 t 分数的绝对值是 5.976，大于 $t_{\alpha;\nu} = 1.98$，显示母体回归系数 β 在 $\alpha = 0.05$ 的单尾检验中，统计上是显著地大于 0，我们因此可以拒绝虚无假设。结论是增强下肢爆发力（以跳远为指标）可以提升学生短跑速率。

2. p 值检验法

p 值检验法的决定规则为：

● 如果 $p \geqslant \alpha$，统计上不显著，我们无法拒绝虚无假设；

● 如果 $p < \alpha$，统计上显著，我们拒绝虚无假设。

注意 SPSS 计算的 p 值是两个尾端的概率和，所以表 7-4 在显著性栏中所列的 p 值乃是所需值的两倍。在做单尾检验时，我们须将这 p 值（$p = 0.004$）除以 2。因此，$p/2 = 0.002 < \alpha = 0.05$。显示母体回归系数 β 在 $\alpha = 0.05$ 的单尾检验中，统计上是显著地大于 0，我们因此可以拒绝虚无假设。结论是跳远对学生短跑成绩确有影响。

第四节　本章小结

回归分析是体育学中运用广泛的统计方法。这个方法的逻辑是：如果我们要解释一个经验现象（体质状况、锻炼行为、运动动机、运动成绩）的变化，我们将这个经验现象视为因变量，并假设另一可解释或互相关联的现象为自变量，然后将两变量纳入回归模型中。因为体育科学中的变量间往往不具有一对一的对应关系，我们通常以最小平方法求得相关的回归系数。这一回归系数代表自变量对因变量的平均影响力。又因为体育科学研究多用样本资料，我们必须确定样本中的变量关系是否也反映在母体中，因此我们可以运用前章中所述的三种方法来做假设检验：临界值检验法、p 值检验法以及置信区间检验法。不过，由于 SPSS 以及其他统计软件通常不会主动计算置信区间（有些统计程序甚至没有这一选项，如相关分析），我们一般以临界值检验法与 p 值检验法来检验假设。最后，从本章的例子可知，二元回归模型仅有一个自变量，其解释力通常很低，这是因为现实中某个现象通常受到诸多因素的影响。为了能较完整地解释某一经验现象，我们必须依照理论引进若干自变量。当回归模型多于一个自变量时，这就是多元回归模型，我们会在第九章中讨论。

本章重要名词

回归分析	二元回归分析	截距	常数
回归系数	斜率	一对一的对应关系	误差值
最小平方法	R^2	标准回归系数	

本章习题

为调查学生体重是否会对短跑成绩产生影响，我们以本书中的“第七章体育成绩指标回归分析示例.sav”材料做二元回归分析，因变量是“短跑成绩”，自变量是“体重”。真实 SPSS 回归分析输出结果如下：

①写出二元回归模型；

②此回归模型的解释力如何？

③自变量的回归系数是否统计上显著？如何解释？

模型摘要[b]

模型	R	R 平方	调整后 R 平方	标准估算的错误
1	0.253[a]	0.064	0.055	0.42958

注：a. 预测变量：（常数），体重；

b. 因变量：短跑成绩。

变异数分析[a]

模型		平方和	df	平均值平方	F	显著性
1	回归	1.238	1	1.238	6.711	0.011[b]
	残差	18.085	98	0.185		
	总计	19.323	99			

注：a. 因变量：肺活量；

b. 预测值：(常数)，体重。

系数[a]

模型		非标准化系数		标准化系数	t	显著性	B的信赖区间	
		B	标准错误	Beta			下限	上限
1	(常数)	6.858	0.254		26.968	0.000	6.353	7.362
	体重	0.010	0.004	0.253	2.591	0.011	0.002	0.017

注：a. 因变量：肺活量。

习题解答：

①$y=6.858+0.01x+e$

(0.254)　(0.004)

②因为 $R^2=0.064$，表示体重的差异可解释短跑成绩 6.4% 的变异量。

③因为 $p\approx 0.01$，自变量的回归系数在统计上高度显著(单尾检验，小于 $\alpha=0.01$)。而且回归系数为正值，这表示学生体重的变动可引起短跑成绩的变动。

第八章　二元相关分析

我们在前章中介绍了二元回归分析，本章要讨论如何检测两个变量间的相关关系。运用这种方法，我们可以回答许多重要的研究问题，例如：田径运动员的发挥是否与比赛场地环境温度有关？运动员的运动成绩与训练年限是否有关联？这种检测两个变量间关系的方法统称为相关分析(correlation analysis)。虽然在统计学中有许多不同的相关系数，本章将介绍一个常用的相关系数——皮尔森 r(Pearson's r)或简称为 r。

第一节　皮尔森相关系数

如果两个变量是定距变量，我们可以用皮尔森 r 来测量这两个变量间的线性相关程度与正负方向。皮尔森 r 计算公式为：

$$r_{xy} = \frac{S_{xy}}{S_x S_y} \tag{8.1}$$

式中，分母的 S_x 与 S_y，分别代表两个变量 x 与 y 的标准差；分子的 S_{xy} 代表两个变量 x 与 y 的协方差(covariance)。

因为协方差是两变量间的共同变异量，所以公式(8.1)显示当两个变量 x 与 y 的共变量愈大时，皮尔森 r 的值就愈高，两个变量间的相关度就愈高。

皮尔森 r 具有如下的特质：

(1)皮尔森 r 仅能检测两个定距变量间的线性相关关系，而非其因果关系。

(2)皮尔森 r 的值是在 -1.0 到 $+1.0$ 之间，$r=0$ 表示两个变量间没有线性关系。

(3)皮尔森 r 的值具有对称性(symmetrical)，也就是变量 x 与变量 y 的相关系数和变量 y 与变量 x 的相关系数相等，或 $r_{xy}=r_{yx}$。

(4)皮尔森 r 的值与二元回归模型中的标准回归系数(即 Beta 系数)相同。

现在就这四点加以说明：

首先，前章所介绍的回归分析假定变量间有因果或者相关的关系，因此相关的研究问题是要解释一个经验现象中所观察到的变化。例如，为什么运动员发挥会随环境温度而变化？为什么有些体育消费比较高？为什么有些运动员比赛中发挥比较稳定？为什么有些学生身体素质增长比较快？这些经验现象中所观察到的变化就是回归分析中的因变量。而我们用以解释这些现象的其他变量便是自变量。因此，自变量是因，因变量是果。

皮尔森 r 相关分析虽然与二元回归分析一样，都在检测两个变量间的线性关系，不同的是皮尔森 r 相关系数并不假定两个变量间具有因果关系，而是在检验两个变量间线性相关的程度与正负方向。例如，因为物以类聚，同一个运动队的队员之间的行为可能有很高的相关关系，但未必就有因果关系，所以，“两变量间的相关关系不表示它们就具有因果关系”（correlation does not mean causation）。相关仅显示两变量间具有共变，但是何者为因，何者为果，则不是皮尔森 r 相关系数所能检测的。因此，在相关分析中我们是在验证两变量间是否有正负的“关系”。在回归分析中，我们假定一个变量是“因”，称为自变量，另一个变量是“果”，称为因变量，我们是在验证自变量是否会“影响”因变量。

其次，皮尔森 r 在概念上可以由散布图来说明。图 8-1 与图 8-2 以虚拟的资料显示了六个散布图，每个图都有 35 个样本数。图 8-1 (a)的散布图有如一盘散沙，显示两个变量间几乎不显示任何线性相关，其相关系数非常低，仅为 0.13。从图 8-1 (b)的散布图我们则可以看出两个变量已逐渐出现线性关系，相关系数值也相对增高，皮尔森 $r=0.55$。图 8-1(c)的散布图则几乎形成了一条线，显示两变量有很强的线性关系，这也反映在两变量的相关系数值上，因为皮尔森 $r=0.92$。我们也可以从图 8-2 看到相同的形态，但不同的是图 8-2 中所有相关系数都呈负值，也就是说当变量 x 的值增大时变量 y 的值会降低，或是说当变量 x 的值降低时变量 y 的值会增大。相反，图 8-1 中的相关系数都呈正值，表示当变量 x 的值增大时变量 y 的值也会增大。这种正负值的差异也可以从图 8-1 与图 8-2 中观察点分布的方向看出。图 8-1(b)与图 8-1(c)的观察点是由左下角往右上角的方向分布，而图 8-2(b)与图 8-2(c)的观察点的分布方向正好相反，是由左上角往右下角的方向分布。此外，皮尔森 r 的最大值是 1.0，当 $r=+1.0$ 或 $r=-1.0$ 时，表示所有的观察点形成一条直线（注意：此图没有显示出来）。不过当 r 趋近于 0

时，这不必然表示两个变量间没有关系，因为两个变量可能是没有线性关系，但是有非线性关系。

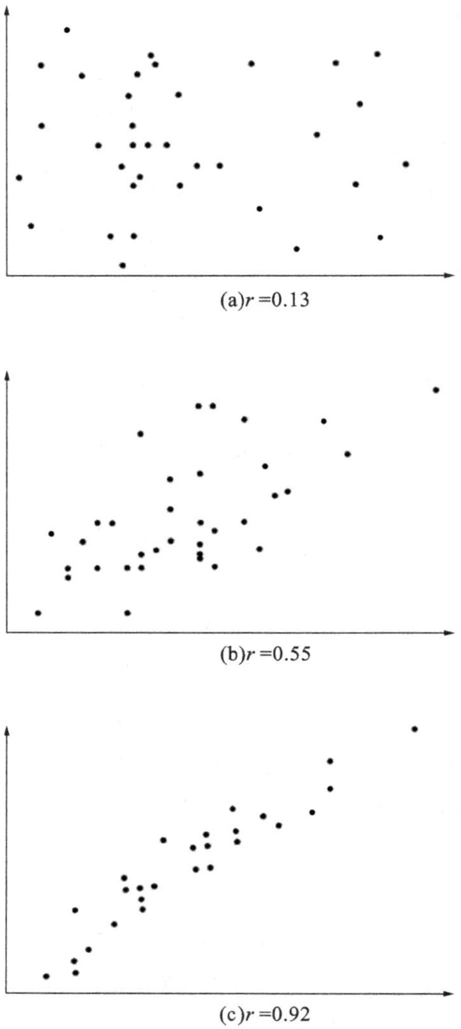

图 8-1　皮尔森 r 相关系数——正相关示意图

再次，皮尔森 r 的另一个特质是具有对称性，也就是变量 x 与变量 y 的相关系数和变量 y 与变量 x 的相关系数相等。因此

$$r_{xy} = r_{yx} \tag{8.2}$$

我们可以用公式(8.3)来证明皮尔森 r 具有对称性的特质：

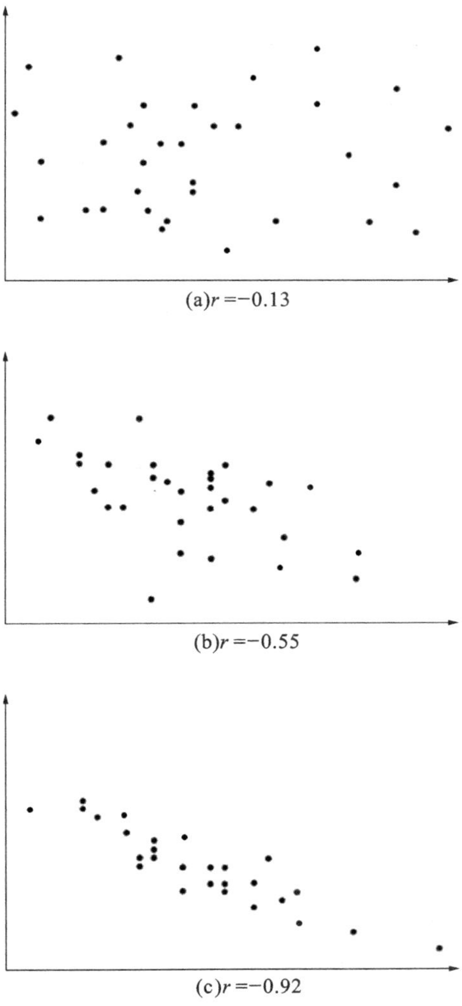

图 8-2　皮尔森 r 相关系数——负相关示意图

$$r_{xy}=\frac{S_{xy}}{S_xS_y}=\frac{\sum(x_i-\bar{x})(y_i-\bar{y})/(n-1)}{S_xS_y}$$
$$=\frac{\sum(y_i-\bar{y})(x_i-\bar{x})/(n-1)}{S_xS_y}=\frac{S_{yx}}{S_xS_y}=r_{yx} \qquad (8.3)$$

上式显示皮尔森 r 的计算是变量 x 与 y 的协方差除以变量 x 与变量 y 的标准差。因为两个变量的协方差具有对称性，以协方差为计算基础的皮尔森 r 也因此有对称性。

不过，虽然皮尔森 r 具有对称性，但回归系数 b 却没有此对应关系。也就是说，当 $r_{xy}=r_{yx}$ 时，$b_{yx}\neq b_{xy}$。b_{yx} 的计算是将变量 y 当作因变量，变量 x 作为自变量，而 b_{xy} 的计算则刚好相反，将变量 x 当作因变量，变量 y 作为自变量。这些可以运用本书所附的统计资料来验证。

最后，皮尔森 r 的值与二元回归模型中的标准回归系数相同。我们在前章曾经说明标准正态分布的平均数为 0，标准差为 1。因此，两个标准化变量（Z 分数）间的相关系数则为：

$$r_{Z_yZ_x}=\frac{S_{Z_yZ_x}}{S_{Z_y}S_{Z_x}}=\frac{S_{Z_y}S_{Z_x}}{1\times 1}=S_{Z_y}S_{Z_x} \tag{8.4}$$

所以两个 Z 分数的相关系数就是它们的协方差。再者，因为 Z 分数的平均数为 0，标准差为 1，上式又可简化为：

$$r_{Z_yZ_x}=S_{Z_yZ_x}=\frac{\sum(Z_{y_i}-\overline{Z}_y)(Z_{x_i}-\overline{Z}_x)}{n-1}=\frac{\sum Z_yZ_x}{n-1} \tag{8.5}$$

最后，因为 $Z_{y_i}=(y_i-\overline{y})/S_y$ 以及 $Z_{x_i}=(x_i-\overline{x})/S_x$，所以公式（8.5）又可演化为：

$$r_{Z_yZ_x}=\frac{\sum Z_yZ_x}{n-1}=\frac{\sum[(y_i-\overline{y})/S_y][(x_i-\overline{x})/S_x]}{n-1}$$

$$=\frac{\sum(y_i-\overline{y})(x_i-\overline{x})/(n-1)}{S_yS_x}=\frac{S_{yx}}{S_yS_x}=r_{yx} \tag{8.6}$$

上面的公式显示两个变量间的皮尔森 r 与两个变量标准化后的皮尔森 r 相同。我们在前面也曾经说明，二元回归模型中的标准回归系数（或 Beta 系数）是将两个变量转化成 Z 分数后，再以回归模型求取。所以，标准回归系数就是 $r_{Z_yZ_x}$。从公式（8.6）可知，两个变量 x 与 y 间的皮尔森 r 与其二元回归模型中的标准回归系数相同，即 $r_{yx}=\beta_{yx}^{*}$。注意这个关系只适用于二元回归模型，如果是多元回归模型则不适用。

第二节　SPSS 相关分析的操作程序

了解了相关分析的基本原理后，下面将介绍如何以 SPSS 来获得相关系数。我们以本书数据库中的“第七章 体育成绩指标回归分析示例. sav”为依据，因为数据库中的变量都是属于定距层级，我们可以求取（身高、体重、长跑成绩、立定跳远、短跑）这五个变量彼此间的皮尔森 r。

(1)从本书数据库中找到"第七章 体育成绩指标回归分析示例.sav"。双击该文件名以开启数据库。

(2)在数据视图视窗中,自主菜单的"分析"下,选取其附属指令"相关",然后选"双变量"(图 8-3),这将打开相应的"双变量相关性"对话框。

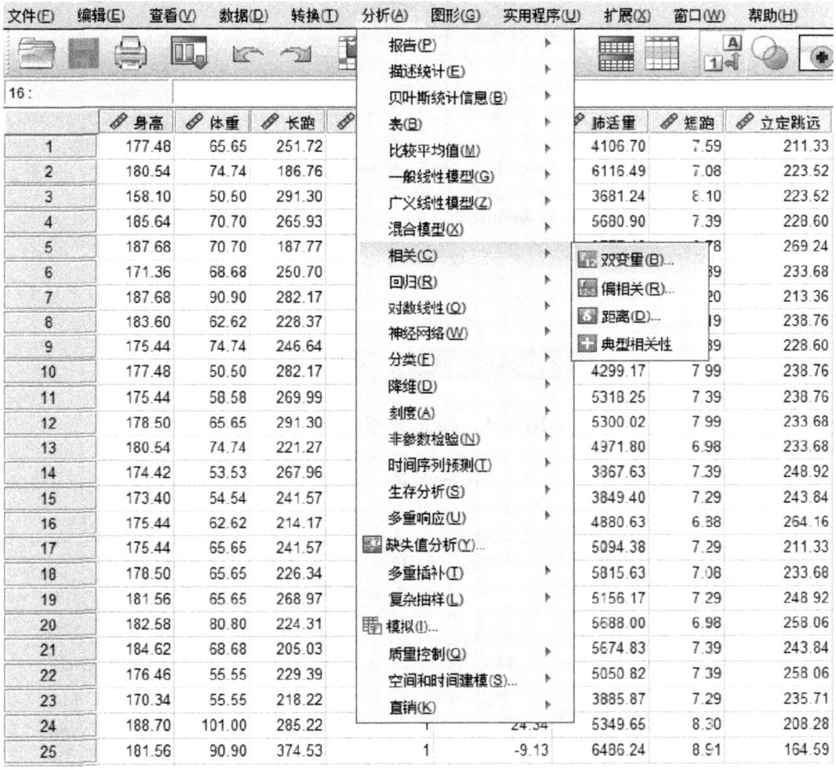

图 8-3　相关分析视窗

(3)自对话框左边的"变量"中选择"身高"、"体重"、"长跑"、"短跑"、"立定跳远",并按➡键依序将这五个变量从左侧右移到变量框中。注意在"相关系数"栏中的选项应是"皮尔逊"。"显著性检验"栏中的默认选项是双尾检验(图 8-4)。

(4)按"确定"键便可获得皮尔森 r 相关分析的结果(图 8-5)。

图 8-5 所列的相关分析结果看似非常庞杂,但是稍加简化后,便会发现其实并不难了解。首先,图 8-5 的最左列与最上一行为完全相同的变量名称,成一对一的形态。这是因为皮尔森 r 是在测量两个变量间的相关,表中

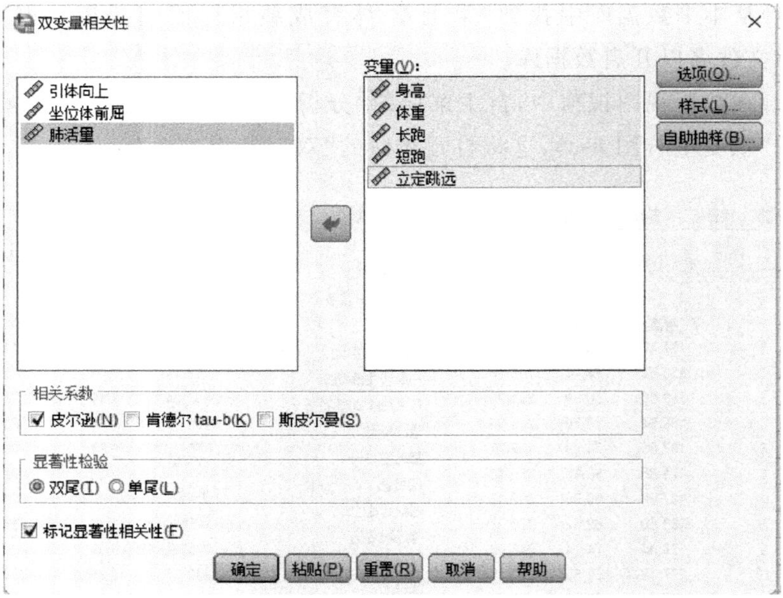

图 8-4　相关分析对话框

相关性

		身高	体重	长跑	短跑	立定跳远
身高	皮尔逊相关性	1	.448**	-.036	-.049	.039
	Sig.（双尾）		.000	.725	.629	.700
	个案数	100	100	100	100	100
体重	皮尔逊相关性	.448**	1	.332**	.253*	-.158
	Sig.（双尾）	.000		.001	.011	.116
	个案数	100	100	100	100	100
长跑	皮尔逊相关性	-.036	.332**	1	.565**	-.242*
	Sig.（双尾）	.725	.001		.000	.015
	个案数	100	100	100	100	100
短跑	皮尔逊相关性	-.049	.253*	.565**	1	-.517**
	Sig.（双尾）	.629	.011	.000		.000
	个案数	100	100	100	100	100
立定跳远	皮尔逊相关性	.039	-.158	-.242*	-.517**	1
	Sig.（双尾）	.700	.116	.015	.000	
	个案数	100	100	100	100	100

**. 在 0.01 级别（双尾），相关性显著。

*. 在 0.05 级别（双尾），相关性显著。

图 8-5　皮尔森 r 分析 SPSS 结果输出展示

的每一格即显示两变量相关分析的结果。其次，图 8-5 中的每一格有三个数字。最上一个数字为皮尔森 r 相关系数，表示两变量间的相关程度与方向。例如，身高与体重的相关系数为 0.448（即 $r=0.448$），显示身高与体重在样本中呈中等程度的正相关。立定跳远与体重的相关系数为 −0.158（即 $r=-0.158$），显示学生立定跳远与体重在样本中呈中较小程度的负相关。在两两对应的每类方格中，第二个数字为假设检验用的 p 值。例如，立定跳远与短跑关系数的 p 值小于 0.001（即 $p<0.001$），而长跑成绩与身高的相关系数的 p 值为 0.725（即 $p=0.725$）。关于假设检验，我们会在下一节中讨论。类格中的第三个数字为计算该相关系数的样本数。例如，长跑与短跑的相关系数的计算包括了 100 个样本。第三，注意对角线格中所标示的是各变量与各变量本身的相关系数（如身高与身高），这些相关系数必然等于 1（$r=1.00$），对我们的分析没有帮助，可以不看它们。但是以对角线为界，相关分析结果可以分成左下与右上两个对称的部分。由于皮尔森 r 具有对称性，这两个对称部分完全相同。例如，在右上的部分，身高与体重的相关系数为 0.448，这个相关系数同样出现在以对角线为基准的对折一侧。一个看似非常庞杂的相关分析结果，便可简化为左下部分或右上部分。

因此，SPSS 所产生的相关分析结果，其实包含了许多不必要的信息，我们可以删除不要。将 SPSS 相关分析整理后，其结果可以另行列表呈现在表 8-1 中。一般而言，任何列表都应有一个标题，简要地标示该表的用途，例如表 8-1 的标题为“学生体质健康测试成绩变量的相关分析”。在呈现相关分析的结果时，表的内容应列出相关变量的名称、相关系数与样本数。表 8-1 将这些资料分成两行，上行为相关系数，下行为样本数。这都在表下的注释中标明。为了方便读者的阅读，表 8-1 将统计显著的相关系数分别以星号（*）标示，并于表下的注释中标明一个星号代表 0.05 的显著水平，两个星号代表 0.01 的显著水平。注意列表的方式并无一定的格式，上面所述只是一般常见的表列方式。大家可基于自己的偏好与需要呈现资料，但务求简单、清晰与易懂。

最后，我们在前面提到，皮尔森 r 值与二元回归模型中的标准回归系数相同。第七章中以“长跑成绩”为因变量，自变量是“体重”，Beta 系数是 0.332。表 8-1 显示两者的 r 为 0.332。因此证明了皮尔森 r 值与二元回归模型中的标准回归系数相同。

表 8-1 学生体质健康测试成绩变量的相关分析

		1	2	3	4	5
身高 1	R(Pearson)	1	0.448**	−0.036	−0.049	0.039
	Sig.		0	0.725	0.629	0.7
	n		100	100	100	100
体重 2	R(Pearson)		1	0.332**	0.253*	−0.158
	Sig.			0.001	0.011	0.116
	n			100	100	100
长跑 3	R(Pearson)			1	0.565**	−0.242*
	Sig.				0	0.015
	n				100	100
短跑 4	R(Pearson)				1	−0.517**
	Sig.					0
	n					100
立定跳远 5	R(Pearson)					1
	Sig.					
	n					100

第三节 相关分析的假设检验

上面所讨论的皮尔森 r 是从样本资料所获得的相关系数。正如回归分析一样，相关分析也需要透过假设检验来验证两个变量在母体中是否真的相关，也就是要验证母体相关系数 ρ(读为 rou)是否等于 0。相关分析的假设检验也是遵循前述的程序：设立假设、决定显著程度(α)、设立决定规则、计算检验数据，然后得出结论。因此，我们所要验证的虚无假设(H_0)是 $\rho=0$，也就是母体相关系数等于 0，表示两变量在母体中不相关。而对立假设(H_a)是 $\rho\neq0$，也就是母体相关系数不等于 0，表示两变量在母体中相关。例如，为了要检验体重与短跑的母体相关系数是否不等于 0，我们可以设立如下的假设：

● 虚无假设：H_0：$\rho=0$，也就是“母体相关系数等于 0，表示体重与短跑成绩在母体中不相关”。

● 对立假设：$H_a: \rho \neq 0$，也就是“母体相关系数不等于 0，表示体重与短跑成绩在母体中相关”。

我们现在应该已经熟悉假设检验的方法。依照前章所述，临界值检验法的决定规则为：

● 如果 $|t| \leqslant |t_{\alpha/2;\nu}|$，统计上不显著，我们无法拒绝虚无假设；

● 如果 $|t| > |t_{\alpha/2;\nu}|$，统计上显著，我们拒绝虚无假设。

t 分数的计算可依下列公式：

$$t = r\sqrt{\frac{n-2}{1-r^2}} \tag{8.7}$$

举例来说，已知体重与短跑的相关系数为 0.253，依公式(8.7)

$$t = 0.253\sqrt{\frac{100-2}{1-0.253^2}} \approx 10.232$$

根据附录 2 的 t 分布表：$t_{0.025;n-2} = t_{0.025;100-2} = t_{0.025;98} \approx 1.99$，因为 $t = 10.232 > 1.99$，表示母体相关系数不等于 0。也因为两变量间的 $r = 0.253$，我们可解释说体重与短跑成绩增减率呈较低程度的正相关。

不过，SPSS 所产生的相关分析结果并不计算 t 值，而仅列出 p 值。比较简单的方法是以 p 值检验法来检验虚无假设。其决定规则是：

● 如果 $p \geqslant \alpha$，统计上不显著，我们无法拒绝虚无假设；

● 如果 $p < \alpha$，统计上显著，我们拒绝虚无假设。

如果我们设定 $\alpha = 0.05$，因为跳远与短跑成绩相关系数的 p 值等于 0.01，我们拒绝虚无假设，也就是母体相关系数不等于 0。因为两变量间的 $r = 0.253$，体重与短跑成绩增减率呈低程度的正相关。这个结论与用临界值检验法所得结论相同。

依照上述的程序，表 8-1 还有其他相关系数在统计上也是显著的，包括：身高与体重，长跑成绩与立定跳远，长跑成绩与短跑，以及长跑成绩与体重。

第四节　本 章 小 结

统计学中有许多不同的相关系数，本章所介绍的是皮尔森 r(Pearson's r)或简称为 r。皮尔森 r 是测量两个定距变量间相关的强度与方向。但是两变量间是否有因果关系则不是皮尔森 r 所要检验的。皮尔森 r 的值是在

-1.0 到 $+1.0$ 之间。当 $r=1.0$ 时，表示两变量间有完整的正向线性关系；反之，当 $r=-1.0$ 时，表示两变量间有完整的负向线性关系；如果 $r=0$，表示两个变量间没有线性关系。皮尔森 r 的值具有对称性，也就是变量 x 与变量 y 的相关系数和变量 y 与变量 x 的相关系数相等。这也显示皮尔森 r 的计算没有自变量与因变量的区分，因此两变量具有相关关系并不表示它们就具有因果关系。此外，皮尔森 r 的值与二元回归模型中的标准回归系数相同，但是这个特质只适用于二元回归模型，如果是多元回归模型则不适用。最后，正如回归分析一样，皮尔森 r 也需要透过假设检验来验证两个变量在母体中是否真的相关，也就是要验证母体相关系数 ρ 是否等于 0。相关分析的假设检验也是遵循前述的程序。因为 SPSS 所产生的相关分析列出 p 值，一般是以 p 值检验法来进行假设检验。

本章重要名词

相关分析　　皮尔森 r　　对称性

本章习题

习题一：请根据常识，提出一对具有正相关关系的事物和/或一对具有负相关关系的事物。并尝试对以上假设相关的事物获取数据，用 SPSS 检验自己的假设，判断相关性的方向及显著性。

习题二：已知短跑成绩与立定跳远成绩呈负相关，即跳得越远跑的速度越快。然而，短跑成绩也与体重相关，体重越大，短跑用时越长，速度则越慢。想要知道短跑成绩与下肢爆发力的净相关就要排除体重的影响。请以文件“第八章 体重、跳远与短跑成绩的相关分析数据-习题.sav”为资料检验跳远与短跑的净相关系数。

习题简答：

习题一：略，请参考本章双变量相关分析部分及相关分析的 SPSS 操作。

习题二：根据以下 SPSS 结果输出，在排除体重的影响后，跳远与短跑呈显著负相关关系（$r=-0.499$，$p<0.01$）。操作请见图 8-6 和图 8-7。

相关性

控制变量			立定跳远	短跑
体重	立定跳远	相关性	1.000	-.499
		显著性（双尾）	.	.000
		自由度	0	97
	短跑	相关性	-.499	1.000
		显著性（双尾）	.000	.
		自由度	97	0

图 8-6　打开 SPSS 偏相关界面

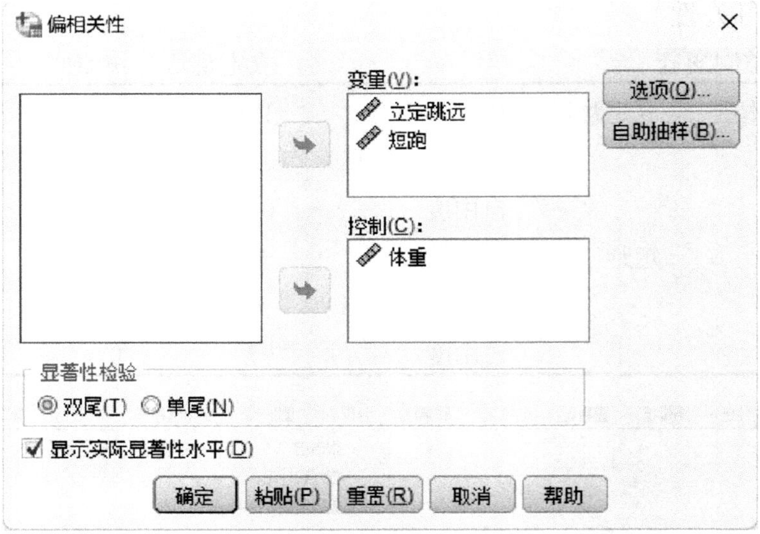

图 8-7　SPSS 偏相关界面操作

第九章　多元回归分析

我们在第七章中介绍了二元回归分析，也就是回归模型中仅有一个因变量以及一个自变量。但是一般体育学与社会学研究很少运用二元回归分析，这是因为体育与社会事件多是受到许多因素的影响。为了能较完整地解释经验现象，学者通常需要运用多元回归分析(multivariate regression analysis)来分析资料。这种统计方法运用两个或两个以上的自变量来建构回归模型。一般研究很少用二元回归分析的另一个原因是，在二元回归模型中两变量间的关系有可能是虚假的，也就是说自变量对因变量的影响实际上是受到其他变量的影响。因为多元回归分析包含两个或两个以上的自变量，我们可以对这些变量加以控制，而将其他变量可能造成的影响去除掉，变量间的关系就更能确定。读者或许觉得奇怪，如果二元回归分析并不实用，我们为何要讨论它？这是因为多元回归乃是二元回归的延伸，前章中所介绍的原理原则大多适用于多元回归分析。应在了解第七章的内容后，再来阅读本章。

第一节　多元回归分析

一、多元回归方程式

在多元回归分析中，因变量和许多自变量具有线性函数的关系，其关系可以用下列公式来表示：

$$y = a + b_1x_1 + b_2x_2 + \cdots + b_kx_k + e \tag{9.1}$$

式中，y 是因变量；x_k 是第 k 个自变量(即 x_1 是第 1 个自变量，x_2 是第 2 个自变量，以此类推)；a 是截距或常数；b_k 是第 k 个自变量多元回归系数(即 b_1 是第 1 个自变量的多元回归系数，b_2 是第 2 个自变量的多元回归系数，以此类推)；e 是随机误差。

我们在前章中曾以回归线来显示二元回归模型(见图 7-1)，但是多元回归模型就不易以图形来表示。这是因为多元回归模型有太多自变量，无法在二度空间中表示。例如，如果有 k 个自变量，相关的图形就必须在 $k+1$ 度空间中表示。所幸一个具有两个自变量的多元回归模型可在三度空间中表现出来，其方程式可以写为：

$$y = a + b_1x_1 + b_2x_2 + e \tag{9.2}$$

这显示我们所求的是一个回归“平面”，而不是一条回归线（见图 9-1）。

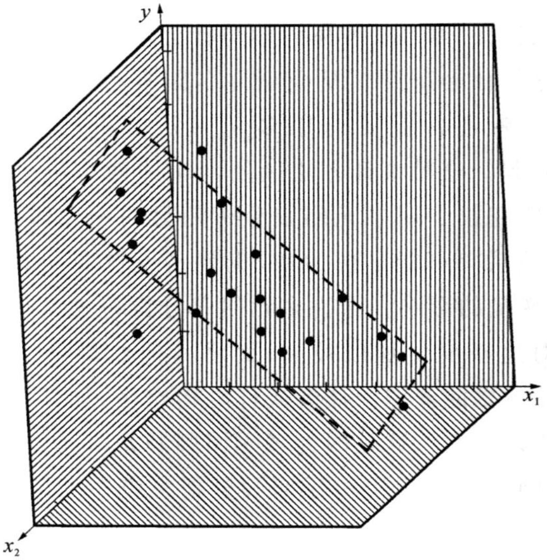

图 9-1　多元回归模型示意图

下面再以第七章中解释短跑成绩的例子来说明多元回归分析。除了跳远以外，我们可再加入体重这一变量，来解释学生短跑成绩的变动。我们以本书数据库中的“体育成绩指标回归分析示例.sav”为分析依据，相关的多元回归模型及变量名称为：

$$y = a + b_1x_1 + b_2x_2 + e \tag{9.3}$$

式中，y 是因变量，代表学生的“短跑成绩”；其余为自变量，x_1 是“体重”，x_2 是“跳远”。

在前章中的二元回归模型以最小平方法来估计回归系数，在多元回归中 SPSS 仍然以同样的方法来求取估计值。

二、SPSS 多元回归分析的操作程序

SPSS 的多元回归操作程序与第七章所述的程序大体相同：

（1）从本书数据库中找到“第七章 体育成绩指标回归分析示例. sav”数据文件。双击该文件名以开启数据库。

（2）在数据视图视窗中，自主菜单的“分析”下，选取其附属指令“回归”，然后选“线性”（图 9-2），这将打开相对应的“线性回归”对话框。

（3）自对话框左边的变量单中选择“短跑”，并按➡键将这一变量从左侧右移到“因变量”框中。然后再自对话框左边的变量单中依序选择“体重”与“立定跳远”，同样将这两个变量从左侧右移到自变量框中。注意在“方法”框中的选项应是“输入”（图 9-3）。

（4）按“确定”键便可获得多元回归分析的结果（图 9-4）。

图 9-2　多元回归分析视窗

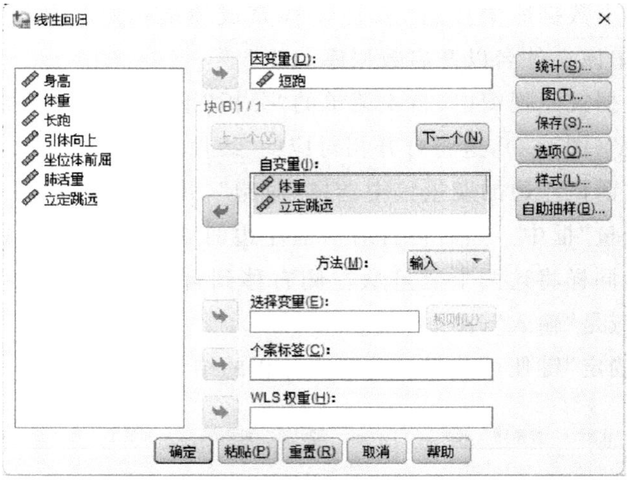

图 9-3　多元回归分析对话框

输入/除去的变量[a]

模型	输入的变量	除去的变量	方法
1	立定跳远, 体重[b]	.	输入

a. 因变量：短跑

b. 已输入所请求的所有变量。

模型摘要[b]

模型	R	R方	调整后R方	标准估算的错误
1	.545[a]	.297	.283	.37417

a. 预测变量:(常量),立定跳远,体重

b. 因变量：短跑

变异数分析[a]

模型		平方和	自由度	均方	F	显著性
1	回归	5.743	2	2.872	20.511	.000[b]
	残差	13.580	97	.140		
	总计	19.323	99			

a. 因变量：短跑

b. 预测变量:(常量),立定跳远, 体重

系数[a]

		未标准化系数		标准化系数			B的95.0%置信区间	
模型		B	标准错误	Beta	t	显著性	下限	上限
1	(常量)	9.166	.463		19.784	.000	8.247	10.086
	体重	.007	.003	.176	2.039	.044	.000	.013
	立定跳远	-.009	.002	-.489	-5.672	.000	-.012	-.006

a. 因变量：短跑

图 9-4　SPSS 多元回归分析结果输出实例

可以发现 SPSS 所产生的多元回归分析结果与二元回归分析结果，两者的格式完全相同。和二元回归分析结果一样(见表 7-1 至表 7-4)，图 9-4 同样有四个表。第一个表(输入/除去的变量)显示因变量为短跑成绩，自变量有两个，分别为立定跳远与体重。第二个表(模型摘要)显示 R^2 为 0.297。第三个表(变异数分析)告诉我们样本数为 100，也就是这项回归分析共包括了 100 个学生。第四个表(系数)显示回归系数与相对应的标准差，因此回归估计方程式为

$$\hat{y} = 9.166 + 0.007x_1 - 0.009x_2 \tag{9.4}$$

标准误　　(0.003)　(0.002)

上式中的数字为非标准回归系数，括号内的数字为非标准回归系数的标准误。

第二节　多元回归分析的解释

一、多元回归系数与统计控制

相较于二元回归系数，多元回归系数的解释稍有不同。在二元回归中，回归系数 b 的定义是“平均而言，当自变量增加 1 个单位时，因变量会增加 b 个单位”。在多元回归分析中，因为其他变量可以受到控制，多元回归系数的解释是，“平均而言，在其他变量都受到控制后，自变量 x_k 每增加 1 个单位，因变量会增加 b 个单位”。因此在公式(9.4)中，b_2 的解释是：平均而言，在其他变量都受到控制后，立定跳远每增加 1 cm，学生短跑成绩就会减少 0.009 s。也就是说：平均而言，假定体重都一样时，学生在跳远中能多跳 1 cm，其短跑成绩就会快 0.009 s。

什么是“在其他变量都受到控制后”？其意义为何？在第一章中我们曾提及为了确定变量 x 与变量 y 间的关系，我们必须将其他的变量控制住使其不变，以免 x 与 y 间的关系会受到其他变量的影响。我们以一项众所周知的科学法则为例：“在其他条件不变的情形下，水的冰点是 0℃。”这项陈述说明了水的冰点为 0℃，但是必须是在“其他条件不变的情形下”才是 0℃。如果其他条件有变化(例如大气的压力变了)，水的冰点就不再是 0℃ 了。因此，如何控制其他条件(如大气压力)，就成为解释水的固化与温度间关系的要件。“在其他条件不变的情形下”就是在概括性确定，其他变量不会影响

水与温度间的关系。一般而言，科学上有两种控制方法，一种是“实验控制”(experimental control)，其逻辑已在第一章中说明过。以公式(9.4)为例，为了能确定学生立定跳远对短跑成绩的影响，我们可以将所有学生的体重都设定在某一个数值(例如，都设为 60 kg)然后再来检测跳远的影响力，这就是实验控制。但是这样的实验控制在体育科学研究中通常是不可能执行的，因为在现实生活中每个学生的体重都会不同，有的高于 60 kg，有的低于 60 kg，我们无法将每一个学生的体重都设定在某一固定的值。不过，虽然实验控制不可行，我们可以运用第二种方法，就是“统计控制”(statistical control)，来使其他变量的值不变。下面将以两个自变量的多元回归模型为例来说明统计控制。

依公式(9.2)，两个自变量的多元回归方程式为：

$$y = a + b_1x_1 + b_2x_2 + e$$

假定自变量 x_1 与 x_2 相关，也就是 $r_{12} \neq 0$。则

$$x_1 = c_1 + c_2x_2 + \mu \tag{9.5}$$

因为：$\hat{x}_1 = c_1 + c_2x_2$，公式(9.5)也可以表示为：

$$\mu = x_1 - \hat{x}_1 \tag{9.6}$$

也就是说，μ 是 x_1 的一部分，但也是 x_2 无法解释的一部分。这也显示 μ 与 x_2 是完全分开而不相关的。

同理，因变量 y 中也有 x_2 无法解释的一部分：

$$y = d_1 + d_2x_2 + \nu$$

$$\nu = y - (d_1 + d_2x_2)$$

$$\nu = y - \hat{y} \tag{9.7}$$

因此，ν 与 x_2 也是完全分开的。

我们从公式(7.7)可知

$$b_1 = \frac{\sum(\mu)(\nu)}{\sum(\mu)^2} = \frac{\sum(x_i - \hat{x})(y_i - \hat{y})}{\sum(x_i - \hat{x})^2} \tag{9.8}$$

换言之，回归系数 b_1 完全是由 x_1 与 y 的值所决定，而且不受 x_2 的影响。所以在多元回归分析中，各个回归系数所表示的是，在其他变量都受到控制后，某自变量对因变量的影响力。透过统计控制，其他变量的影响力可以被去除，我们因而可以更确定变量 x_2 对变量 y 的影响。

例如，在第七章中，无论是以双尾检验或单尾检验，都证明“跳远”的回

归系数在统计上是显著的。但是在没有控制其他变量的情形下，跳远对长跑成绩的影响有可能是虚假的。为了更确定跳远对长跑成绩的影响不是虚假的，我们纳入体重这一变量，并进行多元回归分析。从公式(9.4)可知，在控制体重后，跳远的影响力在统计上同样显著，也就是说，原来跳远在二元回归分析中所显示的影响力不是虚假的。这就证明在加入理论上相关的变量后，我们可以将其他变量的影响力去除，而更能确定变量间的关系。当然，统计控制要比实验控制的效力来得弱。但是如果能依照理论，谨慎地在回归模型中加入控制变量，我们仍然可以确定变量间的关系。

二、标准回归系数

我们在第七章中介绍了标准回归系数(或 Beta 系数，β_{yx}^{*})。因为标准回归系数是以 Z 分数求出，所以在解释上是以标准差为单位："平均而言，当 x 每增加 1 个标准差时，y 就增加(或减少) β_{yx}^{*} 个标准差"。我们提到，当原变量的测量单位庞杂不易懂时，我们可以标准回归系数来解释其意义。

标准回归系数的另一个重要的用途，是在多元回归模型中比较各个自变量影响力的大小。以公式(9.4)中两个自变量为例，"体重"与"跳远成绩"两者计算的基础不同，我们无法比较哪一个对因变量有较大的影响力。为了能够比较各个变量的影响力，我们便可以使用标准回归系数。

图 9-4 中第四个表(系数)列有标准回归系数(见标准化系数列)，我们可得下列回归估计方程式：

$$\hat{y} = 0.176x_1 - 0.489x_2 \tag{9.9}$$

注意上式没有截距，这是因为 Z 分数的平均数是 0，其计算是从原点开始。从公式(9.9)中可知，"跳远"的 Beta 系数比较大，所以这个变量对短跑成绩有较大的影响。其解释是："平均而言，当其他变量都受到控制后，跳远每增加 1 个标准差时，学生短跑成绩就提高 0.489 个标准差。"

三、回归模型的解释力(R^2)

在前章中，我们以 R^2 评估二元回归模型的解释力或预测力的大小。同样地，在估计出多元回归模型后，我们也可以 R^2 来评估这一模型与经验资料的模型适合度。在多元回归模型中，R^2 被称为多元判定系数(Coefficient of Multiple Determination)，其计算方式与二元回归模型的 R^2 相同：

$$R^2=\frac{RSS}{TSS}=\frac{\sum(\hat{y}_i-\bar{y})}{\sum(y_i-\bar{y})} \tag{9.10}$$

因此，在多元回归模型中 R^2 的解释也与前述相同，指的是“因变量中被所有自变量共同解释的变异量的比例”，其最大值为 1，最小值为 0（也就是 $0\leqslant R^2\leqslant 1$）。

图 9-4 中第三个表（变异数分析）显示了总偏差平方和（$TSS=19.323$），回归平方和（$RSS=5.743$），以及误差平方和（$ESS=13.580$），换言之

$$R^2=0.297\approx 5.743/19.323 \tag{9.11}$$

不过，我们在解释 R^2 时必须注意，虽然两个不同的样本可能产生相同的多元回归系数，两者的 R^2 可能会有很大的差异。这是因为当因变量的方差有所不同时，R^2 的值就会有差异。此外，当模型中的自变量增加时，R^2 的值通常也会变大。即使加入的自变量对因变量毫无影响力，R^2 通常仍然会增大。如果自变量的数目与样本数相近时，R^2 的值会趋近于 1。有些人因此会想要尽量扩大自变量的数目，以图增大 R^2 的值。这将导致回归模型中包含许多与理论不相干的变量。为了解决这个问题，统计学者推荐使用“调整后的 R^2”（adjusted R^2）：

$$\bar{R}^2=R^2-\left(\frac{k}{n-1}\right)\left(\frac{n-1}{n-k-1}\right) \tag{9.12}$$

式中，$\bar{R}^2$ 是调整后的 R^2；k 是自变量的数目；n 是样本数。

公式（9.12）表示每增加 1 个自变量，R^2 的值反而会相对地减少。也就是说，如果我们在回归模型中加入与理论不相关的变量，R^2 的值可能不增反减。因此，“调整后的 R^2”是对回归模型解释力较保守的估计，而常为许多学者引用。这也表示，模型的建构不应呆板地以 R^2 值的大小为依据，自变量加入模型与否应该以理论为基础。

第三节　多元回归分析的假设检验

第七章的讨论曾指出，体育科学研究多用样本资料，为了确定样本中的变量关系是否也反映在母体中，我们必须对二元回归模型中的回归系数进行假设检验，以验证母体回归系数 β 是不是等于 0。如果检验的结果显示 $\beta=0$，这就表示在母体中自变量对因变量没有影响。相反，如果验证的结果显示 $\beta\neq 0$，就表示在母体中自变量对因变量有影响。同理，在多元回归分析

中，我们也须对相关的回归系数进行假设检验。不同的是，因为二元回归模型仅有一个自变量，我们只需做一次假设检验。但是在多元回归分析中，因为有许多自变量，我们必须对它们依序进行假设检验。

一、双尾假设检验

在进行假设检验前，我们需要先说明多元回归方程式。多元回归的样本回归方程式就是公式(9.1)：

$$y = a + b_1x_1 + b_2x_2 + \cdots + b_kx_k + e$$

相对的母体回归方程式则可写为：

$$Y = \alpha + \beta_1X_1 + \beta_2X_2 + \cdots + \beta_kX_k + \varepsilon \qquad (9.13)$$

式中，大写的 Y 与 X_k 分别代表母体中的因变量与各个自变量。α 与 β_k 为母体方程式的截距以及与各个自变量相对应的回归系数，ε 代表母体中的随机误差。

我们以公式(9.4)为例，来验证体重(x_1)与跳远(x_2)的回归系数是不是在统计上显著地不等于0(简称为统计上是否显著)。因为有两个回归系数，我们可先检验体重(x_1)的回归系数，然后再依同样的程序检验跳远(x_2)的回归系数。依照假设检验的五个步骤：

①设立假设；

②决定显著程度(α)；

③设立决定规则；

④计算检验数据；

⑤结论。

我们可设立如下的假设：

● 虚无假设：H_0：$\beta_2=0$，也就是"母体回归系数 β_2 等于0，表示跳远对学生短跑的成绩没有影响"；

● 对立假设：H_a：$\beta_2\neq0$，也就是"母体回归系数 β_2 不等于0，表示体重对学生短跑成绩有影响"。注意上述的对立假设并没有指明自变量对因变量影响的方向，相关的假设检验乃是双尾检验。

为了阅读方便，我们将图 9-4 有关回归系数的结果(第四个表系数)重新列为表 9-1。因为 t 分数与 p 值为 SPSS 默认的选项，我们将以临界值检验法以及 p 值检验法来进行假设检验。对置信区间检验法有兴趣的读者，可自行依照第七章所述，求取置信区间。表 9-1 中与假设检验相关的数据列在最后两栏，分别标示为“t”与“显著性”栏。“t”栏列有相关的 t 分数（体重：$t=2.039$；跳远：$t=-5.672$），“显著性”栏则也列有相关的 p 值（体重：$p=0.044$；跳远：$p<0.001$）。无论用临界值检验法或 p 值检验法，其结论都会相同。

表 9-1　短跑成绩多元回归分析 SPSS 输出结果实例

系数[a]

模型		非标准化系数		标准化系数	t	显著性
		B	标准错误	Beta		
	（常数）	9.166	0.463		19.784	0.000
1	体重	0.007	0.003	0.176	2.039	0.044
	跳远	−0.009	0.002	−0.489	−5.672	0.000

注：a. 因变量：短跑成绩。

1. 临界值检验法

依照前章所述，临界值检验法的决定规则为：

- 如果 $|t| \leqslant |t_{\alpha/2;\nu}|$，统计上不显著，我们无法拒绝虚无假设；
- 如果 $|t| > |t_{\alpha/2;\nu}|$，统计上显著，我们拒绝虚无假设。

如果我们设定 $\alpha=0.05$，因为样本数为 100，自由度为 $100-3=97$，根据附录 2 的 t 分布表：$t_{0.025;n-3}=t_{0.025;100-3}=t_{0.025;97}\approx 1.99$，所以 $t_{0.025;97}$ 大约为 1.99。依照临界值检验法，因为与自变量跳远相关的 $|t|=5.672$ 大于 $t_{0.025;97}\approx 1.99$，显示母体回归系数在统计上与 0 显著地区分，我们拒绝虚无假设，结论是在体重等同情况下，跳远对学生的短跑成绩增减的确有影响。

2. p 值检验法

p 值检验法的决定规则为：

- 如果 $p \geqslant \alpha$，统计上不显著，我们无法拒绝虚无假设；
- 如果 $p < \alpha$，统计上显著，我们拒绝虚无假设。

如果我们设定 $\alpha=0.05$，因为跳远的显著性 $p<0.001$，远远小于 $\alpha=0.05$，显示母体回归系数在统计上与 0 显著地区分，我们拒绝虚无假设，结论是在体重等同情况下，跳远对学生的短跑成绩增减的确有影响。

3. 简易双尾检验法

前面提及，在双尾检验假设时，检验的方式可简化为非标准回归系数与

其标准误的比率。如果回归系数与其标准误比率的绝对值大于 2(也就是，$|b/S_b|>2$)，则表示在双尾检验的逻辑下，母体回归系数 β“至少”会在 $\alpha=0.05$ 的显著水平下呈显著性，我们可拒绝虚无假设。如果回归系数与其标准误比率的绝对值比 2 要大很多，则可能会在 $\alpha=0.01$ 的显著水平下呈高度显著性。因为与自变量跳远相关的回归系数与标准误的比率为：

$|-0.009/0.002|=4.5$

显示母体回归系数 β 在 $\alpha=0.05$、0.01 下统计上都显著，我们拒绝虚无假设。结论是跳远对学生短跑成绩有影响。

我们可依同样的程序检验体重的回归系数，相关的假设为：

● 虚无假设：$H_0:\beta_1=0$，也就是“母体回归系数 β_1 等于 0，表示体重对学生短跑成绩没有影响”；

● 对立假设：$H_a:\beta_1\neq 0$，也就是“母体回归系数 β_1 不等于 0，表示体重对学生短跑成绩有影响”。

从表 9-1 可知，无论以临界值检验法或 p 值检验法，我们都拒绝虚无假设。因为回归系数与其标准误比率的绝对值比 2 要大（$|0.007/0.003|\approx 2.33$，结果近似于表 9-1 中的 2.205)，所以在双尾检验的逻辑下，母体回归系数 β_1 统计上高度显著，我们可拒绝虚无假设。此外，依照 p 值检验法的逻辑，因为 $p=0.044$ 小于 $\alpha=0.05$，也显示母体回归系数 β 统计上显著，我们也可拒绝虚无假设。结论是体重对学生短跑成绩有影响。

二、单尾假设检验

对身高的回归系数做单尾假设检验。如果我们想要了解跳远是否会“提升”学生的短跑成绩，相关的假设就指明了自变量的影响方向，我们就须运用右侧单尾检验。相关的假设就是：

● 虚无假设：$H_0:\beta_2=0$，也就是“母体回归系数 β_2 等于 0，表示跳远对学生短跑成绩没有影响”；

● 对立假设：$H_a:\beta_2>0$，也就是“母体回归系数 β_2 大于 0，表示提高跳远成绩能提升学生的短跑成绩”。

正如在第七章所说的，SPSS 不计算单尾检验的置信区间，所以我们运用临界值检验法以及 p 值检验法来做假设检验。我们同样用表 9-1 最后两栏中的数据做假设检验，“t”栏中的 t 分数为 -5.672，“显著性”栏中的 p 值小于 0.001。无论以临界值检验法或 p 值检验法，其结论都会相同。

1. 临界值检验法

临界值检验法的决定规则为：

- 如果 $t \leqslant t_{\alpha;\nu}$，统计上不显著，我们无法拒绝虚无假设；
- 如果 $t > t_{\alpha;\nu}$，统计上显著，我们拒绝虚无假设。

如果我们设定 $\alpha=0.05$，因为样本数为 100，自由度为 100－2＝98，根据附录 2 的 t 分布表，单尾检验的 t 临界值大约为 1.98（$t_{0.05;n-2}=t_{0.05;100-2}=t_{0.05;98}\approx 1.98$）。显示母体回归系数 β 在 $\alpha=0.05$ 的单尾检验中，统计上是显著地大于 0，我们因此可以拒绝虚无假设。结论是跳远成绩的改善可以提升学生短跑成绩。

2. p 值检验法

p 值检验法的决定规则为：

- 如果 $p \geqslant \alpha$，统计上不显著，我们无法拒绝虚无假设；
- 如果 $p < \alpha$，统计上显著，我们拒绝虚无假设。

注意 SPSS 计算的 p 值是两个尾端的概率和，所以表 9-1 所列的 p 值乃是所需值的两倍。在做单尾检验时，我们须将这个 p 值除以 2。即

$$(p/2 < 0.001) < (\alpha = 0.05)$$

依照 p 值检验法的逻辑，母体回归系数 β_2 统计上高度显著，我们可拒绝虚无假设。结论是跳远成绩的改善可以提升学生短跑成绩。

第四节　共线性的问题

一、什么是共线性问题

在建构多元回归模型时，一个很重要的条件是模型中的自变量不能具有完全的线性关系（perfect linear relationship），否则会产生共线性（multicollinearity）的问题。变量间的共线性问题会使得检测的回归系数很难达到统计显著的水平，因此会影响结论的正确性。以公式(9.2)为例：

$$y = a + b_1x_1 + b_2x_2 + e$$

如果 x_2 与 x_1 间的关系可以下式表示：

$$x_2 = c_0 + c_1x_1 \tag{9.14}$$

因为公式(9.14)没有误差 e，这表示 x_1 与 x_2 具有完全的线性关系，此

时公式(9.14)所产生的 $R^2=1$。在这种情形下,回归模型无法估计所有的回归系数。我们以本书数据库中的"体育成绩指标回归分析示例.sav"为分析依据来说明。假定我们的多元回归模型为:

$$y = a + b_1x_1 + b_2x_2 + b_3x_3 + e \tag{9.15}$$

式中,y 是因变量,代表"短跑成绩";其余为自变量,x_1 是"体重",x_2 是"跳远成绩",而 x_3 为"体重 2",亦即

$$体重2 = 体重 \times 2 \tag{9.16}$$

公式(9.16)显示体重与体重 2 具有完全的线性关系。因为体重 2 是一个新的变量,下面将顺便介绍产生新变量的 SPSS 程序:

(1)从本书数据库中找到"第七章 体育成绩指标回归分析示例.sav"。双击该文件名以开启数据库。

(2)在数据视图视窗中,自主菜单的"转换"下,选取其附属指令"计算变量"(见图 9-5),这将打开"计算变量"对话框。

图 9-5 变量转换分析视窗

(3)在“计算变量”对话框中，将体重 2 输入左上角“目标变量”栏，然后在右边“数字表达式”栏中输入“体重 * 2”（见图 9-6）。按“确定”键后，新变量体重 2 便已产生。我们可从变量视图中看到新变量体重 2。然后进行回归分析。

(4)在数据视图中，自主菜单的“分析”下，选取其附属指令“回归”，然后选“线性”，这将打开相应的“线性回归”对话框。

(5)自对话框左边的变量单中选择短跑成绩，并按➡键将这一变量从左侧右移到因变量框中。然后再自对话框左边的变量单中依序选择“立定跳远”、“体重”与“体重 2”，并按➡键将这三个变量从左侧右移到自变量框中。

(6)按“确定”键便可获得多元回归分析的结果（见图 9-7）。

图 9-6　计算新变量对话框

输入/除去的变量[a]

模型	输入的变量	除去的变量	方法
1	立定跳远, 体重2[b]	.	输入

a. 因变量：短跑
b. 已达到“容差=.000”限制。

模型摘要[b]

模型	R	R方	调整后R方	标准估算的错误
1	.545[a]	.297	.283	.37417

a. 预测变量:(常量), 立定跳远, 体重2
b. 因变量：短跑

ANOVA[a]

模型		平方和	自由度	均方	F	显著性
1	回归	5.743	2	2.872	20.511	.000[b]
	残差	13.580	97	.140		
	总计	19.323	99			

a. 因变量：短跑
b. 预测变量：(常量), 立定跳远, 体重2

系数[a]

模型		未标准化系数		标准化系数	t	显著性	B的95.0%置信区间	
		B	标准错误	Beta			下限	上限
1	(常量)	9.166	.463		19.784	.000	8.247	10.086
	体重2	.003	.002	.176	2.039	.044	.000	.007
	立定跳远	-.009	.002	-.489	-5.672	.000	-.012	-.006

a. 因变量：短跑

排除的变量[a]

模型		输入Beta	t	显著性	偏相关	共线性统计
						容差
1	体重	.[b]	.	.	.	.000

a. 因变量：短跑
b. 模型中的预测变量:(常量), 立定跳远, 体重2

图 9-7 两变量完全共线性时的多元回归分析 SPSS 输出结果

虽然在上述的程序中，所建构的回归模型包含三个变量，但是图 9-7 的第四个表(系数)显示回归模型仅有两个变量(立定跳远与体重 2)，另一变量体重被排除在外。这证明了当两个变量具有完全的线性关系时，回归模型无法估计所有的回归系数。事实上，如果两个变量具有完全的线性关系，正如上例所显示，共线性问题可以很容易地被发现。在实际的研究中，自变量间很少有完全的线性关系，可是变量间具有高度相关的情形却很常见。所以在体育科学中的共线性问题不是有没有的问题,而是程度上的问题。

共线性问题对假设检验有很大的影响。当变量间高度相关时,回归系数的标准误会相对增大,使得检测的回归系数很难达到统计显著的水准。公式(9.17)显示回归系数方差的计算为:

$$方差\ b_i = S_{b_i}^2 = S_u^2/\nu_i^2 \tag{9.17}$$

上式中 S_u^2 是多元回归方程式误差的方差,ν_i^2 是将第 i 个自变量当作因变量,并对其他自变量做多元回归后所得的误差平方值。也就是说

$$\nu_i = x_i - \hat{x}_i \tag{9.18}$$

如果 x_i 与其他自变量具有很高的线性关系,则 x_i 与 $\hat{x}_i$ 的值将非常接近,ν_i 的值就会很小。从公式(9.17)可知,如果 ν_i 的值很小,则回归系数的方差 $S_{b_i}^2$ 就会很大,其标准误 S_{b_i} 也随之增大。再从公式(7.22)可知,当 S_{b_i} 的值很大时,$|b/S_b|$ 就会因而变小,这使得检测的回归系数很难达到统计显著的水平。此外,除了会影响回归系数的显著水平外,共线性也会影响到回归结果的稳定性。当变量间具有高度的相关,如果样本数有变动,回归系数就可能有很大的变化,使得回归分析的结果很不稳定。所以共线性的问题是回归分析中很重要的议题。

二、共线性的检测

在共线性的检测方法上,学界中有三种常用的方法。第一种方法是以前章所介绍的二元相关分析来测量变量间的关系,一般是以皮尔森 r 的值是否大于 0.80 为标准,如果大于这个值,就表示有共线性的问题。严格来说,二元相关分析不是很适合的,因为二元相关分析仅测量两个变量间的关系,但是共线性的发生有可能是因为某一自变量同时与若干其他的自变量具有高度的线性关系。第二种方法是将各个自变量当作因变量,依序与其他自变量做回归分析,然后检视其 R^2 的值。但是 R^2 的值究竟要多大才会表示有共线性的问题,学界并没有定论。有些学者认为如果 R^2 趋近于 1 则表示有严重的共线性问题,有些则认为如果 R^2 的值达到 0.80 就需要注意。第三种方法其实是第二种方法的延伸,也就是以第二种方法中所产生的 R^2 值,来计算 Variance Inflation Factor (VIF):

$$VIF_i = 1/(1 - R_i^2) \tag{9.19}$$

上式表示 VIF 的计算是将某自变量 x_i 当作因变量,然后与其他自变量

做回归分析，所得的 R^2 值代入上式中即可得相对应的 VIF。如果 VIF 大于 5 时（也就是相对应的 R^2 大于 0.80），我们就必须注意可能有共线性的问题。

上面的讨论也显示，在体育科学中变量间的共线性不是有没有的问题，而是共线性的程度是否严重到会影响回归分析的结果，本书建议是通过两个步骤来检验共线性的问题：第一个步骤是检视 R^2 或 VIF，以确定共线性问题是否重。如果 R^2 的值达到 0.80 或 VIF 大于 5 时，即表示自变量间的共线性有可能影响回归分析的结果。在这种情形下就应进行第二个步骤，即执行两个多元回归分析，一个回归模型包含所有的变量，另一个回归模型除去可能会影响分析结果的变量。目的是在检视变量间共线性的程度是否真会影响回归分析的结果。如果包含该变量与不包含该变量的结果相似，就显示共线性不会影响回归分析的结果。相反，如果两种结果非常不同（例如，有些变量在一个回归模型中统计上显著，在另一个回归模型中统计上不显著），这就显示共线性的问题严重，足以影响回归分析的结果。

为了检测公式(9.15)的共线性，多元回归模型中的两个自变量：体重 2 (x_1)与立定跳远(x_2)，依此当作因变量与其他自变量做回归分析（此处仅有两个自变量，所以结果与二元相关分析相同，如果自变量多于两个，其检测的结果将不一样）：

$$\hat{x}_1 = 170.559 - 0.157\hat{x}_2 \quad R^2 = 0.025 \quad VIF = 1.026 \qquad (9.20)$$

$$\hat{x}_2 = 250.118 - 0.160\hat{x}_1 \quad R^2 = 0.025 \quad VIF = 1.026 \qquad (9.21)$$

因为两个 VIF 都没有大于 5，我们可知共线性的问题并不严重，所以不会影响回归分析的结果。最后，读者或许会认为以上述方法做共线性的检验非常烦琐（例如，假定回归模型中有 10 个自变量，则须分别对这 10 个自变量做回归分析）。所幸 SPSS 的回归分析程序可以计算 VIF 值，这让共线性的检验变得简单很多，我们会在下面的例子中说明。

三、共线性的处理

上面所讨论的是如何检测共线性的严重程度，如果共线性的严重程度足以影响回归分析的结果时，我们应该如何处理？下面介绍几种方法，但是要注意的是没有一种是完美的。第一种方法是增大样本。因为样本数愈大，回归系数愈可能在统计上显著。不过这种方法不是十分实际的，因为在大多数的情形下，研究者都无法增加样本数。举例来说，如果我们以问卷调查的方式搜集资料后，发现变量间有严重的共线性问题，因为问卷调查已经执行完毕，增大样本数意味着更多的人力、物力与更高的成本，通常不是一般研究者所能负担的。第二种方法是将相关度高的几个变量结合起来成为一个测量指数(index)。例如，假定我们要测评大学生锻炼行为，自变量包括"体育课内 MVPA 时长"(x_1)，"课间体育活动时长"(x_2)，"每周乐跑累计时长"(x_3)与"周末课外锻炼次数"(x_4)。其多元回归模型为：

$$y = a + b_1x_1 + b_2x_2 + b_3x_3 + b_4x_4 + e \tag{9.22}$$

如果我们发现"课间体育活动时长"(x_2)与"每周乐跑累计时长"(x_3)高度相关，因为这两个变量都是在测量受访人时间的程度，我们可将它们加总成为一个测量指数，称为"校内课余体育锻炼的时间"。这一个方法的优点是运用了所有的资料，也解决了共线性的问题。不过，如果变量的性质不一致时，这个方法就不适合。所以第三种方法是将有问题的变量舍弃不用。例如将"课间体育活动时长"从回归模型拿掉。这一个方法虽然可以很简单地解决问题，其缺点是舍弃掉可能有用的资料，也可能造成理论上的缺陷。一个常用的方法是将两个变量分别放入回归模型中以检验其对因变量的影响，也就是：

$$y = a + b_1x_1 + b_2x_2 + b_4x_4 + e \tag{9.23}$$

$$y = a + b_1x_1 + b_3x_3 + b_4x_4 + e \tag{9.24}$$

公式(9.23)将"每周乐跑累计时长"(x_3)排除在分析外，而公式(9.24)将"课间体育活动时长"(x_2)排除在分析外。透过对式(9.22)、式(9.23)与式(9.24)所列模型的 R^2 比较，我们便可以对所有变量的影响力做较完整的验证。

第五节　一个多元回归的例子

在介绍了回归分析的原理原则后，下面还是以学生短跑成绩的研究为例，示范如何以多元回归模型做统计分析。假定我们想要研究学生提升短跑成绩的因素。我们可以预见影响学生短跑成绩的因素很多，体重只是其中之一。其他可能的因素还可能包括身高、立定跳远，以及坐位体前屈。根据设想的理论，我们可以建构一个四个自变量的回归模型：

$$y = a + b_1x_1 + b_2x_2 + b_3x_3 + b_4x_4 + e \tag{9.25}$$

式中，y 是因变量，代表学生的“短跑成绩”。其余为自变量，其中 x_1 是“体重”，x_2 是“身高”，x_3 是“立定跳远”，而 x_4 是“坐位体前屈”。

我们仍以“第七章 体育成绩指标回归分析示例. sav”为数据库，并依照前述的 SPSS 程序来估计回归系数，不同的是我们将加入检验共线性的程序：

(1) 自主菜单的“分析”下，选取其附属指令“回归”，并打开相对应的线性回归对话框后，依序自对话框左边的变量单中选择短跑成绩，放到因变量框中，然后选择体重、身高、跳远与坐位体前屈，放到自变量框中。

(2) 在线性回归对话框中，按左上角的“统计”键，勾选右栏下方的“共线性诊断”、“模型拟合度”等(见图 9-8)，然后按“继续”键，便回到原“线性回归”对话框。

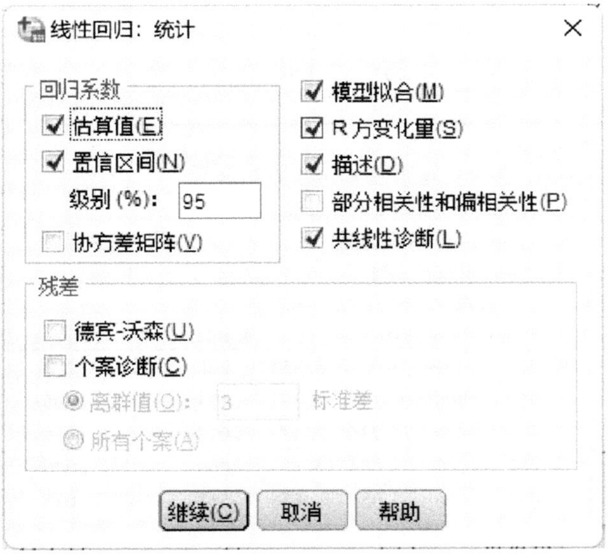

图 9-8　SPSS 回归分析统计对话框

(3) 按“确认”键便可获得多元回归分析的结果(见图 9-9)。

图 9-9 的第四个表(系数)列出 *VIF* 的值(系数结果的最左侧)。因为所有的 *VIF* 都比 5 小很多，显示共线性的问题并不严重，所以不会影响回归分析的结果。为了能简明地表现回归分析的结果，我们通常将图 9-9 所列的多元回归分析加以整理后成以下形式(见表 9-2)：

输入/除去的变量[a]

模型	输入的变量	除去的变量	方法
1	坐位体前屈,体重,立定跳远,身高[b]	.	输入

a. 因变量：短跑

b. 已输入所请求的所有变量。

模型摘要[b]

					更改统计				
模型	R	R方	调整后R方	标准估算的错误	R方变化量	F变化量	自由度1	自由度2	显著性F变化量
1	.562[a]	.315	.286	.37318	.315	10.937	4	95	.000

a. 预测变量：(常量)，坐位体前屈,体重,立定跳远,身高

b. 因变量：短跑

ANOVA[a]

模型		平方和	自由度	均方	F	显著性
1	回归	6.093	4	1.523	10.937	.000[b]
	残差	13.230	95	.139		
	总计	19.323	99			

a. 因变量：短跑

b. 预测变量:(常量),坐位体前屈,体重,立定跳远,身高

系数[a]

		未标准化系数		标准化系数			B的95.0%置信区间		共线性统计	
模型		B	标准错误	Beta	t	显著性	下限	上限	容差	VIF
1	(常量)	10.772	1.259		8.554	.000	8.272	13.272		
	身高	-.010	.008	-.132	-1.371	.174	-.025	.005	.779	1.283
	体重	.009	.004	.236	2.437	.017	.002	.016	.766	1.306
	立定跳远	-.009	.002	-.484	-5.491	.000	-.012	-.006	.927	1.079
	坐位体前屈	.004	.006	.057	.656	.513	-.007	.015	.960	1.041

a. 因变量：短跑

共线性诊断[a]

				方差比例				
模型	维	特征值	条件指标	(常量)	身高	体重	立定跳远	坐位体前屈
1	1	4.776	1.000	.00	.00	.00	.00	.01
	2	.194	4.962	.00	.00	.01	.00	.95
	3	.024	14.185	.00	.00	.62	.10	.02
	4	.005	29.771	.04	.03	.23	.89	.01
	5	.000	105.684	.96	.97	.14	.00	.01

a. 因变量：短跑

图 9-9 学生长跑成绩增长多元回归与共线性分析结果

表 9-2　学生短跑成绩与体质指标的回归分析结果

自变量	统计指标	指标值
体重	β	0.009*
	SE	0.004
	β_s	0.236
身高	β	−0.010
	SE	0.008
	β_s	−0.132
立定跳远	β	−0.009**
	SE	0.002
	β_s	−0.484
坐位体前屈	β	0.004
	SE	0.006
	β_s	0.057
$\bar{R}^2$		0.286
样本数		100

注：非标准回归系数(β)；标准误(standard error [SE])；标准回归系数(β_s)。

* $p<0.05$，** $p<0.01$，单位检验。

一般而言，任何列表都应有一个标题，简要地标示该表的用途，例如表9-2的标题为“学生短跑成绩与体质指标的回归分析结果”。在呈现回归分析的结果时，表的内容至少应包含自变量的名称与相关的回归系数与标准误。有的学者也将标准回归系数列入。表9-2将这些资料分列三列，左列为自变量名称，右两列对应每个自变量名称又分为三行，上行为非标准化回归系数，中行为相对的标准误，下行为标准回归系数。因为我们所要验证的是模型中的四个自变量是否会“提升”学生长跑成绩，我们以右侧单尾检验假设。为了便于阅读，表9-2将统计显著的回归系数以星号(*)标示，并于表下的注释中标明一个星号代表0.05的显著水平，两个星号代表0.01的显著水平。此外，表9-2也标明调整后的R^2($\bar{R}^2$)与样本数。注意列表的方式并无一定的格式，上面所述只是一般常见的表示方式。研究者可基于自己的偏好与需要呈现资料，但务求简单、清晰与易懂。

从表列的资料来看，这四个自变量共同解释了因变量中28.6%的变异量(调整后 R^2)。在这四个自变量中,“身高”与“坐位体前屈”在统计上不显著,所以对学生短跑成绩没有影响。其余两个变量,“体重”、“立定跳远”都是统计上显著的,相对应的回归系数有正负值之分,表示体重的降低会提高学生短跑成绩,下肢爆发力的优势也能提升学生短跑成绩,如果将这两个变量相比较,下肢爆发力与体重对学生短跑成绩有一致的影响力。我们对两个回归系数的解释是:“平均而言,在其他变量都受到控制后,立定跳远每增加 1 cm 或体重降低 1 kg,学生短跑成绩会快 0.009 s”。我们也可以标准回归系数来解释:“平均而言,在其他变量都受到控制后,当体重每降低 1 个标准差时,短跑成绩会快 0.236 个标准差;或者立定跳远每提高 0.484 个标准差时,学生短跑成绩就会提高 0.484 个标准差。”总之,本研究发现学生的身高与柔韧性对短跑成绩是没有影响的。

第六节 本章小结

多元回归分析指的是具有多个自变量的回归分析。正因为包括许多自变量,多元回归模型通常要比二元回归分析的解释力强许多。但是多元回归乃是二元回归的延伸,前章中所介绍的原理原则(如最小平方法、R^2、标准回归系数、假设检验等)大多适用于多元回归分析。所以读者应确切了解第七章所讨论的内容。虽然如此,多元回归系数与二元回归系数的意义略有不同,这是因为多元回归分析可以用统计方法控制其他变量。此外,在建构多元回归模型时,我们也须注意模型中的自变量不能有严重的共线性的问题,否则会影响到回归模型的假设检验及其结论。多元回归分析是体育科学中常用的统计方法,在学习统计学的初级阶段的读者尤其需要了解其原理、原则。

本章重要名词

多元回归分析　　多元回归系数　　标准回归系数　　共线性问题

本章习题

根据所学统计学知识,以本书中提供的练习示例(第七章 体育成绩指标回归分析示例.sav)，选取一个因变量、三个自变量做多元回归分析。回归分析结果如下：

①此回归模型的解释力如何？

②自变量的回归系数是否显著？如何解释？

③共线性的问题是否严重？

习题简答：

略，开放性问题，解答请参照本章相关内容。

第十章　交叉列表

在第三章中，我们说明变量的测量可分为四种层级：定类、定序、定距以及定比。由于定距与定比层级在性质上近似，所以在实际运用上，这两种测量层级通常合并而统称为定距层级。当所分析的变量是属于定距层级时，我们可以运用皮尔森 r 或回归分析来检验变量间的关系。但是如果所分析的变量是属于定类或定序层级，皮尔森 r 或回归分析往往不适用。一般而言，定类或定序层级的变量又称为“类别变量”。对于这类变量，统计学上另有一套类别变量分析方法(categorical data analysis)，其中最基本也最常用的是“交叉列表”(cross-tabulation)或“列联表”(contingency table)。一个交叉列表中通常有两个类别变量，制表的目的是检视这两个变量间的关系。当检验两个类别变量间的关系时，我们需要回答两个问题：

①这两个类别变量彼此是否相关，或者说是否彼此相互独立？

②如果相关，它们的相关程度有多强？为了回答这些问题，最常用的检验方法是卡方检验(χ^2 或 Chi-Square test)。

因此，本章将先说明交叉列表，然后介绍如何做卡方检验。最后再介绍不同的相关系数。

第一节　什么是交叉列表

一个交叉列表中通常有两个定类或定序的变量，这两个变量都有若干类别，这些类别分别以不同的值来表示。例如“性别”这一变量有“男”与“女”两个类别，分别以“1”与“2”(或“1”与“0”)两个值来代表。“教育水平”这一变量也有两个类别，也分别以“1”与“2”来代表。这两个变量便可以形成一个“2×2”(读为 2 乘 2)的交叉列表。如果一个变量有 3 个类别，而另一个变量有 5 个类别，则可形成一个“3×5”的交叉列表。总的来说，当一个变量有 r 个类别，而另一个变量有 c 个类别，便可形成一个 $r \times c$ 的交叉列表。制作交叉列表的目的是检视两个变量间的关系。

例如，我们想要知道大学生是否能达到身体活动指南的标准，也就是大学生是否能达到“每周进行150～300 min中等强度或75～150 min高强度有氧活动”一级“每周有2天参与肌肉力量练习”。我们的研究假设是，男性大学生能够达到运动标准，而女性大学生则达不到标准。我们以“不同性别大学生身体活动标准达成情况”为资料来检验这项假设。受访人被问到他们是同意或不同意下列的说法：“我每周能完成累计150～300 min中等强度的有氧运动并参与2天肌肉力量练习”。以受访人的锻炼完成情况为因变量，受访人的性别为自变量，表10-1是一个由SPSS输出的2×2交叉列表实例。这是因为“标准达成”有“能”与“不能”两个类别，而性别也只有“男”与“女”两个类别。表10-1中有若干细格。每个细格中有三行数字。第一行是观察次数（observed frequency，f_{ij}），第二行是期望次数（expected frequency，$\hat{f}_{ij}$），第三行是性别内的百分比，我们依序介绍这三个概念。

表10-1 不同性别大学生身体活动指南标准达成情况交叉列表

类别	指标	性别		总计
		男	女	
能	计数	61	31	92
	预期计数	58.9	33.1	92
	性别内的百分比	70.1%	63.3%	67.6%
不能	计数	26	18	44
	预期计数	28.1	15.9	44
	性别内的百分比	29.9%	36.7%	32.4%
总计	计数	87	49	136
	预期计数	87	49	136
	性别内的百分比	100.0%	100.0%	100.0%

注：指标格中第一行是观察次数，第二行是期望次数，第三行是性别内的百分比。

(1)观察次数（f_{ij}）

表10-1中的61，31，26以及18都是该表的实际观察值。它们是自变量与因变量交互作用下的产物，在解释上也必须运用这两个变量。例如，“61”与“31”这两个数值的意义是：有61位男性大学生能够达到身体活动指南标准，有31位女性大学生能够达到身体活动指南标准。如果将表格中的观察次数依行或列相加，便可得“列边际总数”（column marginal total）或“行边际总数”（row marginal total）。竖列边际总数就是表10-1中每竖列最底端的数

字:87(61+26)与49(31+18),这显示在136位受访人中有87名男性运动员,另有49位女性运动员。同理,行边际总数是每横行最右边的加总数字。表10-1显示在136位受访人中有92位受访人能够达到身体活动指南标准,另有44位受访人不能够达到身体活动指南标准。

(2)百分比

如果将表格中的观察次数除以边际总数后就得出每格中第3行的百分比数。因为有行、列边际总数之分,因此也有行、列百分比之别。“列百分比”(column percentage)是将表格中的观察次数除以该列的边际总数,而“行百分比”(row percentage)是将表格中的观察次数除以该行的边际总数。一般而言,为了检测自变量是否会影响因变量,百分比应以自变量中的所在位置来计算。例如,表10-1的自变量(性别)是放在竖列,因此表列的百分比为列百分比。我们可以这些百分比的分布来比较不同性别间身体活动情况。从列百分比的分布来看,男性受访大学生中有70.1%反馈能够达到身体活动指南标准,在女性受访人中,有63.3%自认有同样的活动水平,两者只相差了6.8%,显示受访大学生的身体活动水平似乎与性别不相关。为了确定这两个类别变量彼此是否相关,我们可以卡方检验来测试交叉列表中的变量彼此是否独立。独立性检验会在下节讨论。

(3)期望次数($\hat{f}_{ij}$)

期望次数指的是当两变量不相关时($H_0:\pi_{ij}=\pi_i\cdot\pi_j$),我们“应该”看到的分布。期望次数可以下列公式计算:

$$\hat{f}_{ij}=\hat{\pi}_i\cdot\hat{\pi}_j\cdot n=\frac{n_{i+}}{n}\cdot\frac{n_{+j}}{n}\cdot n=\frac{n_{i+}n_{+j}}{n} \tag{10.1}$$

式中,$\hat{f}_{ij}$是某方格中的期望次数;n_{i+}是行边际总数;n_{+j}是列边际总数;n是总数。也就是说,某方格中的期望次数是与该方格相对应的行边际总数乘以列边际总数后,再除以样本总数。例如,与观察值61相对应的期望次数是:

$$(92\times87)/136\approx58.85$$

期望次数的计算是假定表中的两变量统计上是独立的,或不相关的。在此条件下,母体因变量在自变量中的分布会完全相同。同理,母体自变量在因变量中的分布也会完全相同。表10-2的交叉列表再以大学生身体活动指南达标情况为例。表中方格有四个数值,从上到下依序为:观察次数、期望次数和以期望次数计算的行百分比与列百分比。这些百分比显示,如果职业倾向与性别彼此是独立的，无论是以行或列来计算，期望次数的分布都会相同。例如，以期望次数计算的列百分比是65%，而行百分比是77.2%。因为期望次数是在两变量不相关的前提下所计算，期望次数便可成为一个参考点，以测量两变量是否真的独立。这就是我们下一节所要讨论的重点。

表10-2　大学生身体活动指南标准达成情况与性别的交叉列表

类别	指标	性别		总计
		男	女	
能	计数	61	31	92
	预期计数	58.9	33.1	92
	达标类内百分比	66.3%	33.7%	100.0%
	性别内的百分比	70.1%	63.3%	67.6%
不能	计数	26	18	44
	预期计数	28.1	15.9	44
	达标类内百分比	59.1%	40.9%	100.0%
	性别内的百分比	29.9%	36.7%	32.4%
总计	计数	87	49	136
	预期计数	87	49	136
	达标类内百分比	64.0%	36.0%	100.0%
	性别内的百分比	100.0%	100.0%	100.0%

注：指标格中第一行是观察次数，第二行是期望次数，第三行是以达标类内次数计算的类内百分比[66.3%=(61/92)×100%]，第四行是以性别类内次数计算的类内百分比[70.1%=(61/87)×100%]。

第二节　独立性检验

对交叉列表中类别变量间是否相关的验证又称为"独立性检验"(test of independence)。独立性检验程序与前述的假设检验程序相同。依照假设检验的五个步骤：

①设立假设；

②决定显著程度(α)；

③设立决定规则；

④计算检验数据；

⑤结论。

我们可设立如下的假设：

(1)设立假设

因为独立性检验所要检验的对象是交叉列表中变量间关系。所以有

- 虚无假设(H_0)：身体活动指南标准达到情况与性别彼此是独立的；
- 对立假设(H_a)：身体活动指南标准达到情况与性别彼此是相关的。

(2)决定显著程度(α)

显著程度(α)通常设定为0.05或0.01。

(3)设立决定规则

在卡方检验中，我们是以交叉列表所计算出的卡方值与附录3查表所得的临界值相比较：

- 如果交叉列表所计算出的卡方值小于查表所得的临界值，我们无法拒绝虚无假设；
- 如果交叉列表所计算出的卡方值大于查表所得的临界值，我们就拒绝虚无假设。

(4)计算检验数据

这里的检验数据是交叉列表的卡方值，计算的方式是交叉列表中的每一个方格中的观察次数(f_{ij})与期望次数($\hat{f}_{ij}$)相差的平方，除以相对应的期望次数，所得之值再来加总。也就是：

$$\chi^2 = \sum_{i=1}^{r}\sum_{j=1}^{c}\frac{(f_{ij}-\hat{f}_{ij})^2}{\hat{f}_{ij}} \tag{10.2}$$

前面提到，因为期望次数是在两变量不相关的前提下计算的，卡方值愈大，表示变量间距离无相关性愈远。表10-1的卡方值为：

$$\begin{aligned}\chi^2 &= \sum_{i=1}^{r}\sum_{j=1}^{c}\frac{(f_{ij}-\hat{f}_{ij})^2}{\hat{f}_{ij}} \\ &= \frac{(61-58.9)^2}{58.9}+\frac{(31-33.1)^2}{33.1}+\frac{(26-28.1)^2}{28.1}+\frac{(18-15.9)^2}{15.9} \\ &\approx 0.642\end{aligned}$$

(5)结论

假定样本数很大，为了决定是否拒绝虚无假设(H_0)，我们可自附录3卡方分布表中查得临界值。卡方分布表中的值是依所定的显著程度(α)与交叉列表的自由度来决定。假定$\alpha=0.05$，交叉列表的自由度为$(c-1)(r-$

1)，也就是表中竖列的类别数目减 1 乘以横行的类别数目减 1。因为表 10-2 的行与列各为两个类别，所以其自由度为 1，其计算方式为 $(2-1)(2-1)=1$。当 $\alpha=0.05$，自由度为 1 时，附录 3 中的 $\chi^2_{0.05;1}=3.841$。因为 $\chi^2=0.642$ 小于 $\chi^2_{0.05;1}$，显示统计上不显著，我们不能拒绝虚无假设。结论是大学生身体活动指南标准达到情况与性别不相关。

最后，为什么交叉列表的自由度为 $(c-1)(r-1)$？我们在第五章中提到，当只有一个变量时，自由度的计算是 $n-1$，也就是变量中的类别减去所受到的限制。所以自由度表示在计算一项统计数字时，在去除各项限制之后，资料中可以随意变动的数字。因为交叉列表中有两个变量，总类别数为行的数目乘以列的数目，或 $c\times r$。注意每一行与每一列都有边际总数，这些边际总数就是交叉列表中的限制，因为每一行或每一列方格内数字的加总都必须等于相对应的边际总数，所以交叉列表中的限制为 $c+r-1$，其自由度为 $c\times r-(c+r-1)$ 或 $(c-1)(r-1)$。

第三节　类别变量的相关强度分析

独立性检验仅适于验证两个类别变量是否相关，但是独立性检验无法告诉我们变量间的相关有多强。所以在证明两个类别变量是相关之后，下一个问题就是测量它们之间的相关程度。测量类别变量或定序变量的相关系数有许多种。下面仅介绍几个常用的系数。为了简化讨论，我们仅简单地讨论计算公式。

一、定类变量

1. Phi(ϕ)（读为 fai）系数

通常用于 2×2 的交叉列表（但请看关于 Cramer's V 系数的讨论）。取值范围是从 −1.00 到 +1.00，如果 Phi 系数的值为 0 时，则表示两个变量没有相关。Phi 系数是对称的（symmetric），也就是说表中的两个变量不分因变量或自变量，所计算出的值都是一样。计算 Phi 系数的方法有若干种，一个常用且简单的方法是用下列的公式：

$$\text{Phi}(\phi)=\sqrt{\frac{\chi^2}{n}} \qquad (10.3)$$

式中，χ^2 是卡方值；n 是交叉列表中的样本数。

表 10-1 显示 $\chi^2=0.642$，$n=136$，因此

$$\text{Phi}(\phi)=\sqrt{\frac{\chi^2}{n}}=\sqrt{\frac{0.642}{136}}\approx 0.069$$

在解释 Phi 系数时，我们必须要注意系数的正负值会随变量中类别次序的变动而有不同。例如表 10-1 的 Phi 系数为负值，如果“性别”的高低类别顺序互换，Phi 系数值会从负值转成正值。虽然如此，但是其意义不变，都表示男性大学生的身体活动状况较佳。这表示定类变量的类别顺序是任意决定的，当类别顺序改变时并不会改变其意义。读者可以用本章习题四来验证 Phi 系数的对称性。最后，如果将 Phi 系数平方(ϕ^2)，其值为“一个变量被另一变量所解释的变异量比例”。

当交叉列表是 2×2 时，Phi 系数的取值范围可控制在－1.00 与＋1.00 之间。如果表的行与列数增加，不再是 2×2 时，Phi 系数的值有可能大于 1。这样的特质会造成比较上的困难。下面的 Cramer's V 系数对此做了改进。

2. Cramer's V 系数

适用于定类变量，但不限于 2×2 的交叉列表。列变量的类别也不必等于行变量的类别。其计算公式为：

$$V=\sqrt{\frac{\phi^2}{\min[(r-1),(c-1)]}} \tag{10.4}$$

上式中分子为 Phi 系数的平方，分母表示选择($c-1$)与($r-1$)中较小者作为除数(分母)。经过这样的处理，其 Cramer's V 的值是从 0 到＋1.00，如果 Cramer's V 的值为 0 时则表示两个变量没有相关。如果两个变量之一是二元变量，Cramer's V 就等于 Phi。表 10-1 是一个 2×2 的交叉列表，所以($c-1$)与($r-1$)都等于 1。因此，Cramer's V 与 Phi 的值都为 0.069。

3. Lambda(λ)系数

上述两种系数都是基于卡方值，Lambda 系数则是以减少误差比例(proportional reduction in error 或 PRE)为准则所计算的相关系数。也就是说，这一系数是在测量以一个变量去预测另一个变量所能降低的误差。假定有两个变量 x 与 y，变量 y 为因变量，而变量 x 为自变量，如果要预测变量 y，我们可以：

①不运用变量 x 的资料来预测变量 y；

②运用变量 x 的资料来预测变量 y。

虽然两种方法都会产生误差，但是如果变量 x 与 y 存在着某种关系的话，用第二种方法所做的预测会比较准确，误差会比较小。所以，虽然两种方法都有误差，我们可以用两种方法所产生误差的比例来表示两个变量间相关的强度。这个观念可以下面的公式来表示：

$$PRE = \frac{\text{第一种方法的误差} - \text{第二种方法的误差}}{\text{第一种方法的误差}} \tag{10.5}$$

Lambda 系数就是以这种方法来计算。如果两个变量毫无相关时，两种误差相等，Lambda 系数等于 0。相反，如果两个变量完全相关时，变量 x 将使第二种方法的预测误差降到 0，Lambda 系数就等于 1。

总的来说，Lambda 系数的取值范围是从 0 到＋1，多适用于两个类别的定类变量所形成的交叉列表。注意 Lambda 系数是非对称的(asymmetric)，当变量 x 与 y 互换角色时，也就是变量 x 为因变量，而变量 y 为自变量，Lambda 系数会不同。

二、定序变量

1. Gamma (γ) 系数

在分析定序变量的相关程度时，Gamma 系数是常用的相关系数，它也是以减少误差比例为准则所计算的相关系数。跟 Phi 一样，Gamma 的值是从 －1.00 到＋1.00，如果 Gamma 的值为 0 时则表示两个变量没有相关。表 10-3 是适用 Gamma 系数的一个例子。自变量是肥胖大学生对参加减肥夏令营兴趣的评价(数据文件“第十章 肥胖大学生参与减肥夏令营兴趣状况与年级数据. sav”)，共有五个类别：

①很没兴趣；

②没兴趣；

③一般；

④感兴趣；

⑤很感兴趣。

我们假设这种自我反馈是与受访人的年龄相关，因为高年级大学生面临择业、婚姻、健康状况等影响。因此将大一、大二设为低年级，将大三、大四设为高年级。表的卡方值显示两个变量相关，而 Gamma 系数为 1.0，统计上显著。有如 Phi 系数一样，Gamma 系数也是对称的，也就是说表中的两个变量不分因变量或自变量，所计算出的值都是一样。但是当变量中类别顺序变动时，Gamma 的正负号也会随之变动(也就是 $r=-1.0$)。

表 10-3 肥胖大学生参与减肥夏令营兴趣状况与年级的交叉列表

类别	指标	年级水平		总计
		高年级	低年级	
很没兴趣	计数	9	10	19
	预期计数	12.2	6.8	19.0
	年级类内百分比	47.4%	52.6%	100.0%
	兴趣水平类内百分比	10.3%	20.4%	14.0%
没兴趣	计数	5	3	8
	预期计数	5.1	2.9	8
	年级类内百分比	62.5%	37.5%	100.0%
	兴趣水平类内百分比	5.75%	6.1%	5.9%
一般	计数	8	4	12
	预期计数	7.7	4.3	12.0
	年级类内百分比	66.7%	33.3%	100.0%
	兴趣水平类内百分比	9.20%	8.2%	8.8%
感兴趣	计数	19	2	21
	预期计数	13.4	7.6	21.0
	年级类内百分比	90.5%	9.5%	100.0%
	兴趣水平类内百分比	21.8%	4.1%	15.4%
很感兴趣	计数	46	30	76
	预期计数	48.6	27.4	76.0
	年级类内百分比	60.5%	39.5%	100.0%
	兴趣水平类内百分比	52.9%	61.2%	55.9%
总计	计数	87	49	136
	预期计数	87.0	49.0	136.0
	年级类内百分比	100.0%	100.0%	100.0%
	兴趣水平类内百分比	100.0%	100.0%	100.0%

$\chi^2=9.110, p=0.06$；Gamma(γ)$=-0.002, p=0.989$；Tau $c=-0.001, p=0.989$

注：指标格内第一行是观察次数，第二行是预期次数，第三行是年级单类内百分比，第四行是兴趣水平类内百分比。

2. Tau b (τ_b) 系数

这个相关系数的使用通常是两个变量都是属于二元变量(也就是 2×2 的交叉列表),或两个变量的测量都是属于定序层级,而且两变量中类别数相同(也就是行与列的数目相同,如 5×5 的交叉列表)。Tau b 系数与 Gamma 系数几乎相同,其值也是对称的,从－1.00 到＋1.00。如果 Tau b 的值为 0 时,则表示两个变量没有相关。但是在同一个表中,Tau b 系数总是小于 Gamma 系数。

3. Tau c(τ_c) 系数

这个相关系数是 Tau b 系数的延伸。如果变量之一的测量是属于定序层级,而且行与列的数目不相同时,我们可以 Tau c 系数来测量两变量间的相关。同样地,Tau c 系数的值是对称的,从－1.00 到＋1.00,如果 Tau c 的值为 0 时,则表示两个变量没有相关。但是当变量中类别顺序变动时,Tau c 系数的正负号也会随之变动。如表 10-3 所示,在同一个表中,Tau c 系数绝对值总是小于 Gamma 系数。

第四节　SPSS 的操作程序及解释

一、交叉列表的操作程序

我们以表 10-3 为例,示范交叉列表的操作程序:

(1)从本书数据库中找到"第十章 肥胖大学生参与减肥夏令营兴趣状况与年级数据.sav"。双击该文件名以开启数据库。

(2)在数据视图视窗中,自主菜单的"分析"下,选取其附属指令"描述统计",然后选"交叉表"(见图 10-1)。这将打开相应的"交叉表"对话框。

(3)自对话框左边的变量单中选择"兴趣类别"并按➡键将这变量从左侧右移到行框中。然后将"年级"从左侧右移到列框中(见图 10-2)。在同一对话框中,按右上角"统计"键,打开"交叉表格:统计"对话框,选取左栏"卡方","Phi 和 Cramer V"与右栏的"伽玛"以及"Kendall's tau-c"(见图 10-3),然后按"继续"键,便回到原"交叉表格"对话框。

(4)按"确定"键便可获得交叉列表分析的结果。

图 10-1 交叉列表分析资料视窗

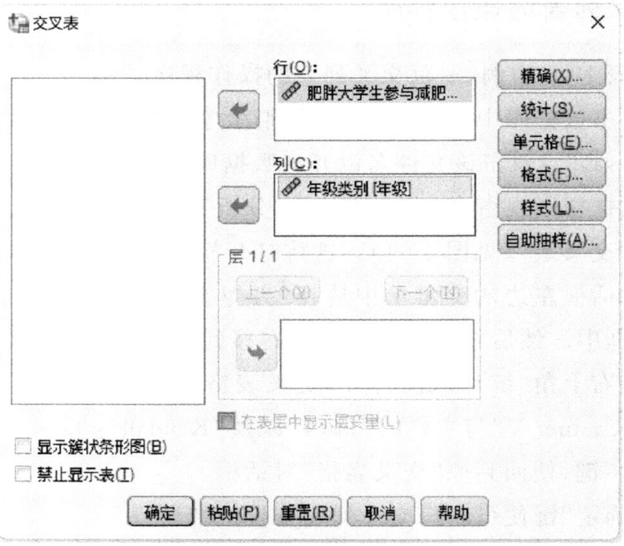

图 10-2 交叉列表对话框

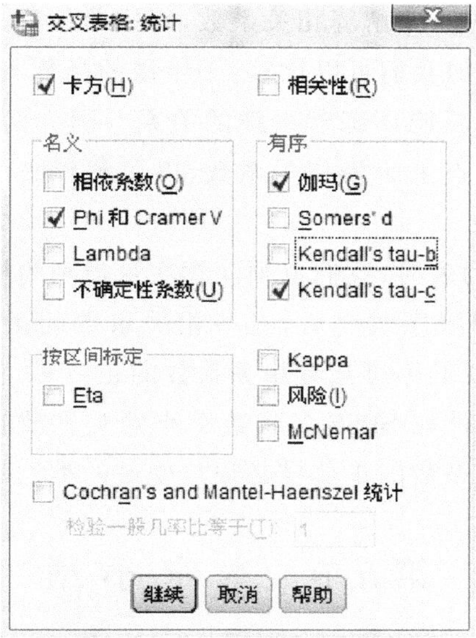

图 10-3　交叉列表统计对话框

二、如何解释交叉列表

交叉列表的解释逻辑与前述的回归或相关分析大体相同，也就是先确定变量间是否相关，如果变量间具有相关关系，再检测它们的相关程度有多强。读者应该注意到，我们在前面虽然说明了各种相关系数的取值范围（如 Phi 系数是从－1.00 到＋1.00），但是一直避免超过某一个值（如 0.7）就是高度相关，或低于某一个值（如 0.3）就是低度相关。这主要是因为学界并没有一致的标准来决定相关程度的强弱。而且如果真要有个这样的标准，也需要因相关系数的不同而有所不同。如表 10-3 所示，在同一个交叉列表中，Gamma 系数总是大于其他相关系数，适用于 Gamma 系数的标准，恐不适用于其他相关系数。因此应如何解释交叉列表，我们建议：

（1）在解释相关系数时，应该同时检视交叉列表中次数或百分比的分布，并将这些分布的情形纳入解释。例如，表 10-3 的 Gamma 系数与 Tau c 系数都显示肥胖大学生对减肥训练营兴趣与年级水平是接近显著相关的，但是仔细观察表中百分比的分布，我们可以发现高年级与低年级的肥胖大学生在对夏令营“感兴趣”和“很感兴趣”的反馈上，差异明显存在（65 ∶ 32）。百分比最大的差异达到了 81％（“感兴趣”），而最小者不过 5.2％（“很没兴趣”）。这样的解释比较合理。

(2)以“相对”的观点来解释相关系数,特别是能比较某一变量与若干其他变量的相关性。例如我们可以比较:①年级的高低与其自我评价的关系;②年级的高低与参与减肥训练营兴趣的关系。因为两者都包括年级类别,我们可以从相对的观点来解释相关系数,以了解年级的高低对哪一种现象有较大的相关性。

(3)在解释交叉列表时,我们也须注意变量类别的排列顺序。表 10-3 显示当变量类别的排列顺序改变后,有些相关系数的正负号也会随之变动。在解释交叉列表时,我们不可只看相关系数的正负号,而不注意类别的排列顺序。一般的统计软件如 SPSS 多将数字小的类别放在最左(上)行或最上(左)一列。因此相关系数的正负号必须与变量的类别顺序一并考量。

第五节 本章小结

本章介绍了如何以交叉列表来分析定类或定序变量。我们先说明交叉列表的组成部分,然后讨论卡方检验,各种相关系数以及解释交叉列表的要点。对于这种类别变量,除了交叉列表分析法以外,统计学上还有其他类别变量分析方法,如“二元分对数”(Binary Ordered Logit)、“二元概率”(Binary Probity)、“次序分对数”(Ordered Logit)等。这些统计方法对调查资料的分析特别有用,因为它们可以将变量间的关系以多变量的方式来分析。

本章重要名词

类别变量	边际总数	行边际总数	列边际总数
行百分比	列百分比	独立性检验	期望值
减少误差比例			

本章习题

习题一:

要调查性别与每周累计锻炼天数的关系,我们以本书数据库中的“第十章 成年人性别与每周锻炼天数数据.例题一.sav”做交叉列表的分析。两变量名称为“运动天数”与“性别”(SPSS 输出结果实例如下)。问:男女受访人在周运动天数上是否存在差别?

个案处理摘要

	个案					
	有效		缺失		总计	
	N	百分比	N	百分比	N	百分比
每周累计运动的天数；参与 20 分钟以上中等强度运动的天数 * 年级类别	136	100.0%	0	0.0%	136	100.0%

每周参与 20 分钟以上中等强度运动的天数 * 年级类别交叉表

			年级类别		总计
			男	女	
每周累计运动的天数；参与 20 分钟以上中等强度运动的天数	0 天	计数	49	27	76
		期望计数	48.6	27.4	76.0
		占每周累计运动的天数；参与 20 分钟以上中等强度运动的天数的百分比	64.5%	35.5%	100.0%
		占年级类别的百分比	56.3%	55.1%	55.9%
		占总计的百分比	36.0%	19.9%	55.9%
	1～2 天	计数	13	8	21
		期望计数	13.4	7.6	21.0
		占每周累计运动的天数；参与 20 分钟以上中等强度运动的天数的百分比	61.9%	38.1%	100.0%
		占年级类别的百分比	14.9%	16.3%	15.4%
		占总计的百分比	9.6%	5.9%	15.4%
	3～4 天	计数	6	6	12
		期望计数	7.7	4.3	12.0
		占每周累计运动的天数；参与 20 分钟以上中等强度运动的天数的百分比	50.0%	50.0%	100.0%
		占年级类别的百分比	6.9%	12.2%	8.8%
		占总计的百分比	4.4%	4.4%	8.8%

续表

			年级类别		总计
			男	女	
每周累计运动的天数;参与20分钟以上中等强度运动的天数	5～6天	计数	7	<5	8
		期望计数	5.1	2.9	8.0
		占每周累计运动的天数;参与20分钟以上中等强度运动的天数的百分比	87.5%	$n<5$	100.0%
		占年级类别的百分比	8.0%	$n<5$	5.9%
		占总计的百分比	5.1%	$n<5$	5.9%
	每天	计数	12	7	19
		期望计数	12.2	6.8	19.0
		占每周累计运动的天数;参与20分钟以上中等强度运动的天数的百分比	63.2%	36.8%	100.0%
		占年级类别的百分比	13.8%	14.3%	14.0%
		占总计的百分比	8.8%	5.1%	14.0%
总计		计数	87	49	136
		期望计数	87.0	49.0	136.0
		占每周累计运动的天数;参与20分钟以上中等强度运动的天数的百分比	64.0%	36.0%	100.0%
		占年级类别的百分比	100.0%	100.0%	100.0%
		占总计的百分比	64.0%	36.0%	100.0%

卡方检验

	值	自由度	渐进显著性(双侧)
皮尔逊卡方	2.991[a]	4	0.559
似然比	3.296	4	0.510
线性关联	0.023	1	0.880
有效个案数	136		

a. 2个单元格(20.0%)的期望计数小于5。最小期望计数为2.88。

习题二：

以数据库“第十章 运动队类别与参赛等级数据.例题二.sav”中的两变量(“运动队类别 A”与“参赛等级”)，来研究专业体校与业余运动队队员参赛等级是否有差异及其差异特点(SPSS 输出结果实例如下)。问：

①所属运动队类别不同的运动员其参赛级别是否有差异？

②如果有差异，两变量的相关度为何？

个案处理摘要

	个案					
	有效		缺失		总计	
	N	百分比	N	百分比	N	百分比
所属运动队的类别属性 * 队员参加比赛的等级	123	90.4%	13	9.6%	136	100.0%

所属运动队的类别属性 * 队员参加比赛的等级交叉表

			队员参加比赛的等级		总计
			国家级及以上	国家级以下	
所属运动队的类别属性	专业体校	计数	52	29	81
		期望计数	51.4	29.6	81.0
		占所属运动队的类别属性的百分比	64.2%	35.8%	100.0%
		占队员参加比赛的等级的百分比	66.7%	64.4%	65.9%
		占总计的百分比	42.3%	23.6%	65.9%
	业余训练队	计数	26	16	42
		期望计数	26.6	15.4	42.0
		占所属运动队的类别属性的百分比	61.9%	38.1%	100.0%
		占队员参加比赛的等级的百分比	33.3%	35.6%	34.1%
		占总计的百分比	21.1%	13.0%	34.1%

续表

		队员参加比赛的等级		总计
		国家级及以上	国家级以下	
总计	计数	78	45	123
	期望计数	78.0	45.0	123.0
	占所属运动队的类别属性的百分比	63.4%	36.6%	100.0%
	占队员参加比赛的等级的百分比	100.0%	100.0%	100.0%
	占总计的百分比	63.4%	36.6%	100.0%

卡方检验

	值	自由度	渐进显著性（双侧）	精确显著性（双侧）	精确显著性（单侧）
皮尔逊卡方	0.063[a]	1	0.802		
连续性修正[b]	0.003	1	0.958		
似然比	0.063	1	0.803		
费希尔精确检验				0.845	0.477
线性关联	0.062	1	0.803		
有效个案数	123				

a. 0 个单元格(0.0%)的期望计数小于 5。最小期望计数为 15.37。

b. 仅针对 2×2 表进行计算

对称测量

		值	渐近标准误差[a]	近似 T[b]	渐进显著性
名义到名义	Phi	0.023			0.802
	克莱姆 V	0.023			0.802
	列联系数	0.023			0.802
有序到有序	肯德尔 Tau-b	0.023	0.091	0.249	0.803
	肯德尔 Tau-c	0.021	0.083	0.249	0.803
	Gamma	0.049	0.196	0.249	0.803
有效个案数		123			

a. 未假定原假设。

b. 在假定原假设的情况下使用渐近标准误差。

习题三：

以数据库“第十章 运动员训练年限与运动等级数据.例题三.sav”中的两变量(“训练年限”与“运动等级”)来研究训练持续时间与运动员运动水平间的关系(SPSS输出结果实例如下)。问：

①训练年限不同的运动员是否具有不同的运动水准？

②如果有差异，两变量的相关度是多少？

个案处理摘要

	个案					
	有效		缺失		总计	
	N	百分比	N	百分比	N	百分比
参加运动训练的持续年限，单位：年 * 国家运动等级	123	100.0%	0	0.0%	123	100.0%

参加运动训练的持续年限 * 国家运动等级交叉表

			国家运动等级			总计
			一级及以下	运动健将	国际健将	
参加运动训练的持续年限，单位：年	3～4年	计数	9	7	11	27
		期望计数	5.7	9.2	12.1	27.0
		占参加运动训练的持续年限，单位：年的百分比	33.3%	25.9%	40.7%	100.0%
		占国家运动等级的百分比	34.6%	16.7%	20.0%	22.0%
		占总计的百分比	7.3%	5.7%	8.9%	22.0%
	5～6年	计数	7	9	11	27
		期望计数	5.7	9.2	12.1	27.0
		占参加运动训练的持续年限，单位：年的百分比	25.9%	33.3%	40.7%	100.0%
		占国家运动等级的百分比	26.9%	21.4%	20.0%	22.0%
		占总计的百分比	5.7%	7.3%	8.9%	22.0%

续表

			国家运动等级			总计
			一级及以下	运动健将	国际健将	
参加运动训练的持续年限,单位:年	7～10 年	计数	<5	22	10	35
		期望计数	7.4	12.0	15.7	35.0
		占参加运动训练的持续年限,单位:年的百分比	$n<5$	62.9%	28.6%	100.0%
		占国家运动等级的百分比	$n<5$	52.4%	18.2%	28.5%
		占总计的百分比	$n<5$	17.9%	8.1%	28.5%
	10 年及以上	计数	7	<5	23	34
		期望计数	7.2	11.6	15.2	34.0
		占参加运动训练的持续年限,单位:年的百分比	20.6%	$n<5$	67.6%	100.0%
		占国家运动等级的百分比	26.9%	$n<5$	41.8%	27.6%
		占总计的百分比	5.7%	$n<5$	18.7%	27.6%
总计		计数	26	42	55	123
		期望计数	26.0	42.0	55.0	123.0
		占参加运动训练的持续年限,单位:年的百分比	21.1%	34.1%	44.7%	100.0%
		占国家运动等级的百分比	100.0%	100.0%	100.0%	100.0%
		占总计的百分比	21.1%	34.1%	44.7%	100.0%

卡方检验

	值	自由度	渐进显著性(双侧)
皮尔逊卡方	25.018[a]	6	0.000
似然比	25.296	6	0.000
线性关联	3.965	1	0.046
有效个案数	123		

a. 0 个单元格(0.0%)的期望计数小于 5。最小期望计数为 5.71。

对称测量

		值	渐近标准误差[a]	近似 T[b]	渐进显著性
名义到名义	Phi	0.451			0.000
	克莱姆 V	0.319			0.000
	列联系数	0.411			0.000
有序到有序	肯德尔 Tau-b	0.168	0.086	1.942	0.052
	肯德尔 Tau-c	0.174	0.089	1.942	0.052
	Gamma	0.233	0.118	1.942	0.052
有效个案数		123			

a. 未假定原假设。

b. 在假定原假设的情况下使用渐近标准误差。

习题四：

以数据库"第十章 运动队类别与参赛等级数据. 例题二. sav"中的变量做两个交叉列表的分析。因变量为"参赛等级"，自变量为"运动队类别 B"，并求取 Phi 系数。问：

①比较习题二结果 Phi，比较两个交叉列表的 Phi 系数有何不同？

②如何解释其不同？

个案处理摘要

	个案					
	有效		缺失		总计	
	N	百分比	N	百分比	N	百分比
所属运动队的类别属性（编码反转）* 队员参加比赛的等级	123	90.4%	13	9.6%	136	100.0%

所属运动队的类别属性（编码反转）＊队员参加比赛的等级交叉表

			队员参加比赛的等级		总计
			国家级及以上	国家级以下	
所属运动队的类别属性（编码反转）	业余训练队	计数	26	16	42
		期望计数	26.6	15.4	42.0
		占所属运动队的类别属性（编码反转）的百分比	61.9%	38.1%	100.0%
		占队员参加比赛的等级的百分比	33.3%	35.6%	34.1%
		占总计的百分比	21.1%	13.0%	34.1%
	专业体校	计数	52	29	81
		期望计数	51.4	29.6	81.0
		占所属运动队的类别属性（编码反转）的百分比	64.2%	35.8%	100.0%
		占队员参加比赛的等级的百分比	66.7%	64.4%	65.9%
		占总计的百分比	42.3%	23.6%	65.9%
总计		计数	78	45	123
		期望计数	78.0	45.0	123.0
		占所属运动队的类别属性（编码反转）的百分比	63.4%	36.6%	100.0%
		占队员参加比赛的等级的百分比	100.0%	100.0%	100.0%
		占总计的百分比	63.4%	36.6%	100.0%

卡方检验

	值	自由度	渐进显著性（双侧）	精确显著性（双侧）	精确显著性（单侧）
皮尔逊卡方	0.063[a]	1	0.802		
连续性修正[b]	0.003	1	0.958		
似然比	0.063	1	0.803		

续表

	值	自由度	渐进显著性（双侧）	精确显著性（双侧）	精确显著性（单侧）
费希尔精确检验				0.845	0.477
线性关联	0.062	1	0.803		
有效个案数	123				

a. 0 个单元格（0.0%）的期望计数小于 5。最小期望计数为 15.37。

b. 仅针对 2×2 表进行计算。

对称测量

		值	渐进标准误差[a]	近似 T[b]	渐进显著性
名义到名义	Phi	−0.023			0.802
	克莱姆 V	0.023			0.802
	列联系数	0.023			0.802
有序到有序	肯德尔 Tau-b	−0.023	0.091	−0.249	0.803
	肯德尔 Tau-c	−0.021	0.083	−0.249	0.803
	Gamma	−0.049	0.196	−0.249	0.803
有效个案数		123			

a. 未假定原假设。

b. 在假定原假设的情况下使用渐近标准误差。

习题简答：

习题一答案：

从卡方值可知，两变量统计相互独立（$\chi^2=2.991<\chi^2_{0.05;4}=9.488$），提示男女成年人在运动行为上没有差异。

习题二答案：

①从卡方值可知，两变量统计上相互独立（$\chi^2=0.063<\chi^2_{0.05;1}=3.841$），显示所属不同运动队类型的运动员参加比赛的等级没有显著差异。

②因为是 2×2 的交叉列表，我们可计算 Phi 系数（0.023）或 Cramer's V 系数（0.023）。从表中百分比的分布来看，虽然调查样本中专业体校的人数占优（专业=65.9%），专业体校和业余训练队参加国家级及以上比赛的比例为 64.2%和 61.9%，两者仅稍有差异，但无明显差异。提示运动员无论是在专业

体校训练还是在业余训练队训练其参加比赛的层次并无显著差异，两者具有较为均等的参赛机会。

习题三答案：

①从卡方值可知，两变量统计上相互不独立($\chi^2 = 25.018 > \chi^2_{0.05;8} = 15.507$)，显示训练年限不同的运动员在运动水平上是有差异的。

②由于是4×3的交叉列表，且为定序变量，我们可以Tau c(0.174)系数及Gamma系数(0.233)来测量两变量的相关度。从表中百分比的分布来看，训练年限较少的运动员普遍集中在一级及以下等级(61.5%)；而健将(7～10年：52.4%)与国际健将(10年及以上：41.8%)的训练年限则普遍较长。样本数据分析结果提示运动水平的高低与训练年限有关。

习题四答案：

①两个交叉列表的Phi系数数值大小相同，但是正负符号相反。

②两个Phi系数正负符号相反的原因是因为“运动队类别A”与“运动队类别B”的高低类别顺序互换。虽然如此，但是其意义不变，都表示运动员所属运动队类型与其参赛水平无关，两类运动员参与高水平赛事的机会等同。

第十一章　问卷调查、检验和抽样

第一节　问卷调查法的定义及其特点

一、定义

问卷调查法是根据调查目的和任务，以事先编制的标准化调查项目分发或邮寄给调查对象，请其填答然后回收整理，得到所需研究信息与资料的一种方法。

二、特点

(1)方法简便，节省经费、时间。特别是对于调查范围大、地域宽广、调查对象多、研究者由于条件受限不能做深入访谈调查时，这种方法较为实用。体育学研究中很多课题都运用这种方法。

(2)采用无记名、非接触式问卷，被调查者可以不受拘束，自由真实地回答问题；可获得其他方法不易获得的调查材料。

(3)问卷设计的标准化形式易于统计处理，有利于被调查者及时回答；问题的系统性强，信息数量化。

(4)具有局限性，多数情况下无法保证全部回收；信息的深度不够；如问题太多，易令调查对象生厌而不理或随意填答，降低真实性。

第二节　问卷的种类

问卷调查法中使用的调查问卷，是一种专门设计的调查工具，分为开放式和封闭式两大类。

一、开放式问卷

开放式问卷又称自由式问卷，它是指向被调查者提出某些调查问题，而不在问卷上事先设定问题的选择答案或回答范围，只请调查对象自由回答发挥的一类问卷。这类问卷多以调查提纲的形式出现，多用于小型调查会或访谈调查中。

1. 开放式问卷的适用情况

(1)可能回答的答案内容多、层次丰富，而无法事先预计和全面纳入问卷的问题之中。

(2)调查的问题具有开放性、探索性，很难限制预定答案的范围和方向。

(3)研究者期望获得有深度和不同意义的回答，这对推进研究、提出假设或进一步设计问卷大有启发。

2. 开放式问卷示例

(1)填空式

现在的中国乒乓球运动员中，您喜欢的有：(　　)。

喜欢的理由分别是：(　　)。

(2)提纲式

①您为什么选择体育教师这种职业？

②您认为2008年北京奥运会对体育教师职业有何影响？

3. 开放式问卷的弊端

由于调查问题较为笼统且需要深入思考，调查对象可能不愿回答或草率回答；只能在一定调查范围内抽样，还要求被调查者有较高的责任感、文化素养和文字表达能力。

二、封闭式问卷(结构式)

封闭式问卷是在问卷中向被调查者提出与调查目的任务紧密相关的一个个具体问题，同时为其提供了可供选择回答的众多答案；回答者不需要深入思考问题的结构范围，可直接从备选答案中选择适当的答案以快捷方式作答。

1. 封闭式问卷的特点

(1)优点

现成的可选择答案，易于让答者及时回答；有助于提高问卷的回收率和有效率；标准化程度高，便于编码、统计处理；较为省时、节约经费。调查对象的范围较广，不受当面接触或地域的限制。

(2)缺点

设计难度较大,较费时间与精力;如答案设计与内容关系不当或有遗漏,会影响回答的客观性或调查的有效性;由于标准化设计容易使某些问题的形式流于表浅,缺乏深度。因此,一般封闭式问卷的后部留出1～2个问题,可作开放式问题设计,以作补充性调查。

2. 封闭式问卷的内容结构

(1)问卷标题

反映调查主题内容的一句陈述句,力求简明、点题(一般不超过28个字)。

(2)答案指南(或答卷指导语)

指在问卷的开头附加的一段简要文字说明。首先,要简要讲明研究者调查本问题的目的、意义及请求对方帮助与支持的意向。其次,解释某些调查项目、概念的含义,准确说明填答问题的要求与规格,如是否都在括号内(或空当处)画"√",还是按附题要求答写,要求选答的一项或几项或任意选项都要注明;附加的评论、开放式问题要说明在何处填写,是否署名填答(多用不署名形式)。第三,请求对方填答问卷寄回的时间期限。最后,还须如实注明自己的工作、学习单位、姓名、邮编、寄回地址,如电话联系请注明电话号码。这样说明之后,才有利于全部调查对象按统一的要求、规格去填写,提高问卷的回收率、有效性与可靠性。字数控制在200～300字。

(3)问题设计

调查问题是问卷的主体部分,通过精心设计的若干调查问题能使调查获得研究所需要的调查资料与信息。问题设计也是问卷设计中花费时间、精力最多的环节,需反复斟酌、认真研究和多次修改才能完成。

(4)问题设计的问题分解与排列

①围绕研究假设与调查主题,对问题进行合理分解(既合乎逻辑又满足研究任务)。

②分解后的具体问题(或项目)要明确、简洁、易懂,不必太专业化和深奥(个别抽象问题可下操作定义)。

③分解后的问题层次、难度适中,符合全部被调查者的回答能力。

④注意排列问题的顺序:兼顾问题的类别与逻辑关系,先易后难、由浅入深;敏感、情感、开放式问题放后;特殊课题可按时间顺序、主次问题排列;检验性问题应专门设计。

(5)问题设计中的提问形式

①所有问题分为实质性与功能性问题两类。

实质性：调查所需的事实、态度、观念等实际内容问题。

功能性：为实质问题服务而产生的技巧问题，本身不收集实际材料内容，只穿插于问题之中。

功能标志：假设、缓冲、过渡、试探、转折、灰色化。

②大多数简单、具体、无情感价值色彩问题可直接发问。

例：你喜欢的体育项目(或国际赛事)有哪些？(包含了是多项选择回答)

③对各类敏感、情感、非常规与隐私性问题，做技巧上的各种处理。

例：大学生体测作弊是当前高校中较普遍的现象，虽多加管理仍屡禁不止，您对这一现象的态度是(或在大学期间是否有过作弊行为)？

④提问要力求客观、用词准确、简洁，表述明确具体，视问题而灵活发问。

▲切忌：千篇一律、居高临下，用词含混，问题重叠交叉。

(6)回答方式的 8 种设计：

①填空式：用于被调查者基本情况与信息的了解，无选择意义。

例：请您将个人有关情况填在空格处：

姓　　名__________性别__________年龄__________；

最后学历__________身高__________体重__________；

运动等级__________职称__________教龄__________。

②是否式：

▲只对提出的问题提供“是、否”两种对立的选择答案。

▲适用于对某些现状问题的选择、态度判断，表浅性信息。

例 1：你是否喜欢中国传统武术？(画√)

是(　　)　　　　否(　　)

▲对同一类问题可以集中排列，依次作答。

例 2：请对以下问题做出您的回答(是画√，否画×)

A. 体育有健身健心之功能，应经常参加。(　　)

B. 没有疾病表示我很健康，没必要去参加锻炼。(　　)

C. 虽然身体没疾病，但参加体育活动更令我快乐有趣。(　　)

D. 参加体育活动可以结交伙伴朋友，对改善人际关系有好处。(　　)

E. 参加运动又费时间，又出力流汗，不如待在家看电视。（　　）

③单项选择式：

▲释义：请答卷者在众多备选答案中任选一个答案。

▲适合于：对某些现象、事物、指标的集中分布状况的判断有一定措述意义。

▲设计注意：答案对于问题尽可能穷尽，层次一致，相互独立。

例1：您在业余时间最喜欢从事的体育活动是什么（任选一项画√）

A. 乒乓球（　　）　B. 羽毛球（　　）　C. 郊游/爬山（　　）

D. 武术（　　）　E. 游泳（　　）　F. 跑步/健走（　　）

G. 篮球（　　）　H. 操舞（　　）　I. 其他（　　）

▲也可就一个主题设计为不同观点的陈述句，让调查对象选合适答案。

例2：有成就的运动员都有其成功经验，请您从以下选项中选择一项您最青睐的选项（画√）

A. 好的运动成绩是长期训练的结果。（　　）

B. 好的运动成绩主要靠一个人的运气好。（　　）

C. 能否取得大赛上场机会关键在领导是否赏识你。（　　）

D. 竞技体育是运动天才的领域，与普通人无缘。（　　）

④等级选择式：

▲释义：对提出的问题列出五种等级（程度）选项，请答题者任选一种答案。是单项选择式的特殊形式。

▲适合于：主要对某一问题态度、观点的定序调查，答案数相对固定，在定性研究中具有广泛性。

▲设计注意：问题只能是答卷者本人所熟悉关注的事物。

例：对于研究生在大学里兼职当助教这一现象褒贬不一，您对此的看法是（请选一项画√）

A. 非常赞成（　　）　B. 赞成（　　）　C. 无所谓（　　）

D. 反对（　　）　E. 强烈反对（　　）

⑤多项选择式：

▲释义：要求答题者从多种可选答案中任选两个及以上答案（有些情况允许仅选择一项）；可以规定选择的数量，也可以任选（两个或以上）数量。

▲设计注意：可选答案力求穷尽；答案在同一层次上分解，互不交叉包容。

▲适合于：了解事物分布状况的多样化与相对集中趋势，信息有一定深度。

例：下面是限选数量式的例子。

作为大学生，您最希望开设的体育选修课有哪些？（请选择 3 项，在选项后画√）

篮球（　　）；跑步（　　）；游泳（　　）；排球（　　）；爬山（　　）；
滑冰（　　）；足球（　　）；散步（　　）；滑雪（　　）；羽毛球（　　）；
太极拳（　　）；健美运动（　　）；乒乓球（　　）；健美操（　　）；
瑜伽（　　）；网球（　　）；跆拳道（　　）；国标舞（　　）；其他（　　）

⑥排列选择式：

▲释义：要求答卷者从备选答案中任选两个以上规定数量答案，并按重要程度排出所选顺序；是多项选择式的特殊形式。

▲适合于：了解事物分布相对集中时的定序状况。

▲设计注意：同多项选择式，可单独列出排序表备用：

重要性排序	所选答案代号
最重要　（1）	A
次重要　（2）	C
一般　（3）	E
不重要　（4）	B
毫不重要（5）	D

例 1：你认为体育锻炼的主要价值有哪些（请任选 3 项，并在所选答案后用①至③标明其重要性顺序）

A. 健身（①）　B. 娱乐休闲（　　）　C. 交友（②）　D. 教育（　　）
E. 学习技能（　　）　F. 促进人全面发展（　　）　G. 减肥祛病（　　）
H. 丰富生活（③）　I. 其他（　　）

⑦矩阵式：

▲释义：当一个调查主题可分解为性质不同、陈述不同、数量较多的若干小问题，且又都能用相同的回答方式进行自由选择回答时，则可用矩阵交叉排列一组问题与回答方式。

▲适合于：对某类问题的态度、情感、观点、价值、方法的调查设计。

▲设计注意：对问题的选择与分解要恰当合理；可以同质同形问题集中

排列；也可以同质与异质问题交叉排列，这不但增加问题的多样性和回答兴趣，还用于对调查信度的专门检验。

例：对于国外大学体育课实行体育健身俱乐部制，国内教育界的看法不一。对下列有关此问题的不同说法，请在符合您观点的选项打钩（在每句相应栏中选一种态度画√）

问题		选择态度				
		非常赞成	赞成	反对	强烈反对	未定
1	国内高校也可以效仿国外的健身俱乐部制，但是应由高校体育学院监管。					
2	如果国内高校实行健身俱乐部制，执教者应以本校体育教师为主，外聘教练为辅。					
3	国内高校应实行健身俱乐部与体育课并举，应与传统体育课分担培养目标，共同促进学生发展。					
4	国内大部分高校根本无经济、场地与人力条件开办健身俱乐部。					
5	国内大学应在部分地区实行健身俱乐部试点，根据当地地理、人文资源大胆创新，为后期俱乐部在国内高校的发展提供经验。					
6	国内实行健身俱乐部制应结合当地教育资源，切不可盲目跟风，打破原有平衡的教育体系。					

⑧连续追踪问题式：

例：A. 您在运动生涯中是否有过运动损伤？（请打√）

是（　　）　　否（　　）

B. 如果受过伤，请问损伤发生在入队后的第______年，部位是______？

C. 请想一想，当时受伤的原因有哪些（任选项画√回答）

（1）准备活动不足（　　）　　（2）前一天睡眠不好（　　）

(3)心情不好(　　)　　(4)教练员批评所致(　　)

(5)同伴冲撞(　　)　　(6)场地不好(　　)

(7)光线太暗(　　)　　(8)当时小感冒、体力不佳(　　)

▲这样的设计与回答,就有一定深度和多样信息可用。

第三节　调查问卷的科学性检验

科学研究中的调查问卷,须经科学检验后,才能正式发放问卷以及使用所得到的调查数据。调查问卷的科学性检验一般包括效度检验和信度检验。

一、效度检验

1. 问卷效度

问卷效度是指问卷所设计的内容和结构特征与要调查的问题或事物的特征的一致性(有效)程度。只有经过效度检验(合格)的调查问卷,才能用于科研调查实践之中。

2. 内容效度

内容效度是指问卷所设计的全部问题内容,是否有效、正确地反映了对研究问题所需的全部材料或事实。内容效度与结构效度密切相关,一份经过对内容效度肯定评价后的问卷,也为其结构效度提供了有效的基础和依据,因为合理有效的内容范围也体现出合理、均衡的逻辑结构。

3. 检验方法

(1)专家逻辑检验(表面效度检验)

专家逻辑检验是请对本课题熟悉的有关专家、学者,全面审核、评价问卷的内容与性能,从经验角度进行逻辑有效性分析;从问题内容和逻辑关系上看问卷是否符合调查目的、任务与研究需要。如果专家一致认为,问卷(包括问题及其答案)较好地反映了调查需要的材料范围,则问卷具有较好的内容效度。专家可对问卷的内容效度作出定性评价(如很有效、有效或效度高、较高等)。但是这种方法没有数量准确描述其符合程度,因而在科研实践中又可采用效度评定量表方法,即分别对内容中的各大问题及其范围加一定评分,用10分制或5分制均可;然后算出每个评分者的效度分数;最后求出全部专家的总平均效度分数(如10分制认为“较高效度”在8分以上,5分制在4分以上)。

按照专家调查法的一般要求,拟请评审的专家数量一般在10～15人,以提高效度评价的可靠性和客观性。

(2)预调查:统计分析检验(小样本)

这种方法是将已设计好的调查问卷在拟调查的对象范围内,抽取小样本(30～50例)进行预调查。回收问卷后进行统计分析,评价问卷中的统计结果是否基本(或完全)反映了研究所需的调查信息,如一致程度达90%以上则回卷效度较高。同时,这种方法还可从预调查中发现问题(如在问卷最后以开放问题反馈),对问卷进行及时修改完善,以提高问卷的有效性。

二、信度检验

调查问卷的信度检验,是在发放调查问卷回收之后进行的重要环节,它主要解决调查所得材料数据的客观性与可信性。

1. 信度

信度是指调查问卷(回收后)所得到材料的可靠性程度(对于调查对象的实际情况是否真实、可信、客观)。需要用方法证实所获材料是否真实可信。

2. 信度与效度的关系

(1)效度,主要关切是否严密地围绕调查主题;信度则既与调查对象的回答真实性有关,又与调查主题相呼应。

(2)信度是效度的基础,效度是信度的目的。即被调查者不但回答的是真实可靠的信息,并且必须是对研究有效、有用的信息(信效度之间的关系如图11-1、图11-2、图11-3所示)。

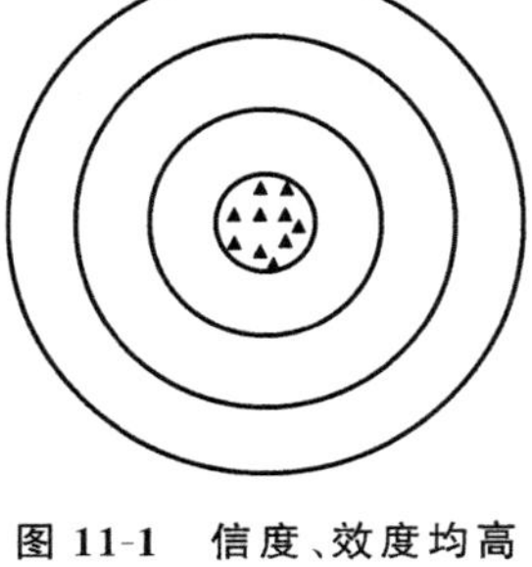

图 11-1 信度、效度均高

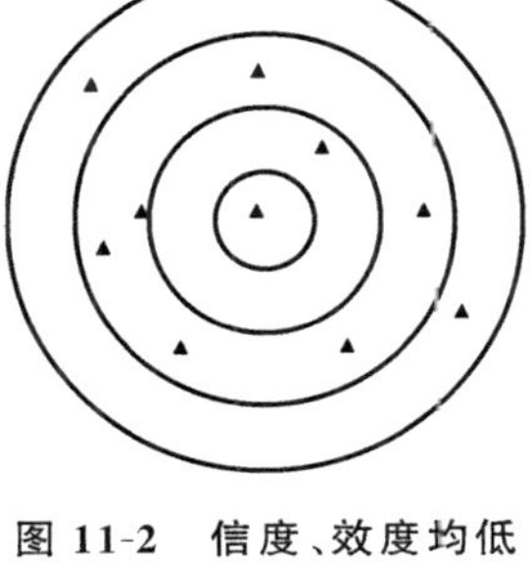

图 11-2 信度、效度均低

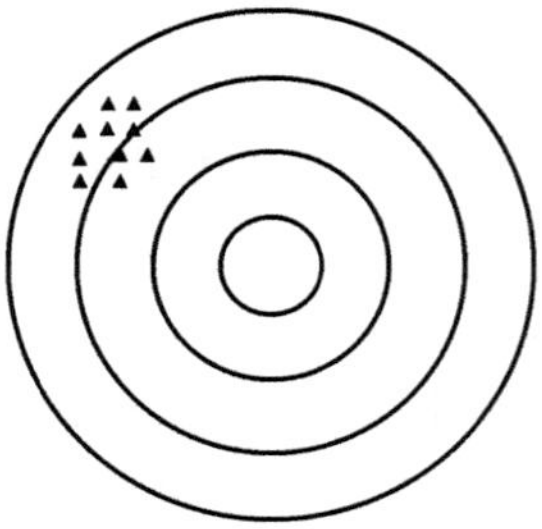

图 11-3　有信度、无效度

3. 信度检验方法和信度系数(r)

信度系数用两种方法求得：

第一种是“测量-再测量”方法（重复测量法），求稳定性系数。在调查样本范围内，第一次回收问卷后半个月左右，再将问卷以小样本发给第一次填答问卷的调查对象，请其再填一次同样的问卷（以合理理由说明）。回收问卷后计算两次问卷材料的相关系数（得分或比例）并进行显著性检验。如相关系数高且达到显著性水平($r \geqslant 0.60$，$p < 0.05$)，则表明调查材料的可靠性高，即第一次调查所得材料具有较高的可信程度和稳定的属性、品质；反之，则可信度较低。要分析是由于什么原因造成的，如问卷本身的有效性较高而信度较低，则可能涉及调查实施方法、样本量的选择及大小等影响因素。两次调查（测验）的间隔时间不宜过长，尤其是有关态度、情感、智力问题的调查（或测验）。

第二种检验方法是求回收问卷的“内部一致性系数”，采用分半信度法求得。它是在某些调查测量无法进行再测（第二次调查）时只有利用已获取的一次性调查（测量）资料进行检验。它将调查问卷的问题按奇数题、偶数题（或前后）分成两半，先求两半问题各自的统计数据；再求两半问题之间的相关系数(γ)，最后再用斯皮尔曼-布朗公式校正求得信度系数。它反映了调查问卷（或测验题目）中回答问题的内部一致性程度。但它的前提是问卷（或测验）的所有问题都是了解（测量）事物的相同、相似的特性，具有同质性，假定各问题之间均呈正相关。

如果问卷中的问题不完全具备同质性，即两分半问题（平均数、标准差）不全相关或项目内容不全相似的话，则可用卢伦公式求内部一致性系数：

$$\gamma_{\mu} = 1 - \frac{S_d^2}{S_t^2}$$

公式中 S_d^2 为两分半分数之差的方差，S_t^2 为整个调查问卷（测验）的总分方差。

对于调查（测验）的一些评定量表、态度量表，使用"克朗巴赫系数"则更有普遍性。其公式为：

$$\gamma_{\mu} = \left(\frac{n}{n-1}\right)\left(\frac{S_t^2 - \sum v_i}{S_t^2}\right)$$

公式中 n 为问卷中问题项目的数目，S_t^2 为整个问卷（测验）的总分方差、v_i 是每一个调查（测验）问题、项目的方差。

教育测量理论认为，用内部一致性系数求出的信度要比上述稳定性系数求出的信度系数要高。另外，还可用普遍性系数求信度系数，在运用时可因研究问题、调查对象的情况而异。

第四节 问卷的发放与回收、处理

一、发放形式

（1）现场集中发放、填写与回收。此法优点多，如便于讲解填答要求、统一调查起点；回收率高、回收及时等。这种情形多限于样本数量少、较集中、便于组织的样本调查。

（2）邮发问卷。简便易行，涉及调查范围广，但回收率受限。

（3）发放问卷应有记录（如时间与各调查单位等）。

（4）发放问卷时应考虑被调查者寄回的成本，从技术上预先处理。

（5）利用二维码扫码填写问卷。传播高效、便捷，涉及人群广泛，回收便利。

二、问卷回收

（1）一般在回收第一份问卷后的 2～3 周应大部分收回。

（2）删除个别废卷，统计回收率，有效率；回收率在 50％左右及以下，只可作为参考，无研究价值；如回收率在 60％以上，方可作为研究结论的主要依据。

（3）影响问卷回收率的因素有：调查对象的选择（文化程度及责任心）、回收方式是否可靠、问卷本身设计的难度（如问题过多、过难）等。

三、整理统计

(1)回答字迹不清、语句不明的应排除,回答问题不全的问卷不能统计入选(不含开放式问题)。

(2)对调查材料分类、编码,便于查阅检验和后期研究中的再次统计加工及对比分析。

(3)录入与统计,数据核实、检验。

(4)根据研究需要,对第一次统计基础数据再次开发与处理,分别为论述各个问题提供数据支持。

四、材料分析

(1)对调查统计得出的数据进行不同问题、不同变量的对比分析,力求揭示各类变量的不同关系,描述证实材料的特征。

(2)定性分析以逻辑思辨为基础,以调查材料为依据,对研究对象的性状特征进行质的描述判断。定量分析以调查数据为依据,对研究问题进行量的精确判断和论证。

(3)分析中力求定性与定量分析相结合,调查材料与其他研究材料相结合,以更客观全面地认识研究对象,得到对研究问题的科学论证与结论。

(4)单项调查可以调查材料为主,完成专项调查报告。

第五节 问卷调查中应注意的问题

(1)明确调查对象、调查范围(地点)、调查样本、样本量的各自含义。

调查对象:调查研究的总体。根据具体课题而论,可以是人或某些单位(如学校、运动队或学生、社会公众)。

调查范围:可以是空间范围(一个市、省、全国或限定区域内)或时间范围(如调查近十年的每届毕业的研究生)。

调查样本:是实施调查中直接填答问卷或面访的每一个调查个体。在单层或结构简单的调查对象总体中,调查单位也就是调查样本(如运动队的运动员);在涉及范围较大且构成复杂的多层级调查对象总体中处于末级的同质个体才是调查样本(如一个城市中各区、县学校中的学生或教师)。

调查单位:可分两种情况。一种是在构成复杂的多层级调查总体中,特指中间某一层级的性质相同又管辖下层调查对象的某级单位与组织(如包含了各地学生为样本的各区、县、学校)。一般先通过抽取各调查单位再确定其中的调查样本。另一种情况是指,只调查某层级组织单位的代表信息,而不对所含的个体进行调查;如只了解各学校的场地、设施,一个区(县)的体育教师数量等,这时该调查单位也是调查样本。

(2)明确上述定义,科学设计运用的各类抽样方法。在对构成较复杂的调查总体抽样时,多运用到几种随机抽样的方法。

(3)问卷设计完成后,事先确定对调查材料的统计分析方法(基于研究目的和论证问题需要)。

(4)大型课题的调查需要先集中组织培训调查(测试)员,合理分工,统一认识;统一调查的计划、调查步骤;选择调查时机;准备调查工具;准备调查测试细则。

(5)根据调查目的、任务与研究条件,选择好调查对象(样本),主要考虑其代表性、全面性、可行性及被调查者的回答能力。

(6)调查研究中力求最大限度地确保调查材料的可靠、准确,客观地反映实际情况;正确地统计处理材料;对调查结果的分析解释与描述力求科学、准确、合乎逻辑(不过分夸大与推论)。

第六节　抽　　样

抽样顾名思义,就是从全体之中抽取一部分个体作为样本,借着对样本的观察,再对全体做出推论。譬如说,我们想知道某个城市老年人群身体活动行为状况,老年人选择的主要活动项目是什么;或是质检单位想要检查一批体育用品是不是符合质量标准;或是医疗机构想要了解某地区成功接种疫苗居民的比例。在理论上,我们当然可以不厌其烦地针对母体所有成员一个一个观察以取得数据,但在实际上我们知道这很不容易做到,事实上在有些情况下我们还非得做抽样调查不可。

一、为什么要抽样?

一是因为要节省经费。二是因为要节省时间。这两个理由很容易了解,如果要访问全体,则所耗费的时间和经费是相当可观的,而且有许多调查性质具有时间性,如果拖得太长就会失去时效。例如想知道学生们对某一项体育测试后的即刻反应如何，就非得趁热打铁，在短时间内完成调查不可。三是因为要提高资料的准确性。这是由于全体调查牵涉到相当大量而又繁杂的作业，动员不少人力、物力和行政管道，增加许多犯错的机会，导致取得的数据质量不佳，而抽样调查工作的作业负担相对地较轻，参与人员因为较少，好控制，使得数据的品质也较好。事实上联合国的专家们也发现，在一些教育较不发达的地区，人口普查的资料就不如抽样调查来得好。四是因为要取得较详尽的数据。譬如我们想要知道 6～12 岁儿童常参与的体育项目有哪些，如果进行全体调查的话，由于人力和物力的限制，我们只能针对每一个小孩取得一点点资料；但是如果是抽样调查，因为调查对象数量不多，反而可以很从容地取得细节资料供分析之用。每十年一次的人口普查，除了全体都查之外，总是还要再抽取少数样本做更详尽的访问就是这个道理。五是因为要减轻损失。某些产品（如防爆产品、劳保产品、灭火产品等）在质量检测时需要消耗整件产品，成本较大。这些检测本身具有破坏性，总不能每个产品都进行损耗式检查，这种情形有必要进行抽样检验，而且样本数目还要控制到越少越好。

二、概率抽样与非概率抽样

在谈抽样设计之前，让我们先厘清一下这里所谈的抽样是指概率抽样，也就是说：在完整定义的母体之中，每一个个体都有一个不为零的中选机会。凡不属于这个定义范围的都是非概率抽样。常见的非概率抽样方法，根据 Kish(1965)和 Cochran(1977)研究，有下列几种：

(1)偶遇样本(haphazard sample)或便利抽样(convenient sample)

是碰到谁就选谁的抽样，做研究的人并不在乎调查对象是否有代表性，例如生理学家研究膝跳反射，心理学家观察人对某心理刺激的应激反应，病理学家做坏死组织切片检测等。

(2)立意选样(purposive sampling)或判断选样(judgment sampling)

这是经由专家主观判断，有意选定他们认为“有代表性”的样本来观察。例如民调机构会特定美国一个或几个州的投票结果来预测某党派选举情况，交通专家选定某地区的几个高速路段安装监控来估算交通事故发生率，专家通过校门口接孩子的家长来了解家长对学校周边安全状况的意见等。

(3)自愿样本(volunteer subjects)

听任自动送上门来的人组成样本群。

(4)配额选样(quota sampling)

依照母体的人口特征按比例分配样本数,在配额之内进行非概率抽样,也就是把调查对象依照特征分类后,根据各类别的百分比每类立意选样至额满为止。例如某地市高中学生之中,城市学生约60%,乡村学生有40%;约有25.21%的学生在民办高中,74.79%的在公办高中;民办高中有51.7%是男生,48.3%是女生;公办高中的学生50.6%是男生,49.4%是女生。如果样本数是1000,则根据上述各类别的比例先算出各种特征交叉汇编后每一组合的配额,在配额内立意选出符合该类别的人即可。这样做可以节省时间和资源,而又维持了样本的代表性。

(5)雪球抽样(snowballed sample)

先找到原始受访者,然后再从受访者所提供的信息找到其他受访者。

以上这些非概率抽样方法由于没有概率做推论基础,大多只能做描述性的用途,而不能对全体做科学的估计或验证理论的假设检验,因为它们提不出确切的误差数据,无法计算样本数据的准确程度。

三、抽样的基本原理

假设某个地区八岁到十二岁的儿童共有180万人,如果我们要抽取2000个儿童样本来调查其家庭为子女的年度体育支出状况(包括:体育装备、体育俱乐部、培训班等费用),怎么抽才会“准”呢?用常识来判断,总要有部分儿童来自市区,部分来自乡村,要考虑抽取男生和女生的比例,还要考虑家庭的社会经济地位等。这些顾虑都是担心万一抽得不好,变成瞎子摸象,整个推论就失效了。

在谈抽样原理之前,首先让我们先熟悉几个名词和符号。

1. 资料的中心点和离散程度:平均数和标准差

大家都知道平均数是什么,它是所有个案观察值的总和除以累加的个案数,也就是我们通常说的一组资料的中心点。我们把全体的平均数写成μ(念成miu)。它的定义是:

$$\mu = (x_1 + x_2 + \cdots + x_N) / N \tag{11.1}$$

式中N是全体的总个案数,x_i是第i个个案的观察值。

另一个名词是标准差σ(念成sigma),是衡量一组资料中各个点和中心点之间的“标准距离”。也就是衡量一组数据中各点的集中或离散程度。它的定义是:

$$\sigma = \sqrt{\sigma^2} = \sqrt{\frac{\sum_{i=1}^{N}(x_i - \mu)^2}{N}} \tag{11.2}$$

从定义上来看，它是每一个点和中心点 μ 的差，平方后累加起来取平均数，再开根号还原。平方的原因是要避免各点和中心点的差正负相抵。

2. 正态分布和中央极限定理

假设这个地区 180 万个八岁到十二岁小孩的年度体育支出平均数是 μ，标准差是 σ。现在我们要抽取 2000 个样本，从样本观察值来估计 μ，一个很自然的选择是用样本的平均数来估计，让我们把样本的平均数写成 $\bar{x}$(念成 x Bar，Bar 是横杠的意思)，它的定义是：

$$\bar{x} = (x_1 + x_2 + \cdots + x_n)/n \tag{11.3}$$

式中 n 是样本数。

如果我们使用一套概率抽样的操作程序抽出 2000 人，取得他们的观察值后会得到一个平均数，把它写成 $\bar{x}_1$，表示是第一次抽样得到的结果。现在把整个作业重做一遍，我们可能得到不同的 2000 个人，因为在概率抽样之下每个人都有中选的机会，重新做一遍就可能抽到不同的人。我们把第二次抽样的结果写成 $\bar{x}_2$。当然这个 $\bar{x}_2$ 不一定会和 $\bar{x}_1$ 相同，就像两颗子弹不会射中相同的一点一样。如此一直做下去，如果我们做 K 次的话，会有 $\bar{x}_1$，$\bar{x}_2$，…，$\bar{x}_K$ 一共有 K 个样本平均数。根据我们之前介绍的中央极限定理，它的内容是：在样本数足够大的情况下，如果把这 K 个 $\bar{x}$ 排起来，它们会形成正态分布，而这些样本平均数的平均数会等于 μ，这些样本平均数的标准差会等于 $\sigma/\sqrt{n}$。

我们再回顾一下什么是正态分布。它是一种钟形，以平均数为中心、左右对称的图形分布。譬如说，全校同学的身高由低而高排列起来，会有少数人很矮或很高，大部分人集中在中间，而越靠近平均身高的人会越多，形成像钟形的样子。事实上，我们可以利用正态分布的特性计算出身高在某一高度之间者到底有多少人。这是因为根据正态分布，有 68%的人会落在平均数左右一个标准差距离之内，有 95%的人会落在平均数左右两个标准差之内，而有 99.7%的人会落在平均数左右三个标准差范围之内。

3. 点估计、区间估计和信赖系数

根据中央极限定理，我们知道如果做很多次抽样的话会得到很多个 $\bar{x}$，而这些$\bar{x}$排起来会形成正态分布，它们的平均数是μ，标准差是$\sigma/\sqrt{n}$。换句话说，有68%的$\bar{x}$会落在$\mu\pm\sigma/\sqrt{n}$之间，有95%的$\bar{x}$会落在$\mu\pm2\sigma/\sqrt{n}$之间，有99.7%的$\bar{x}$会落在$\mu\pm3\sigma/\sqrt{n}$之间。

把上述的说法稍为转换一下就变成：有68%的$\bar{x}\pm\sigma/\sqrt{n}$会包含着$\mu$，有95%的$\bar{x}\pm2\sigma/\sqrt{n}$会包含着$\mu$，有99.7%的$\bar{x}\pm3\sigma/\sqrt{n}$会包含着$\mu$，而这就是抽样和估计最根本的道理。我们从全体之中以概率抽样方式抽取n个样本，取得样本观察值，计算它们的平均数$\bar{x}$，然后加减两倍的$\sigma/\sqrt{n}$得到一组上下区间，换句话说：我们有95%的信心，这个上下区间一定会包含着全体的平均数μ。如果我们仍不放心的话，可以用$\bar{x}$加减三倍的$\sigma/\sqrt{n}$，那么这组区间包含着μ的信赖度就有99.7%。

用样本平均数$\bar{x}$来估计全体的平均数μ称为点估计。点估计命中目标的机会是很低的，因为只凭着少数样本观察值得到的结果要和全体的平均数吻合几乎是不可能的事，所以我们最好不要用点估计，而要用区间估计。根据中央极限定理和正态分布的特性我们知道$\bar{x}\pm\sigma/\sqrt{n}$这个区间包含着全体平均数$\mu$的机会有68%，$\bar{x}\pm2\sigma/\sqrt{n}$的机会有95%，而$\bar{x}\pm3\sigma/\sqrt{n}$的机会有99.7%。真正可靠的估计势必要用区间估计，只有这样做我们才可以知道估计准确的程度，而这68%，95%，99.7%就称作是信赖系数。说得更确切一点，以95%信赖系数为例，它的意思是：如果我们进行100次独立的抽样估计，会有100个样本平均数，也会有100个区间估计，而这100个区间估计里会有95个正确地包含着全体平均数μ。实际上我们不会做100次抽样，而是只做1次，所以说这一次抽样而来的区间估计会包含着μ的机会是95%。信赖系数越高，估计的区间也就越宽，这是高信赖系数所必须付出的代价。譬如我们估计全国八岁到十二岁小孩的年体育支出平均数是在30元到3000元之间。这个估计即使有99.7%的信赖度也没有什么用，因为这段区间实在太宽了，如果是240元到320元之间，而且信赖系数是99.7%，这就是个非常好的估计。我们学习抽样方法就是要使这个信赖区间尽可能地缩小。

刚刚提到过一个好的估计必须既准又稳，我们用$\bar{x}$来估计μ，如果做很多次的话，会有很多个$\bar{x}$。中央极限定理已经（验证）给我们保证，这些$\bar{x}$的平均数会等于μ，所以是“准”的估计已无问题，但是这些$\bar{x}$是否都靠近在一起，称得上是“稳”呢？这就要看这些 $\bar{x}$ 的标准差。我们已经知道 $\bar{x}$ 的标准差是 $\sigma/\sqrt{n}$，其中 σ 是全体的标准差，n 是样本数，把样本数加大会使得标准差变小，所以我们马上领悟到样本数越大，估计也就越稳。其次，σ 是全体数据的标准差，我们并不知道它到底是多少，在区间估计里我们也需要用到它，因此为了要知道估计的准确程度，连全体资料的 σ 也要一起估计才行。

至少有两种方法来估计 σ，一是用样本观察值的标准差，它的定义是：

$$S = \sqrt{S^2} = \sqrt{\frac{\sum_{i=1}^{n}(x_i - \bar{x})^2}{n-1}} \tag{11.4}$$

在数学上可以证明用 S^2 来估计 σ^2 是合乎“准”的要求的，但是这个方法必须做完抽样，取得样本数据后才能派上用场，有时很不方便事前的规划和设计。二是用速简方式，我们知道通常的数据若以平均数为中心，左右各三个标准差的距离大概可以网罗绝大部分的数据。所以我们可以用常识判断，找出这组资料可能的最大数和最小数的差，再除以 6，即是我们对 σ 的速简估计，因为从最小数到最大数之间大概有六个标准差的距离。举例来说：体育支出最少的大概是零，最大的大概有 15000 元，差距是 15000，除以 6 得 2500 元，这就是我们对 σ 的估计。先不论我们抽样得到的 $\bar{x}$ 是多少，在规划方案时我们就可以知道，如果样本数是 2000，那么 95％信赖度的区间宽度是 $\pm 2\sigma/\sqrt{n}$，估计是 $\pm 2\times 2500/\sqrt{2000}$ 或是 ± 111.81 元，这个宽度通常也叫作抽样误差。

4. 抽样误差和样本数的决定

习惯上我们都以 95％的信赖系数作为一般抽样设计的常模，因此公式 $2\sigma/\sqrt{n}$ 就成为我们决定样本数和误差大小的依据。上述的例子说明了如果样本数是 2000，则抽样误差是 ± 111.81 元。若希望把误差控制在 ± 50 元之内，那么至少需要多少样本呢？我们可以代入公式，计算 $50 = 2\times 2500/\sqrt{n}$ 得到 n 应该是 10000 人。

另外一个比较快速的估计方式是使用百分比。假设我们想调查的是全体国民之中有多少百分比的人 BMI 等级为肥胖，则以前的平均数现在变成百分比，亦即从 0 到 1 之间的一个数字。样本百分比的标准差则跟着这个百分比变化，但是绝对不会超过 $0.5/\sqrt{n}$，为了保险起见，我们就用 $0.5/\sqrt{n}$ 来代入，换句话说，原来的公式 $2\sigma/\sqrt{n}$ 现在变成 $2\times 0.5/\sqrt{n} = 1/\sqrt{n}$，这是估计的最大抽样误差。例如样本数为 900 时，抽样误差为 $\pm 1/\sqrt{900}=\pm 1/30=\pm 0.033$。同理，样本数为 1600 时，抽样误差是 ± 0.025；样本数为 2500 时抽样误差是 ± 0.02。我们可以看到样本数在 1000 到 1600 时最划得来；若再往上加，经费会增加很多，但抽样误差却减少得很有限，并不经济，所以 1000 到 1600 是最常见到的样本数。

还有一件值得注意的事情是：样本数的大小和母体总数的大小并没有什么关系。这似乎出乎一般人的意料之外。在理论上，如果样本数和母体数的比例，也就是抽取率，在百分之五以下的话，样本数的决定几乎不受母体数的影响。美国有 3 亿人，盖洛普民意调查经常把样本数定在 1200 左右，某省份有 6000 万人，要达到相同的准确度也需要大致一样的样本数。武汉市有 1000 万居民，同样地也需要一样多的样本数。

5. 单纯随机抽样

在介绍抽样方法之前，让我们先认识一下随机数表（见附录表 4）。这个表是根据两个原则做出来的：

①从 0 到 9 任何一个数字在任何位置出现的机会都是一样的。

②每一个数字出现在任何一个位置并不影响其他数字出现在其他的位置。

换句话说，每一个数字的出现都是独立的，从这两个特性我们可以引申到：

③从 00，01，02，…，到 98，99 任何两位数出现在一起的机会都是相等的。

④从 000，001，…，到 998，999 任何三位数出现在一起的机会都是相等的。

⑤以此类推到更多位数。

我们将透过以下抽样方法的介绍来熟悉随机数表的使用。

（1）单纯随机抽样的定义

单纯随机抽样（simple random sampling）的定义是：任何样本数为 n 的样本组合中选的概率都是相等的。这个方法有理论上的用途，但实际上使用得并不多。

（2）单纯随机抽样的执行

把全体所有成员从 1 到 N 编号，然后依随机数表（附录 4）抽取 n 个号码。例如从 4000 人中抽 5 个人，把所有人自 1 到 4000 编号，然后用随机数表随便选一行开始，假设我们选第三行，由于 4000 是四位数，所以我们一次要用四个数字以使得从 0001 到 4000 之间的每一个号码都有相同的中选机会。自上至下第三行起自左向右，所有的数字都依次算入，它们是 4546，7717，0977，5580，0095，3286，3294，8582，2269，0056，5271，…。把超过 4000 的号码舍去，我们有 0056，0977，0095，3286，3294，2269 六个号码中选，代表这六个号码的人就是我们的样本。

6. 等距抽样

等距抽样(systematic sampling)也有人称它为系统抽样。它是先把全体总数 N 除以样本数 n，得到 K，也就是每间隔 K 个抽一个的意思，再用随机数表(附录 4)自 1 到 K 选一个随机数 R，则 $R, R+K, R+2K, \cdots, R+(n-1)K$ 等号码中选。例如 4000 人抽 8 人，$K=4000/8=500$，每隔 500 个人抽一个，自 1 到 500 选一个随机数。假设我们自随机数表第八行开始，500 是三位数，所以我们要用三位数，自上至下第八行，自左向右，第一个是 609 太大舍去，第二个是 407 留下，所以编号 407，907，1407，1907，2407，2907，3407，3907 这八个人中选。

如果 K 不是整数，我们可以四舍五入取整数，也可以用“借一位小数”的方法，也就是把所有的数字都向后挪一位数，包括 K 值、随机数值在内，抽出之后再将此一小数去掉，如此则不会出现多抽或少抽一个样本的情形。例如 $N=100, n=8, K=12.5$，借 1 位小数，取 $K=125$，由 1 到 125 取一个随机数 68，则得到 68、193、261、329、397、465、533、601 八个样本，将个位数无条件删去，则中选的样本是第 6，19，26，32，39，46，53，60 八个号。

7. 分层随机抽样

分层随机抽样(stratified random sampling)是先把母群体的所有个体依某些特征分类，也就是分层，然后在各层之内再进行独立的随机抽样。这个方法的好处很多，不但可以减少工作量，而且可以提高估计的精确度，只要分层时守着“同层之内同构型取其最大，异层之间异质性取其最大”的原则即可。如此可使得层内的数据一致而集中，标准差愈小，则抽样误差也愈小。

这个方法大多用于规模比较大的抽样工作。譬如调查对象是某个地级市八岁到十二岁的儿童，我们在第一阶段先抽取一部分区县，第二阶段再从选取的区县中按照城乡的学校数量比例随机抽取学校（分层等比例），第三阶段再从中选学校直接抽取相应的学生。在抽样过程中每一阶段各单位的中选概率可与此单位的规模/数量大小成比例，也就是单位越大的中选概率越高。但是到最后结算下来，所有全体的每一个成员都有相等的机会被抽中。下面让我们看一个多阶段抽样的例子（见表 11.1）：

表 11.1　不同行政区划内初中生人数统计表

行政区/县	个案数	累计个案
1	2000	2000
2	3800	5800
3	3400	9200
4	5500	14700
5	2900	17600
6	4100	21700
7	4700	26400
8	5200	31600

现在要从某地级市全部八个区县中抽取 240 位初中生了解其家庭体育观念。八个区县总共 31600 位初中生，在第一阶段先抽取三个区，然后再自选中的区县里各抽 80 人，也就是从全部 31600 人中抽取 240 人。

第一阶段要抽三个区，意思是每隔 31600/3＝10533 人抽一个区，自 1 至 10533 选一个随机数，假设从随机数表（附录 4）第九行第六列开始，我们需要四位数，结果 4681 中选，其次 4681＋10533＝15214 中选，第三个数则是 15214＋10533＝25747。这三个号码第一个落在第二区，第二个号在第五区，第三个号落在第七区。所以中选区为二区、五区和七区。这个阶段各区中选的概率要看各区居民数量而定。其次，我们再分别自第二区、五区和七区各抽 80 人，方法可以灵活决定，单纯随机抽样方式或等距抽样方式均可。为什么说全体之中的每一个人中选机会都相等呢？譬如 A 同学位在第二区，他中选的概率为：

$$\frac{3\times 3800}{31600}\times\frac{80}{3800}=\frac{240}{31600}=0.0076$$

把第一阶段的中选率看作是 3800/10533 可能较容易了解。

而 B 同学在第七区，他中选的概率是：

$$\frac{3\times4700}{31600}\times\frac{80}{4700}=\frac{240}{31600}=0.0076$$

很明显，按照此抽样方式每一个人中选的概率都是240/31600，也就是最初决定的抽取率。

第七节 本章小结

本章重点阐述调查问卷的制作、问卷信效度的检验以及样本的抽样方法。调查问卷的制作与使用要与心理学量表区别，两者既有共同点又有差异。调查问卷要根据研究问题设定问卷问题类型：封闭式和开放式。问卷中的问题形式多样，可根据具体情况来决定。问卷的信效度检验是两种不同的检验方式，信度检验是确保问卷的可依赖性，效度检验是确保问卷所测的内容是研究问题原本期望获得的内容。信度和效度必须都过关才能确保问卷的质量，所测数据才有研究价值。问卷数据的获取要严格遵从发放、回收原则，确保测试中有足够的样本量。

要对研究的总体特征获取准确、经济的描述需要有代表性的样本。样本的抽取可基于概率和非概率方式。虽然非概率抽样方式不如概率抽样有代表性，但也有其特定价值，其多用于未知领域的探索。概率抽样则更科学，需将总体包含的所有子集编码，抽样时每个子集均有相同的被抽取到的概率。概率抽样中单纯随机抽样、等距抽样、分层随机抽样都是较常用的抽样方式。

本章重要名词

开放式问卷　　封闭式问卷　　信度/效度　　概率抽样
非概率抽样　　单纯随机抽样　　等距抽样　　分层随机抽样

本章习题

习题一：已知6028名学生总体，请根据等距抽样的方法从中抽取11人。请简要描述抽取过程，并列出抽取的号码。

习题二：请采取分层抽样法，根据表11.1抽取4个区县，并从每个抽取出的区县中抽取100人。请描述抽样过程，并证明样本子集的被抽中概率相等。

习题简答：

习题一：略（请参考本章等距抽样内容部分自行完成抽样练习）。

习题二：略（请参考本章分层随机抽样内容部分自行完成练习）。

第十二章　实验研究中常见实验模型的统计处理方法

第一节　实验对照中 SPSS 的检验方法

在实验研究中，收集到的大部分资料为计量资料，分设实验组和对照组的研究方法是实验研究中最常见的方法。当总体服从正态分布的前提下，可用成组比较的 T 检验方法来检验，否则，应采用非参检验中相关方法（如秩和检验等）来检验。

例如，我们将 20 名基线条件基本相似的游泳运动员随机分成两组，每组 10 名运动员，第一组为实验组，采用传统训练手段和方法进行训练，第二组为对照组，采用新的训练手段和方法进行训练，半年后测定两组 50m 自由泳成绩，以此作为评定实验效果的依据，实验结果见表 12-1。

表 12-1　半年后两组 50 m 自由泳的成绩

组别	编号									
	1	2	3	4	5	6	7	8	9	10
对照组	26.1	25.4	26.9	27.6	26.1	25.0	26.5	26.9	25.8	26.1
实验组	25.0	23.6	26.1	23.6	25.8	25.4	25.8	25.0	25.4	24.3

在 SPSS 中，以下步骤可以实现两组间差异的显著性检验：

1. 建立数据文件

文件名为“第十二章 半年后两组 50 m 自由泳成绩比较. sav”，在该数据文件中，建立 4 个变量，第一个是“组别”，用来存放分组变量值，1 代表对照组，2 代表实验组；第二个变量是“测试值”，用来存放两组的 50m 成绩；第三个变量是“对照组”，用来存放对照组的 50m 成绩；第四个变量是“实验组”，用来存放实验组的成绩。后两个变量是用来检验总体分布类型的。

2. 进行数据资料的正态性检验

用上面有序单选题结果的定量描述方法中介绍的方法，进行数据资料的正态性检验，操作见图 12-1、图 12-2(进入后勾选)，分析结果见图 12-3。

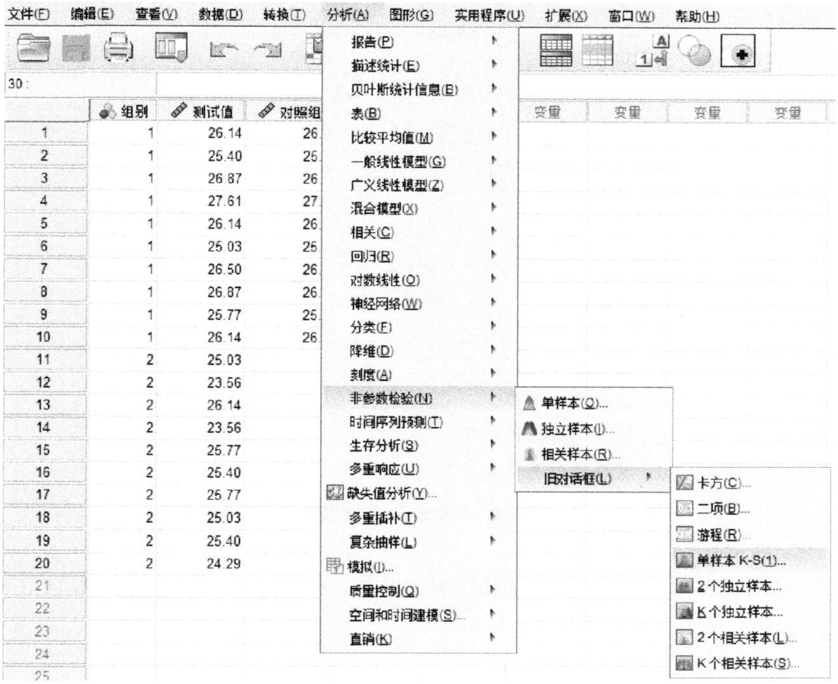

图 12-1　数据资料的正态检验操作示例：打开对话框

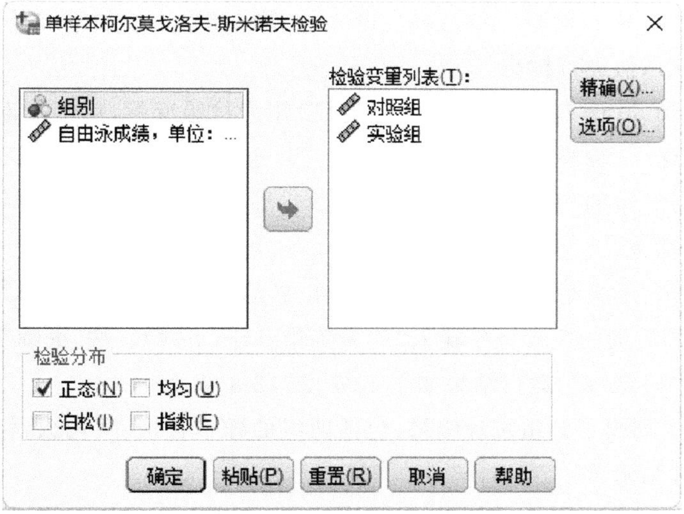

图 12-2　数据资料的正态检验操作示例：选择功能

单样本柯尔莫戈洛夫-斯米诺夫检验

		对照组	实验组
个案数		10	10
正态参数[a,b]	平均值	26.246	24.994
	标准偏差	.7574	.9091
最极端差值	绝对	.158	.216
	正	.158	.143
	负	-.142	-.216
检验统计		.158	.216
渐近显著性（双尾）		.200[c,d]	.200[c,d]

a. 检验分布为正态分布。

b. 根据数据计算。

c. 里利氏显著性修正。

d. 这是真显著性的下限。

图 12-3　SPSS 单一样本正态检验输出结果实例

从输出结果中可见，对照组和实验组的 50m 自由泳的成绩都服从正态分布（显著性大于 0.05）。

3. 在 SPSS 中进行成组比较的 T 检验

（1）按“分析”→“比较平均数”→“独立样本 T 检验”顺序逐一单击鼠标键，展开“独立样本 T 检验”主对话框（图 12-4、图 12-5）。按如下步骤操作，即可使用系统默认值进行检验。

（2）选择 50 m 自由泳成绩（“测试值”）作为检验变量，单击上面一个箭头按钮，将其送入“检验变量”对话框。

（3）选择“组别”变量作为分组变量，单击下面一个箭头按钮，将其送入“分组变量”对话框。

（4）单击“定义组”，展开对话框，在“组 1”后面的矩形框中输入“1”为对照组；在“组 2”后面的矩形框中输入“2”为实验组（图 12-6）。按“继续”键返回。

（5）按“确定”键，运行结果如图 12-7、图 12-8 所示。

图 12-7 列出了分组统计结果，包括两组的样本含量、平均数、标准差和标准误的统计结果。

图 12-8 是独立样本的 T 检验表，样本方差齐性检验的 F 值为 0.419，方差齐性的概率值为 0.526＞0.05，所以，选择方差齐性条件下的 T 检验，此时

图 12-4　独立样本 T 检验操作示例图：打开对话框

图 12-5　两个独立样本的 T 检验：功能选取

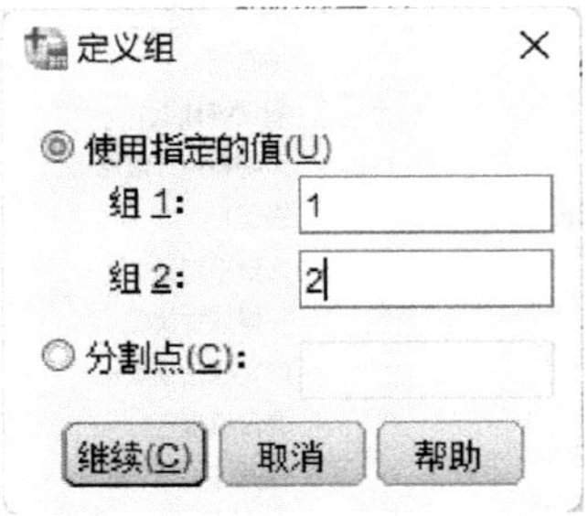

图 12-6　两个独立样本的 T 检验:分组功能选取

组统计

	组别	个案数	平均值	标准偏差	标准误差平均值
自由泳成绩，单位：秒	对照组	10	26.2455	.75737	.23950
	实验组	10	24.9940	.90914	.28750

图 12-7　群组统计资料 SPSS 输出结果实例

独立样本检验

		莱文方差等同性检验		平均值等同性T检验						
									差值95%置信区间	
		F	显著性	T	自由度	Sig.(双尾)	平均值差值	标准误差差值	下限	上限
自由泳成绩，单位：秒	假定等方差	.419	.526	3.345	18	.004	1.25154	.37418	.46541	2.03767
	不假定等方差			3.345	17.431	.004	1.25154	.37418	.46356	2.03952

图 12-8　独立样本检验 SPSS 输出结果实例

的 T 值为 3.345，双侧检验的概率值为 0.004，表明实验组和对照组的 50m 自由泳成绩间是有显著性差异。说明对实验组所施加的新的训练手段和方法是有效的。

现假定实验组和对照组的数据资料不服从正态分布，在这种条件下，在 SPSS 中用非参数检验的方法如下：

(1)按“分析”→“非参数检验”→“旧对话框”→“2 个独立样本”的顺序逐一选择(图 12-9)，单击展开两个独立样本检验对话框，将“测试值”变量移入到上方“检验变量列表”对话框，将“组别”变量移入到下方“分组变量”对话框。

图 12-9 非参数检验操作示例图

(2)单击“定义组”，展开对话框，在组 1 后面的矩形框中输入“1”为对照组；在组 2 后面的矩形框中输入“2”为实验组(图 12-10)。按“继续”键返回(此步骤同两独立样本 T 检验)。

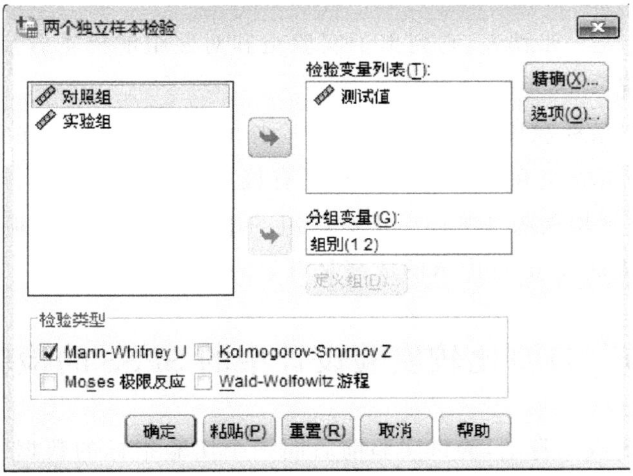

图 12-10 两个独立样本的非参数检验

(3)在检验类型的多选项中,选择"Mann-Whitney",对两组进行秩和检验(图 12-10)。

(4)按"确定"键,运行结果如图 12-11、图 12-12 所示。

秩

	组别	个案数	秩平均值	秩的总和
自由泳成绩,单位:秒	对照组	10	14.15	141.50
	实验组	10	6.85	68.50
	总计	20		

图 12-11　SPSS 输出结果实例:秩和检验的描述性统计结果

检验统计[a]

	自由泳成绩,单位:秒
曼-惠特尼 U	13.500
威尔科克森 W	68.500
Z	−2.784
渐近显著性(双尾)	.005
精确显著性[2*(单尾显著性)]	.004[b]

a. 分组变量:组别

b. 未针对绑定值进行修正。

图 12-12　SPSS 输出结果实例:统计资料检验结果

图 12-11 是一张秩表,它列出了实验组和对照组的样本含量、平均秩、秩和的基本情况。

图 12-12 是秩和检验表,曼-惠特尼检验的双侧概率为 0.005<0.01,所以,可以认为实验组和对照组的分布是有极显著性的差异的。从平均秩来看,实验组的平均秩为 6.85,小于对照组的平均秩 14.15,说明新的训练手段和方法对提高 50m 自由泳的成绩是有效的。

第二节　自身比较实验设计中的 SPSS 的检验方法

在同一个被试身上,测试实验前后同一个实验指标的数据资料,以此作为比较的研究方法称自身比较法。它也是实验研究中最常见的方法之一。

当总体服从正态分布的前提下，可用成对比较的 T 检验方法来检验，否则，应采用非参检验中的相关方法（如两个相关样本的检验等）来检验。

例如：我们选取 12 名肥胖男大学生进行运动减肥干预试验，试验前后的体重（kg）见表 12-2，试问该减肥干预有无效果？

表 12-2　运动减肥干预试验体重对照

编号	1	2	3	4	5	6	7	8	9	10	11	12
前测	86.4	93.3	83.9	69.5	89.8	86.4	77.7	85.7	98.5	96.1	79.7	93.7
后测	75.8	84.7	77.6	63.8	80.4	71.9	68.2	78.4	89.9	88.7	72.4	87.6

1. 建立数据文件

数据文件名为“第十二章 运动减肥干预实验. sav”，其中有两个变量，第一个变量名为“干预前”，存放干预前测定的 12 名被试的体重，第二个变量名为“干预后”，存放干预后测定的 12 名被试的体重。与前面例子步骤相似，对前、后测的数据资料进行正态性检验，我们假设其服从正态分布。

2. 在 SPSS 中进行成对比较的 T 检验

（1）按“分析”→“比较平均值”→“配对样本 T 检验”顺序逐一单击鼠标，展开“成对样本 T 检验”主对话框（见图 12-13，图 12-14）。

图 12-13　配对样本 T 检验操作示意图

（2）在左边变量列表中选择“干预前”变量，点中并拖拽拉到“变量 1”下面，则在“配对变量”框中出现“变量 1：干预前”；再选择“干预后”变量，点中

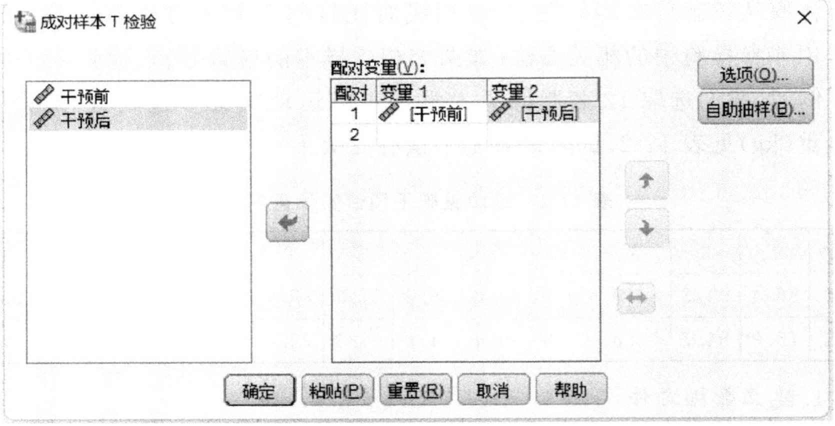

图 12-14　配对样本的 T 检验

并拖拽拉到“变量 2”下面，则在“配对变量”框中出现“变量 2：干预后”。完成后在成对变量框中出现“干预前-干预后”两个配对变量。

(3)其他选项保持系统默认值，按“确定”键执行，结果如下图 12-15、图 12-16、图 12-17 所示。

配对样本统计

		平均值	个案数	标准偏差	标准误差平均值
配对 1	干预前	86.7250	12	8.33733	2.40678
	干预后	78.2833	12	8.36310	2.41422

图 12-15　成对样本描述统计数据 SPSS 输出实例

配对样本相关性

	个案数	相关性	显著性
配对 1　干预前 & 干预后	12	.958	.000

图 12-16　成对样本相关性 SPSS 输出实例

配对样本检验

		配对差值					T	自由度	Sig.（双尾）
					差值 95%置信区间				
		平均值	标准偏差	标准误差平均值	下限	上限			
配对 1	干预前- 干预后	8.44167	2.42579	.70027	6.90039	9.98294	12.055	11	.000

图 12-17　成对样本 T 检验结果 SPSS 输出实例

图 12-15 是运动干预前、后体重的基本统计情况表。从第二列起依次为：平均数、样本含量、标准差和标准误的计算结果。

图 12-16 是干预前后体重之间的相关系数表。两者的相关系数为 0.958，$P<0.01$，表明干预前、后体重之间呈线性高度相关。

图 12-17 是配对样本 T 检验表，最后一列给出了原假设“干预前、后体重之间无差异”的概率值小于 0.01，小于 0.05，表明该运动干预对男大学生减肥的效果较佳。

现假定干预前、后的数据资料不服从正态分布。此时，干预前、后体重差异程度检验可通过如下 SPSS 操作步骤获得：

(1)按“分析”→“非参数检验”→“旧对话框”→“2 个相关样本(L)”的顺序逐一选择，单击展开“2 个相关样本(L)”对话框(图 12-18)。

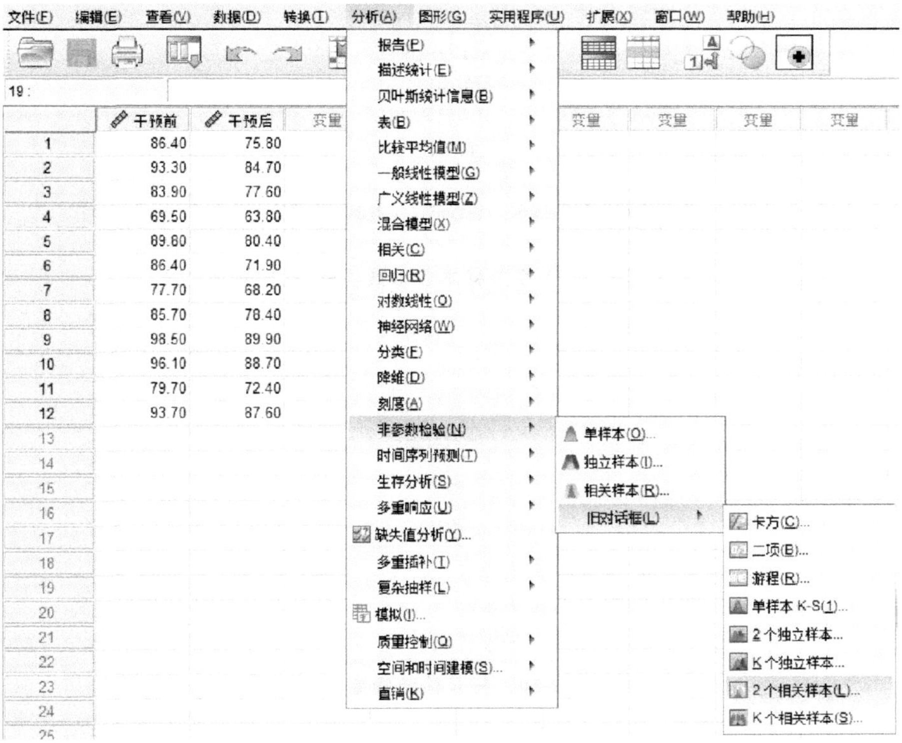

图 12-18　两个相关样本非参数检验：打开对话框

(2)在左边变量列表中选择“干预前”变量，点中并拖到“检验对”变量框中的“变量 1”下面，再选择“干预后”变量，点中并拖到“检验对”变量框中的

“变量 2”下面(图 12-19)。完成后会在成对变量框中出现“干预前-干预后”两个配对变量。

(3)在“检验类型”多选项中选择符号检验(“符号(S)”)。

(4)其他选项保持系统默认值,按“确定”键执行,结果如下图 12-20、图 12-21 所示。

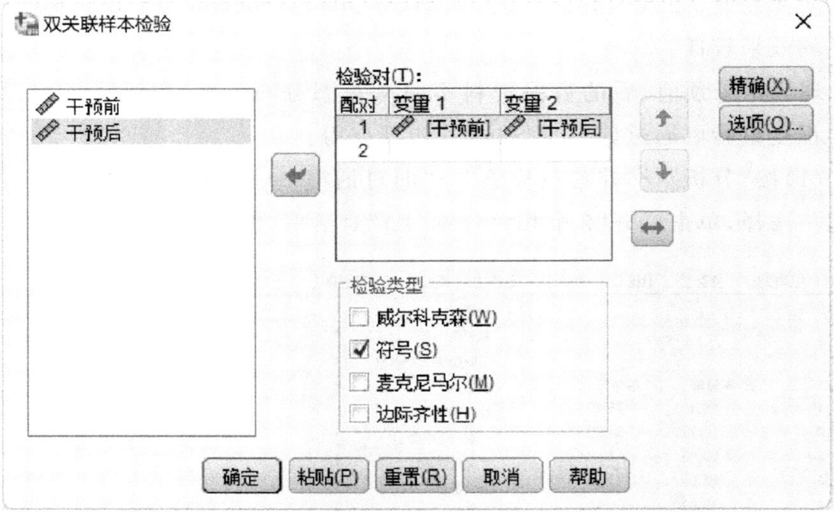

图 12-19　两个相关样本非参数检验:功能选取

频率

		个案数
干预后 - 干预前	负差值[a]	12
	正差值[b]	0
	绑定值[c]	0
	总计	12

a. 干预后 < 干预前

b. 干预后 > 干预前

c. 干预后 = 干预前

图 12-20　符号检验频率输出

图 12-20 列出了干预后体重与干预前体重差值为负的有 12 人,差值为正的有 0 人,差值为 0(等值数)的为 0 个,样本含量为 12。图 12-21 是符号检验的结果,精确概率值小于 0.01,小于 0.05,表明干预的前、后体重有显著性差异,说明该干预对减肥效果明显。

检验统计[a]

	干预后 - 干预前
精确显著性（双尾）	.000[b]

a. 符号检验

b. 使用了二项分布。

图 12-21　符号检验的统计 SPSS 结果输出

第三节　单因素实验设计中的SPSS的检验方法

在实验研究中，需要考察的指标称试验指标（因变量），如百米跑成绩、体育课成绩等。而在实验中加以考察的各种影响因素称实验因素，如影响运动成绩的恢复状况、营养补充、运动量、强度、运动持续时间等称为因素。当考察实验的因素只有 1 个时，称为单因素。每个因素的不同状态（或分类）称为水平。

单因素实验设计是在实验对照设计的基础上发展而来的一种实验设计方法。当因素的水平数为 2 时，就是实验对照设计。一般情况下，单因素实验设计中的水平数会大于或等于 3。此时的检验方案是多个样本均数间的差异是否具有统计意义，或是多个样本的分布是否一致。当各水平试验指标的测试值间互相独立、服从正态分布，且其方差齐性的前提下，总体均数间的差异的检验可用单因素方差分析法；否则，要用非参数检验中多个独立总体同分布检验法。

为了研究三种不同的游泳训练方法的效果，将某游泳队年龄相仿、前测成绩无显著差异的运动员分成三组，分别三种不同的方法进行训练：方法一、方法二和方法三。经三个月不同训练方法训练后，测得各组 50 m 自由泳成绩（秒，见表 12-3），分析三种训练方法的效果有无显著性差异。

表 12-3　不同运动训练方法干预后 50 m 自由泳成绩对照（单位：s）

编号	方法一	方法二	方法三
1	26.66	25.63	25.97
2	27.25	26.73	24.28
3	30.08	26.49	24.25
4	29.14	26.73	25.31

续表 12-3

编号	方法一	方法二	方法三
5	28.38	26.49	26.07
6	28.8	27.66	24.66
7	26.42	25.66	25.59
8	28.18	27.04	24.8
9	27.35	26.59	25.73
10	27.35	26.9	26.11
11	28.35	27.07	24.76
12	27.95	25.94	25.07
13		26.97	25.31
14		26.97	24.92
15		27.83	
16		27.31	

1. 建立数据文件

数据文件名为“第十二章 游泳训练效果-单因素分析.sav”，共有 5 个变量，第一个变量名为“训练类别”，存放训练方法所分的三个水平编码。1 代表第一水平，即第一种训练方法；2 代表第二水平，即第二种训练方法；3 代表第三水平，即第三种训练方法。第二个变量名为“游泳成绩”，存放三种训练方法下对应的 50 m 自由泳成绩。第三个变量名为“训练法一”，存放第一种训练方法下的成绩。第四个变量名为“训练法二”，存放第二种训练方法下的成绩。第五个变量名为“训练法三”，存放第三种训练方法下的成绩。

仿照前面所述方法，对三种训练方法下的自由泳成绩的数据资料进行正态性检验，其结果(见图 12-22)是它们都服从正态分布。

2. 在 SPSS 中进行单因素方差分析

(1)按“分析”→“比较平均值”→“单因素 ANOVA 检验”顺序逐一单击鼠标键，展开单因素方差分析主对话框(图 12-23)。

(2)在左边的变量名列表中选择“游泳成绩”变量，将其移入右边上方的“因变量列表”框中，再在左边变量名列表中选择“训练类别”变量，将其移入“因子”下框中(图 12-24)。

单样本柯尔莫戈洛夫-斯米诺夫检验

		训练法一	训练法二	训练法三
个案数		12	16	14
正态参数[a,b]	平均值	27.9908	26.7505	25.2022
	标准偏差	1.05570	.62723	.62859
最极端差值	绝对	.145	.149	.104
	正	.145	.116	.104
	负	−.074	−.149	−.103
检验统计		.145	.149	.104
渐近显著性（双尾）		.200[c,d]	.200[c,d]	.200[c,d]

a. 检验分布为正态分布。

b. 根据数据计算。

c. 里利氏显著性修正。

d. 这是真显著性的下限。

图 12-22　不同训练组成绩正态检验结果的 SPSS 输出实例

图 12-23　SPSS 单因素方差分析：打开对话框

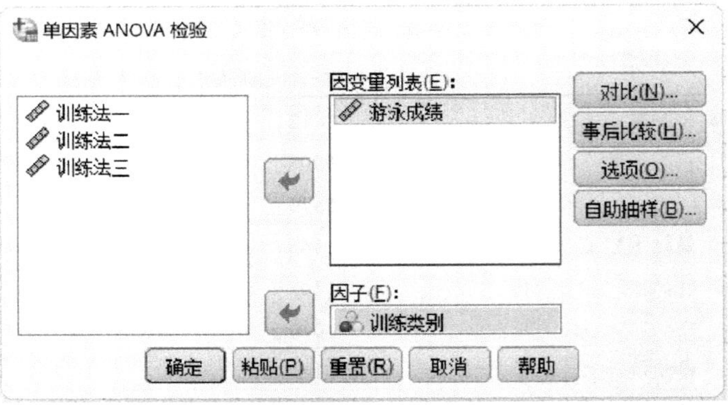

图 12-24　SPSS 单因素方差分析对话框

(3)按"选项"按钮,展开"选项"对话框(图 12-25)。在 Statistics 的多选项中,选择"方差同质性检验",对三个不同训练方法下测得的成绩作方差齐性检验。按"继续"键返回。

图 12-25　SPSS 方差齐性检验对话框

(4)当单因素方差分析的结果各水平间有显著性差异时,需通过"多重比较"进一步确定哪两对均数间有差异。按"事后多重比较"按钮,展开"事后多重比较"对话框(图 12-26)。在"假定方差齐性"的多选项中,有 14 种进行多重比较的方法。建议选择"S-N-K",即 Student Newman Keuls 法,它是运用最广泛的一种两两比较方法,它采用 Student Range 分布进行所有各组均值间的配对比较。或者选择邦弗伦尼(本例采用邦弗伦尼法),它们均可控制第一类错误的概率(即当原假设真正成立时,拒绝原假设犯错误的概率就是事先设定的水平)。按“继续”按钮返回。

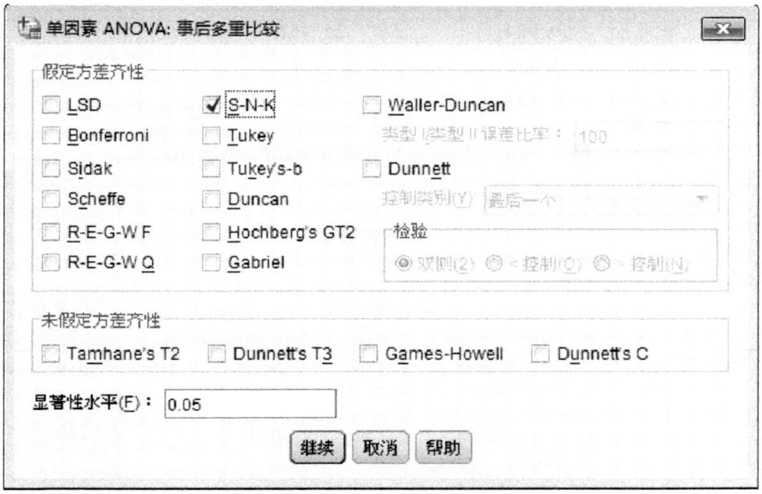

图 12-26　SPSS 多重比较检验操作

(5)其他选项保持系统默认值,按 OK 按钮运行,结果如下图 12-27、图 12-28 所示。

方差齐性检验

		莱文统计	自由度1	自由度2	显著性
游泳成绩	基于平均值	2.495	2	39	.096
	基于中位数	2.454	2	39	.099
	基于中位数并具有调整后自由度	2.454	2	29.863	.103
	基于剪除后平均值	2.492	2	39	.096

图 12-27　方差齐性检验 SPSS 输出结果实例

图 12-27 为方差的齐次性检验表,因为 $p=0.096>0.05$,所以接受方差齐性的假设。

图 12-28 是方差分析表,因为 $p<0.01$,所以不同训练组间游泳成绩有非常显著性差异。

图 12-29 是用邦弗伦尼法对两两均数做的多重比较的结果。不同训练组间成绩均有显著性差异($p<0.01$)。结合均数值的大小可知,三种训练法对游泳成绩训练效果为:第三种>第二种>第一种。

ANOVA

游泳成绩

	平方和	自由度	均方	F	显著性
组间	50.924	2	25.462	42.623	.000
组内	23.297	39	.597		
总计	74.221	41			

图 12-28　方差分析 SPSS 输出结果实例

多重比较

因变量:游泳成绩

	(I) 训练类别	(J) 训练类别	平均值差值 (I-J)	标准 错误	显著性	95%置信区间 下限	95%置信区间 上限
邦弗伦尼	第一种训练方法	第二种训练方法	1.24032*	.29516	.000	.5019	1.9787
		第三种训练方法	2.78862*	.30406	.000	2.0280	3.5493
	第二种训练方法	第一种训练方法	−1.24032*	.29516	.000	−1.9787	−.5019
		第三种训练方法	1.54830*	.28285	.000	.8407	2.2559
	第三种训练方法	第一种训练方法	−2.78862*	.30406	.000	−3.5493	−2.0280
		第二种训练方法	−1.54830*	.28285	.000	−2.2559	−.8407

*. 平均值差值的显著性水平为0.05。

图 12-29　多重比较分析的 SPSS 输出结果实例

对三种训练方法下游泳成绩的描述性统计结果 SPSS 输出实例见图 12-30。

当数据资料不服从正态分布时，需要用以下的非参数检验方法解决。其步骤如下：

(1)按“分析”→“非参数检验”→“旧对话框”→“K 个独立样本”顺序逐一选择，单击展开多个独立样本检验对话框(图 12-31)。

(2)在左边变量列表中，将“游泳成绩”移入右边上面的“检验变量列表”框中；在左边变量列表中，将“训练类别”移入右边下面的“分组变量”框中；按“定义范围”按钮，在“定义范围”对话框中，在“最小值”中输入“1”，在“最大值”中输入“3”(图 12-32、图 12-33)。按“继续”键返回。

描述

游泳成绩

	个案数	平均值	标准偏差	标准错误	平均值的95%置信区间 下限	平均值的95%置信区间 上限	最小值	最大值
第一种训练方法	12	27.9908	1.05570	.30475	27.3201	28.6616	26.42	30.08
第二种训练方法	16	26.7505	.62723	.15681	26.4163	27.0847	25.63	27.83
第三种训练方法	14	25.2022	.62859	.16800	24.8393	25.5652	24.25	26.11
总计	42	26.5888	1.34546	.20761	26.1695	27.0081	24.25	30.08

图 12-30　不同训练组成绩的描述性统计结果 SPSS 输出实例

图 12-31　*K* 个独立样本非参数检验：打开操作界面

(3)在“检验类型”中选择“克鲁斯卡尔-沃利斯”(秩和检验)。

(4)其他标尺系统默认选择。按“确定”键执行结果。结果如下图 12-34、图 12-35 所示。

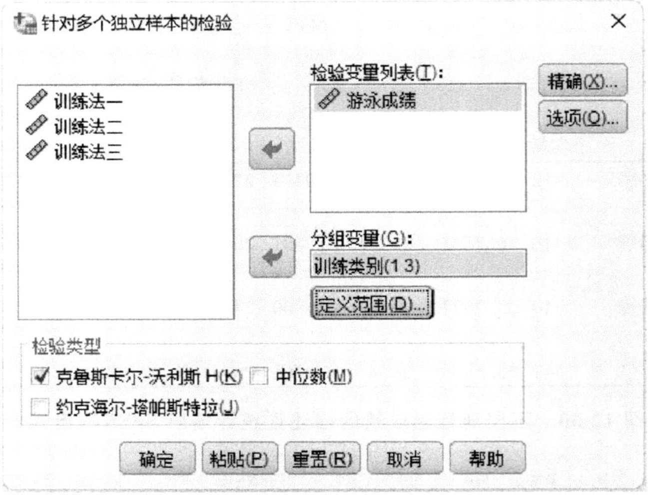

图 12-32　*K* 个独立样本非参数检验：界面内的操作

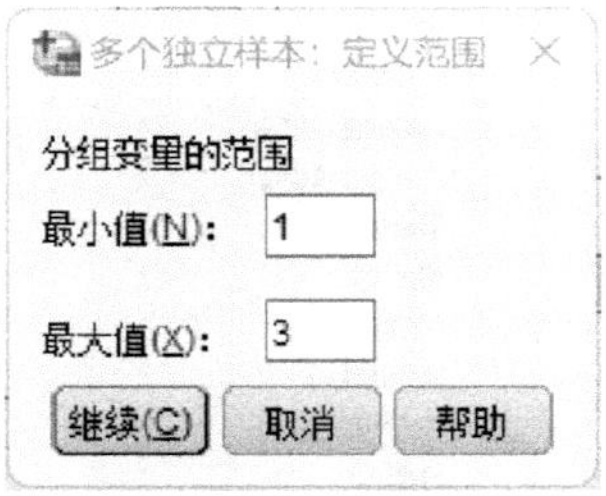

图 12-33　*K* 个独立样本非参数检验：三个水平的界定

图 12-34 列出了三种训练法对应的平均秩，平均秩越高表示其所对应的原始成绩越差。图 12-35 给出了卡方检验的结果，三种训练法间呈显著差异 $p<0.01$，表明三个训练组的训练效果是有显著性差异的。由于队员在接受第三种训练法后的成绩最好，其次是第二种训练法，因此非参数检验的结果与方差分析的结果一致。

秩

	训练类别	个案数	秩平均值
游泳成绩	第一种训练方法	12	34.00
	第二种训练方法	16	23.69
	第三种训练方法	14	8.29
	总计	42	

图 12-34　SPSS 输出结果实例：秩和检验的描述性统计结果

检验统计[a,b]

	游泳成绩
克鲁斯卡尔-沃利斯H(K)	29.218
自由度	2
渐近显著性	.000

a. 克鲁斯卡尔-沃利斯检验

b. 分组变量：训练类别

图 12-35　SPSS 输出结果实例：秩和检验结果

第四节　随机分组设计中的 SPSS 检验方法

1. 随机分组设计概述

随机分组设计又称双因素设计。它是同时探讨两个因素对实验结果影响的一个基础的多因素实验设计研究模型，最初由 R. A. Fisher 在他的名著《实验设计法》(The Design of Experiments，1935)中使用，由于实验设计起源于农业试验，所以有区组这种名称。

2. 变差平方和的分解

如果一个测量结果同时受到多个因素影响，则每个因素都要对测定的总变差(观测值与其均值之差来表示，称变差)提供相应的贡献。若以总变差平方和来表示测定结果的变差大小，则总变差平方和等于各因素形成的变差平方和的总和。这就是变差平方和的加和性原理，它是单因素和多因素方差分析赖以建立的基础。

根据变差平方和分解的原理可证，右式恒成立：$S=S_S+S_B+S_E$。

这就是说，总偏差平方和(总波动)可以分解为因素 A 的波动，因素 B 的波动，以及误差波动这样三个分量。这种分解对于更多因素的模型也同样成立。

A、B、E 的方差为 S_A、S_B、S_E 与其自由度之比。

设因素 A 分 a 个水平，因素 B 分 b 个水平，则：

总自由度为：$ab-1$

因素 A 自由度为：$a-1$

因素 B 自由度为：$b-1$

残差自由度为：$(a-1)(b-1)$

因此，因素 A 的方差为：$V_A=S_A/(a-1)$

因素 B 的方差为：$V_B = S_B/(b-1)$

残差 E 的方差为：$V_E = S_E/[(a-1)(b-1)]$

故

$F = V_A/V_E$ 服从 $F[(a-1),(a-1)(b-1)]$ 的 F 分布；

$F = V_B/V_E$ 服从 $F[(b-1),(a-1)(b-1)]$ 的 F 分布。

贡献率的确定：

A 因素的纯效应：$S'_A = S_A - (a-1)V_E$；

B 因素的纯效应：$S'_B = S_B - (b-1)V_E$；

误差 E 的纯效应：$S'_E = S_E + (a-1)V_E + (b-1)V_E$

$100\% = \rho_A + \rho_B + \rho_E$

贡献率为：$\rho(\%) = S'_A/S_T + S'_B/S_T + S'_E/S_T$

3.实例及其分析

例如，为考查高强度间歇训练(high intensity interval training，HIIT)的不同训练量对男大学生运动后即刻心率(次/分)的影响，对 8 名男大学生进行实验。实验数据见表 12-4，试比较男大学生在接受不同 HIIT 练习组后的即刻心率差异。训练量(练习组)包括：一组 HIIT 练习、两组 HIIT 练习、三组 HIIT 练习、四组 HIIT 练习。

表 12-4　受试者不同 HIIT 训练量后即刻心率变化数据：次/分

受试者 A_i	HIIT 训练量类别			
	一组	两组	三组	四组
1	134	147	163	169
2	142	153	159	172
3	139	154	161	169
4	144	149	164	171
5	137	152	157	168
6	129	148	167	170
7	130	157	166	173
8	141	155	165	175

我们来分析，由于不同男大学生之间的个体差异和不同重复练习组数对即刻心率均有影响，因此，这是一个典型的随机分组的实验设计，一个因素是男大学生因素，另一个因素是练习组数因素，故需用双因素的方差分析

方法来进行分析。

在 SPSS 中，分析的操作步骤如下：

（1）建立数据文件。数据文件名为“第十二章 HIIT 干预后即刻心率数据-多因素分析.sav”，其中有七个变量，第一个变量名为“练习组数”，存放 HIIT 练习组的四个水平编码，1 代表在实验时接受一组 HIIT 练习，2 代表接受二组 HIIT 练习，3 代表接受三组 HIIT 练习，4 代表接受四组 HIIT 练习。第二个变量名为“个体因素”，存放男大学生编码，用 1 至 8 分别代表 8 名不同男大学生。第三个变量名为“心率”，存放接受完 HIIT 练习组后即刻测得的心率值。第四个变量名为“一组”，即存放接受一组 HIIT 练习后的 8 名男大学生的即刻心率值。第五个变量名为“二组”，即存放接受两组 HIIT 练习后的 8 名男大学生的即刻心率值。第六个变量名为“三组”，即存放接受三组 HIIT 练习后的 8 名男大学生的即刻心率值。第七个变量名为“四组”，即存放接受四组 HIIT 练习后的 8 名男大学生的即刻心率值。

仿照前面所述方法，对接受四种 HIIT 练习组后即刻测得的心率数据进行正态性检验，其结果是它们都服从正态分布（见图 12-36、图 12-37、图 12-38）。

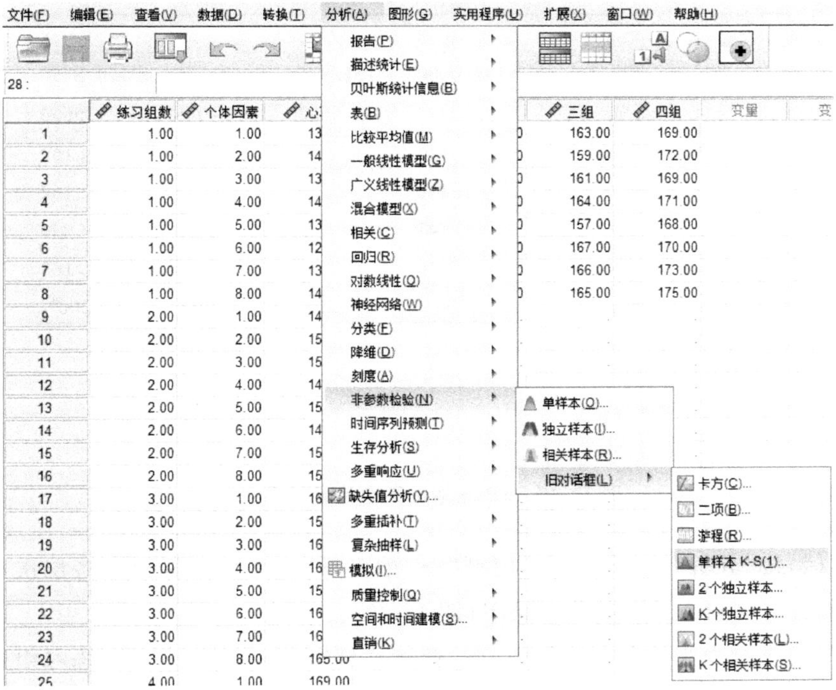

图 12-36　数据资料的正态检验操作示例

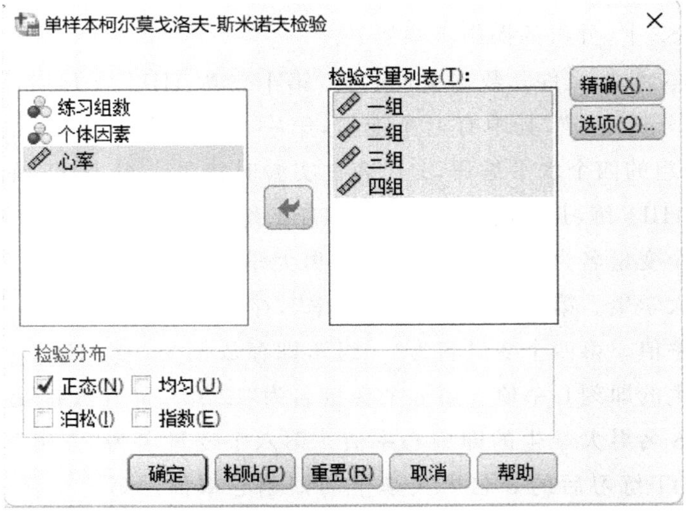

图 12-37　数据资料的正态检验对话框操作

单样本柯尔莫戈洛夫–斯米诺夫检验

		一组	二组	三组	四组
个案数		8	8	8	8
正态参数[a,b]	平均值	137.0000	151.8750	162.7500	170.8750
	标准 偏差	5.55492	3.56320	3.49489	2.35660
最极端差值	绝对	.146	.165	.154	.162
	正	.146	.165	.112	.162
	负	−.141	−.139	−.154	−.111
检验统计		.146	.165	.154	.162
渐近显著性（双尾）		.200[c,d]	.200[c,d]	.200[c,d]	.200[c,d]

a. 检验分布为正态分布。

b. 根据数据计算。

c. 里利氏显著性修正。

d. 这是真显著性的下限。

图 12-38　SPSS 输出正态检验结果实例

(2)按“分析”→“一般线性模型”→“单变量”顺序用鼠标单击各层次菜单项，展开多因素方差分析的主菜单(图 12-39)。

(3)将左边变量列表中的“心率”变量移到“因变量”框中，将“练习组数”、“个体因素”变量移到“固定因子”变量框中(图 12-40)。

图 12-39　多因素方差分析操作示例

图 12-40　多因素方差分析对话框操作

(4)按“模型”按钮,展开“模型”的对话框,见图 12-41。如果不作任何选择,系统默认为“全因子”,这意味着在模型中将考虑所有的因素及其交互影响。这在本题中不合适,故选择“构建定制项”选项。选择“练习组数”、“个体因素”进模型。在“构建项类型”中选择“主效应”,按“继续”键返回。在模型中不包括截距。

图 12-41　模型构建操作

(5)按“确定”键运行,结果如下:

图 12-42 是一个基本情况的概述表,列出了练习组数因素分 4 个水平,个体因素分 8 个水平。

图 12-43 是方差分析表。第一列显示误差来源,包括:修正模型、练习组数、个体因素、误差等。其他各列的含义参见单因素实验设计中的有关内容。由于练习组数和个体因素的显著性分别为 $p<0.01$ 和 $p=0.378$,所以,练习组数对即刻心率有非常显著性影响;个体因素对 HIIT 运动后即刻心率没有显著影响。

(6)求贡献率

依据前述公式求 A 因素、B 因素、误差 E 的纯效应,并求贡献率,可知

主体间因子

		值标签	个案数
练习组数	1.00	接受1组HIIT练习	8
	2.00	接受2组HIIT练习	8
	3.00	接受3组HIIT练习	8
	4.00	接受4组HIIT练习	8
个体因素	1.00	1号男大学生	4
	2.00	2号男大学生	4
	3.00	3号男大学生	4
	4.00	4号男大学生	4
	5.00	5号男大学生	4
	6.00	6号男大学生	4
	7.00	7号男大学生	4
	8.00	8号男大学生	4

图 12-42　SPSS 输出结果：影响因素累计个案描述

主体间效应检验

因变量　心率

源	III 类平方和	自由度	均方	F	显著性
修正模型	5272.250[a]	10	527.225	35.572	.000
截距	775012.500	1	775012.500	52290.000	.000
练习组数	5154.250	3	1718.083	115.919	.000
个体因素	118.000	7	16.857	1.137	.378
误差	311.250	21	14.821		
总计	780596.000	32			
修正后总计	5583.500	31			

a. R方=.944（调整后R方=.918）

图 12-43　SPSS 输出结果实例：多因素方差分析结果

$$100\% = \rho_A + \rho_B + \rho_E$$
$$= 92.31\% + 2.11\% + 5.57\%$$

可以认为，在对总偏差平方和的贡献中，因素 A（练习组数）最大为 92.31%，残差的因素次之，为 5.57%；因素 B（个体因素）影响最小，为 2.11%。由此可见，即刻心率的变化主要是由于男大学生接受的 HIIT 练习组数影响所造成的，当然也不能忽视残差，提示可能有未在本模型中的其他影响因素。

(7)交互作用

以上分析中,我们未考虑练习组数与个体因素的交互作用。在分析了练习组数和个体因素的主效应外,还有个问题是:接受不同 HIIT 练习组数对即刻心率的影响会随参与者(男大学生)个体的差异而变化吗?或者说即刻心率随组数的变化会因为个体的差异而改变吗?这里即刻心率随两个自变量不同水平的变化而变化即自变量的交互作用。

我们用另一个例子("第十二章 不同训练法与一分钟跳绳成绩-多因素分析.sav")来展示交互作用。同上,打开数据文件并将"时间"和"干预"导入固定因子;将"跳绳"导入因变量(图 12-44)。

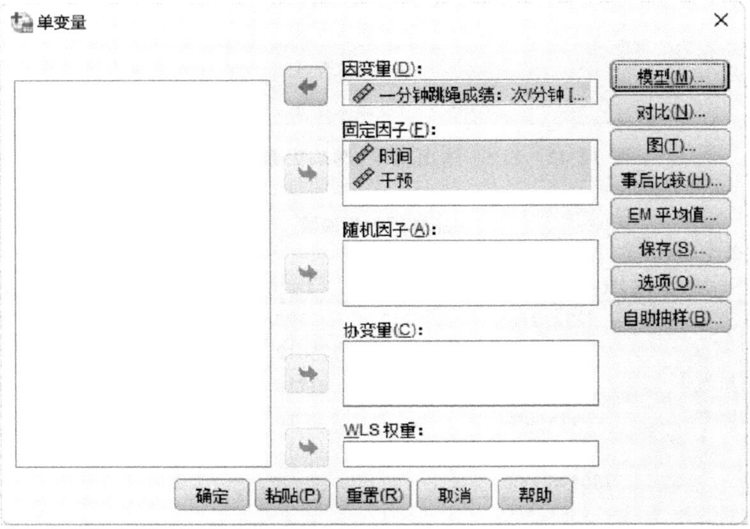

图 12-44 多因素方差分析对话框操作

为获取交互作用,我们重新定义模型。在图 12-45"模型"对话框中的"指定模型"选"构建项",在模型中先后导入"时间"和"干预",再同时选中"时间"和"干预",切换"构建项类型"为"交互"后点击"导入"键导入"时间"和"干预"的交互项。最后点击"继续",得到多因素方差分析结果(图 12-46)。

通过图 12-46 可知,"时间"和"干预"各自对跳绳成绩影响的显著性分别为 0.649 和 0.680;而"时间"和"干预"的交互作用显著性为 $p=0.013<0.05$。因此本例中,"时间"和"干预"的主效应没有对跳绳成绩产生显著性影响;"时间"和"干预"的交互作用具有显著性。

图 12-45　模型构建操作：加入交互项

主体间效应检验

因变量：一分钟跳绳成绩：次/分钟

源	III 类平方和	自由度	均方	F	显著性
修正模型	4503.200[a]	8	562.900	2.041	.069
截距	562465.800	1	562465.800	2039.151	.000
时间	241.733	2	120.867	.438	.649
干预	214.933	2	107.467	.390	.680
时间 * 干预	4046.533	4	1011.633	3.668	.013
误差	9930.000	36	275.833		
总计	576899.000	45			
修正后总计	14433.200	44			

a. R方=.312（调整后R方=.159）

图 12-46　SPSS 输出结果实例：多因素方差分析结果

第五节 本章小结

本章重点介绍如何分析实验研究数据。学习的重点是在一项实验中分清自变量与因变量。自变量是引起其他变量变化的因素，是因；因变量是在自变量的影响下发生变化的因素，是果。分析中，我们介绍了数据正态性检验。对于呈正态分布的数据，可通过两个独立样本T检验、配对T检验、方差分析来进行显著性检验。对于不呈正态分布的数据，可通过秩和检验、符号检验等非参数检验来判定因素的显著性。引起因变量变化的自变量可以有多个，在方差分析中可以检验自变量的各自的主效应以及由自变量共同作用下形成的交互效应。

本章重要名词

参数检验　　正态检验　　独立样本T检验
成对样本T检验　　事后多重比较　　非参数检验
单因素方差分析　　多因素方差分析　　随机分组实验　　变差

本章习题

请以文件“第十二章 不同训练法与肺活量-作业题.sav”为资料分析肺活量随不同训练法和不同测量时间点的变化。问题：“时间”和“训练法”对肺活量的主效应和交互效应。

习题简答：

主体间效应检验

因变量：　标准肺活量测试结果，单位：毫升

源	III类平方和	自由度	均方	F	显著性	偏Eta平方
修正模型	3326616.311[a]	8	415827.039	1.810	.107	.287
截距	201532074.689	1	201532074.689	877.195	.000	.961
时间	2515731.511	2	1257865.756	5.475	.008	.233

续表

源	III 类平方和	自由度	均方	F	显著性	偏 Eta 平方
干预	222926.044	2	111463.022	.485	.620	.026
时间 * 干预	587958.756	4	146989.689	.640	.638	.066
误差	8270854.000	36	229745.944			
总计	213129545.000	45				
修正后总计	11597470.311	44				

a. R 方＝.287(调整后 R 方＝.128)

通过以上主体间效应检验结果可以看到，时间与干预的主效应量(偏 Eta 平方)分别是 0.233 和 0.026，显著性为 $p=0.008$ 和 $p=0.620$。时间与干预的交互效应量为 0.066，显著性为 $p=0.638$。因此，检验仅发现时间对肺活量具有显著性影响。

参考文献

1　王德育. 政治学定量分析入门[M]. 北京:中国人民大学出版社,2007:20-247.

2　黄汉升,周登嵩. 体育科研方法导论[M]. 北京:北京体育大学出版社,2008:50-337.

附录 1:标准正态分布表

Z	0.00	0.01	0.02	0.03	0.04	0.05	0.06	0.07	0.08	0.09
0.0	0.0000	0.0040	0.0080	0.0120	0.0160	0.0190	0.0239	0.0279	0.0319	0.0359
0.1	0.0398	0.0438	0.0478	0.0517	0.0557	0.0596	0.0636	0.0675	0.0714	0.0753
0.2	0.0793	0.0832	0.0871	0.0910	0.0948	0.0987	0.1026	0.1064	0.1103	0.1141
0.3	0.1179	0.1217	0.1255	0.1293	0.1331	0.1368	0.1406	0.1443	0.1480	0.1517
0.4	0.1554	0.1591	0.1628	0.1664	0.1700	0.1736	0.1772	0.1808	0.1844	0.1879
0.5	0.1915	0.1950	0.1985	0.2019	0.2054	0.2088	0.2123	0.2157	0.2190	0.2224
0.6	0.2257	0.2291	0.2324	0.2357	0.2389	0.2422	0.2454	0.2486	0.2517	0.2549
0.7	0.2580	0.2611	0.2642	0.2673	0.2704	0.2734	0.2764	0.2794	0.2823	0.2852
0.8	0.2881	0.2910	0.2939	0.2969	0.2995	0.3023	0.3051	0.3078	0.3106	0.3133
0.9	0.3159	0.3186	0.3212	0.3238	0.3264	0.3289	0.3315	0.3340	0.3365	0.3389
1.0	0.3413	0.3438	0.3461	0.3485	0.3508	0.3513	0.3554	0.3577	0.3529	0.3621
1.1	0.3643	0.3665	0.3686	0.3708	0.3729	0.3749	0.3770	0.3790	0.3810	0.3830
1.2	0.3849	0.3869	0.3888	0.3907	0.3925	0.3944	0.3962	0.3980	0.3997	0.4015
1.3	0.4032	0.4049	0.4066	0.4082	0.4099	0.4115	0.4131	0.4147	0.4162	0.4177
1.4	0.4192	0.4207	0.4222	0.4236	0.4251	0.4265	0.4279	0.4292	0.4306	0.4319
1.5	0.4332	0.4345	0.4357	0.4370	0.4382	0.4394	0.4406	0.4418	0.4429	0.4441
1.6	0.4452	0.4463	0.4474	0.4484	0.4495	0.4505	0.4515	0.4525	0.4535	0.4545
1.7	0.4554	0.4564	0.4573	0.4582	0.4591	0.4599	0.4608	0.4616	0.4625	0.4633
1.8	0.4641	0.4649	0.4656	0.4664	0.4671	0.4678	0.4686	0.4693	0.4699	0.4706
1.9	0.4713	0.4719	0.4726	0.4732	0.4738	0.4744	0.4750	0.4756	0.4761	0.4767
2.0	0.4772	0.4778	0.4783	0.4788	0.4793	0.4798	0.4803	0.4808	0.4812	0.4817
2.1	0.4821	0.4826	0.4830	0.4834	0.4838	0.4842	0.4846	0.4850	0.4854	0.4857
2.2	0.4861	0.4864	0.4868	0.4871	0.4875	0.4878	0.4881	0.4884	0.4887	0.4890
2.3	0.4893	0.4896	0.4898	0.4901	0.4904	0.4906	0.4909	0.4911	0.4913	0.4916
2.4	0.4918	0.4920	0.4922	0.4925	0.4927	0.4929	0.4931	0.4932	0.4934	0.4936
2.5	0.4938	0.4940	0.4941	0.4943	0.4945	0.4946	0.4948	0.4949	0.4951	0.4952
2.6	0.4953	0.4955	0.4956	0.4957	0.4959	0.4960	0.4961	0.4962	0.4963	0.4964
2.7	0.4965	0.4966	0.4967	0.4968	0.4969	0.4970	0.4971	0.4972	0.4973	0.4974
2.8	0.4974	0.4975	0.4976	0.4977	0.4977	0.4978	0.4979	0.4979	0.4980	0.4981
2.9	0.4981	0.4982	0.4982	0.4983	0.4984	0.4984	0.4985	0.4985	0.4986	0.4986
3.0	0.4987	0.4987	0.4987	0.4988	0.4988	0.4989	0.4989	0.4989	0.4990	0.4990
3.1	0.4990	0.4991	0.4991	0.4991	0.4992	0.4992	0.4992	0.4992	0.4993	0.4993
3.2	0.4993	0.4993	0.4994	0.4994	0.4994	0.4994	0.4994	0.4995	0.4995	0.4995
3.3	0.4995	0.4995	0.4995	0.4996	0.4996	0.4996	0.4996	0.4996	0.4996	0.4997
3.4	0.4997	0.4997	0.4997	0.4997	0.4997	0.4997	0.4997	0.4997	0.4997	0.4998

附录 2:t 分布表

累计概率	$t_{.50}$	$t_{.75}$	$t_{.80}$	$t_{.85}$	$t_{.90}$	$t_{.95}$	$t_{.975}$	$t_{.99}$	$t_{.995}$	$t_{.999}$	$t_{.9995}$
单尾	0.50	0.25	0.20	0.15	0.10	0.05	0.025	0.01	0.005	0.001	0.0005
双尾	1.00	0.50	0.40	0.30	0.20	0.10	0.05	0.02	0.01	0.002	0.001
自由度											
1	0.000	1.000	1.376	1.963	3.078	6.314	12.71	31.82	63.66	318.31	636.62
2	0.000	0.816	1.061	1.386	1.886	2.920	4.303	6.965	9.925	22.327	31.599
3	0.000	0.765	0.978	1.250	1.638	2.353	3.182	4.541	5.841	10.215	12.924
4	0.000	0.741	0.941	1.190	1.533	2.132	2.776	3.747	4.604	7.173	8.610
5	0.000	0.727	0.920	1.156	1.476	2.015	2.571	3.365	4.032	5.893	6.869
6	0.000	0.718	0.906	1.134	1.440	1.943	2.447	3.143	3.707	5.208	5.959
7	0.000	0.711	0.896	1.119	1.415	1.895	2.365	2.998	3.499	4.785	5.408
8	0.000	0.706	0.889	1.108	1.397	1.860	2.306	2.896	3.355	4.501	5.041
9	0.000	0.703	0.883	1.100	1.383	1.833	2.262	2.821	3.250	4.297	4.781
10	0.000	0.700	0.879	1.093	1.372	1.812	2.228	2.764	3.169	4.144	4.587
11	0.000	0.697	0.876	1.088	1.363	1.796	2.201	2.718	3.106	4.025	4.437
12	0.000	0.695	0.873	1.083	1.356	1.782	2.179	2.681	3.055	3.930	4.318
13	0.000	0.694	0.870	1.079	1.350	1.771	2.160	2.650	3.012	3.852	4.221
14	0.000	0.692	0.868	1.076	1.345	1.761	2.145	2.624	2.977	3.787	4.140
15	0.000	0.691	0.866	1.074	1.341	1.753	2.131	2.602	2.947	3.733	4.073
16	0.000	0.690	0.865	1.071	1.337	1.746	2.120	2.583	2.921	3.686	4.015
17	0.000	0.689	0.863	1.069	1.333	1.740	2.110	2.567	2.898	3.646	3.965
18	0.000	0.688	0.862	1.067	1.330	1.734	2.101	2.552	2.878	3.610	3.922
19	0.000	0.688	0.861	1.066	1.328	1.729	2.093	2.539	2.861	3.579	3.883
20	0.000	0.687	0.860	1.064	1.325	1.725	2.086	2.528	2.845	3.552	3.850
21	0.000	0.686	0.859	1.063	1.323	1.721	2.080	2.518	2.831	3.527	3.819
22	0.000	0.686	0.858	1.061	1.321	1.717	2.074	2.508	2.819	3.505	3.792
23	0.000	0.685	0.858	1.060	1.319	1.714	2.069	2.500	2.807	3.485	3.768
24	0.000	0.685	0.857	1.059	1.318	1.711	2.064	2.492	2.797	3.467	3.745
25	0.000	0.684	0.856	1.058	1.316	1.708	2.060	2.485	2.787	3.450	3.725
26	0.000	0.684	0.856	1.058	1.315	1.706	2.056	2.479	2.779	3.435	3.707
27	0.000	0.684	0.855	1.057	1.314	1.703	2.052	2.473	2.771	3.421	3.690
28	0.000	0.683	0.855	1.056	1.313	1.701	2.048	2.467	2.763	3.408	3.674
29	0.000	0.683	0.854	1.055	1.311	1.699	2.045	2.462	2.756	3.396	3.659
30	0.000	0.683	0.854	1.055	1.310	1.697	2.042	2.457	2.750	3.385	3.646
40	0.000	0.681	0.851	1.050	1.303	1.684	2.021	2.423	2.704	3.307	3.551
60	0.000	0.679	0.848	1.045	1.296	1.671	2.000	2.390	2.660	3.232	3.460
80	0.000	0.678	0.846	1.043	1.292	1.664	1.990	2.374	2.639	3.195	3.416
100	0.000	0.677	0.845	1.042	1.290	1.660	1.984	2.364	2.626	3.174	3.390
1000	0.000	0.675	0.842	1.037	1.282	1.646	1.962	2.330	2.581	3.098	3.300
Z	0.000	0.674	0.842	1.036	1.282	1.645	1.960	2.326	2.576	3.090	3.291
	0%	50%	60%	70%	80%	90%	95%	98%	99%	99.8%	99.9%
	置信水平										

附录 3：卡方分布表

	p										
df	0.995	0.975	0.2	0.1	0.05	0.025	0.02	0.01	0.005	0.002	0.001
1	0.0004	.00016	1.642	2.706	3.841	5.024	5.412	6.635	7.879	9.55	10.828
2	0.01	0.0506	3.219	4.605	5.991	7.378	7.824	9.21	10.597	12.429	13.816
3	0.0717	0.216	4.642	6.251	7.815	9.348	9.837	11.345	12.838	14.796	16.266
4	0.207	0.484	5.989	7.779	9.488	11.143	11.668	13.277	14.86	16.924	18.467
5	0.412	0.831	7.289	9.236	11.07	12.833	13.388	15.086	16.75	18.907	20.515
6	0.676	1.237	8.558	10.645	12.592	14.449	15.033	16.812	18.548	20.791	22.458
7	0.989	1.69	9.803	12.017	14.067	16.013	16.622	18.475	20.278	22.601	24.322
8	1.344	2.18	11.03	13.362	15.507	17.535	18.168	20.09	21.955	24.352	26.124
9	1.735	2.7	12.242	14.684	16.919	19.023	19.679	21.666	23.589	26.056	27.877
10	2.156	3.247	13.442	15.987	18.307	20.483	21.161	23.209	25.188	27.722	29.588
11	2.603	3.816	14.631	17.275	19.675	21.92	22.618	24.725	26.757	29.354	31.264
12	3.074	4.404	15.812	18.549	21.026	23.337	24.054	26.217	28.3	30.957	32.909
13	3.565	5.009	16.985	19.812	22.362	24.736	25.472	27.688	29.819	32.535	34.528
14	4.075	5.629	18.151	21.064	23.685	26.119	26.873	29.141	31.319	34.091	36.123
15	4.601	6.262	19.311	22.307	24.996	27.488	28.259	30.578	32.801	35.628	37.697
16	5.142	6.908	20.465	23.542	26.296	28.845	29.633	32	34.267	37.146	39.252
17	5.697	7.564	21.615	24.769	27.587	30.191	30.995	33.409	35.718	38.648	40.79
18	6.265	8.231	22.76	25.989	28.869	31.526	32.346	34.805	37.156	40.136	42.312
19	6.844	8.907	23.9	27.204	30.144	32.852	33.687	36.191	38.582	41.61	43.82
20	7.434	9.591	25.038	28.412	31.41	34.17	35.02	37.566	39.997	43.072	45.315

附录 4:随机数表(乱数表)

纵列	横列							
	1	2	3	4	5	6	7	8
1	19223	95034	5756	28713	96409	12531	42544	82853
2	73676	47150	99400	01927	27754	42648	82425	36290
3	45467	71709	77558	00095	32863	29485	82226	90056
4	52711	38889	93074	60227	40011	85848	48767	52573
5	95592	94007	69971	91481	60779	53791	17297	59335
6	68417	35013	15529	72765	85089	57067	50211	47487
7	82739	57890	20807	47511	81676	55300	94383	14893
8	60940	72024	17868	24943	61790	90656	87964	18883
9	36009	19365	15412	39638	85453	46816	83485	41979
10	38448	48789	18338	24697	39364	42006	76688	08708
11	81486	69487	60513	09297	00412	71238	27649	39950
12	59636	88804	04634	71197	19352	73089	84898	45785
13	62568	70206	40325	03699	71080	22553	11486	11776
14	45149	32992	75730	66280	03819	56202	02938	70915
15	61041	77684	94322	24709	73698	14526	31893	32592
16	14459	26056	31424	80371	65103	62253	50490	61181
17	38167	98532	62183	70632	23417	26185	41448	75532
18	73190	32533	04470	29669	84407	90785	65956	86382
19	95857	07118	87664	92099	58806	66979	98624	84826
20	35476	55972	39421	65850	04266	35435	43742	11937
21	71487	09984	29077	14863	61683	47052	62224	51025
22	13873	81598	95052	90908	73592	75186	87136	95761
23	54580	81507	27102	56027	55892	33063	41842	81868

续表

纵列	横列							
	1	2	3	4	5	6	7	8
24	71035	09001	43367	49497	72719	96758	27611	91596
25	96746	12149	37823	71868	18442	35119	62103	39244
26	96927	19931	36089	74192	77567	88741	48409	41903
27	43909	99477	25330	64359	40085	16925	85117	36071
28	15689	14227	06565	14374	13352	49367	81982	87209
29	36759	58984	68288	22913	18638	54303	00795	08727
30	69051	64817	87174	09517	84534	06489	87201	97245
31	05007	16632	81194	14873	04197	85576	45195	96565
32	68732	55259	84292	08796	43165	93739	31685	97150
33	45740	41807	65561	33302	07051	93623	18132	09547
34	27816	78416	18329	21337	35213	37741	04312	68508
35	66925	55658	39100	78458	11206	19876	87151	31260
36	08421	44753	77377	28744	75592	08563	79140	92454
37	53645	66812	61421	47836	12609	15373	98481	14592
38	66831	68908	40772	21558	47781	33586	79177	06928
39	55588	99404	70708	41098	43563	56934	48394	51719
40	12975	13258	13048	45144	72321	81940	00360	02428
41	96767	35964	23822	96012	94591	65194	50842	53372
42	72829	50232	97892	63408	77919	44575	24870	04178
43	88565	42628	17797	49376	61762	16953	88604	12724
44	62964	88145	83083	69453	46109	59505	69680	00900
45	19687	12633	57857	95806	09931	02150	43163	58636
46	37609	59057	66967	83401	60705	02384	90597	93600
47	54973	86278	88737	74351	47500	84552	19909	67181
48	00694	05977	19664	65441	20903	62371	22725	53340
49	71546	05233	53946	68743	72460	27601	45403	88692
50	07511	88915	41267	16853	84569	79367	32337	03316